CHINA'S
CHOICES
IN THE GLOBAL
FINANCIAL TURBULENCE

世界金融大变局下的中国选择

王永利 著

四川人民出版社

图书在版编目（CIP）数据

世界金融大变局下的中国选择/王永利著. —成都：
四川人民出版社，2019.1
ISBN 978－7－220－11081－8

Ⅰ.①世… Ⅱ.①王… Ⅲ.①货币史－研究－中国
－现代 Ⅳ.①F822.9

中国版本图书馆 CIP 数据核字（2018）第 239772 号

SHIJIE JINRONG DABIANJU XIADE ZHONGGUO XUANZE

世界金融大变局下的中国选择

王永利　著

责任编辑	何朝霞　杨　立　邵显瞳
项目统筹	杨　立
封面设计	张　科
版式设计	戴雨虹
责任校对	舒晓利
责任印制	王　俊
出版发行	四川人民出版社（成都市槐树街 2 号）
网　　址	http://www.scpph.com
E-mail	scrmcbs@sina.com
新浪微博	@四川人民出版社
微信公众号	四川人民出版社
发行部业务电话	（028）86259624　86259453
防盗版举报电话	（028）86259624
照　　排	四川胜翔数码印务设计有限公司
印　　刷	四川华龙印务有限公司
成品尺寸	170mm×240mm
印　　张	22
字　　数	270 千
版　　次	2019 年 1 月第 1 版
印　　次	2019 年 1 月第 1 次印刷
书　　号	ISBN 978－7－220－11081－8
定　　价	79.00 元

序

　　世界剧变，货币亦在裂变，从有形到无形，悄无声息，却影响深远。

　　货币的产生和发展，以及以货币为灵魂与核心的金融活动和金融体系，乃至国际货币和金融体系的发展与创新，绵延数千年仍生生不息，不断演变、聚变，不断爆发出"核能量"，堪称人类社会创造的一大奇迹。

　　货币金融的发展，既对经济社会发展发挥着极其重要的推动作用，成为现代经济的核心、社会资源配置的枢纽、国家重要的核心竞争力，又经常引发严重的货币金融危机，造成经济社会剧烈动荡甚至政府更替，产生越来越巨大的破坏力。货币金融可谓充满神秘和魔力，似乎融"天使"与"魔鬼"于一体。随着经济全球化以及信息科技等方面的发展，货币金融的表现形态和运行

模式仍在不断演化，其影响愈发广泛、深刻。

世界范围来看，2008 年金融危机爆发后，虽然经主要经济体联合采取力度空前的救市运动，危机得以缓解，数年后经济有所复苏，但积累的问题日趋严重，十年后面临的风险挑战更加严峻，世界更不太平，矛盾更加突出，危机"十年魔咒"更令人担忧。

如何准确看待和把握货币金融的本源和本质、发展的逻辑与方向，如何在推动货币金融创新发展的同时避免发生根本性、颠覆性的错误，如何准确判断和有效应对可能爆发的金融风险和危机等，乃是关乎当前经济社会可持续、繁荣与否的重大课题。

而在货币裂变的过程中，诞生于金融危机爆发之初的比特币，以及在此基础上演化出来的以太币、莱特币等网络"加密货币"（Cryptocurrency）不断涌现和升温，目前已形成重大国际"号召力"。很多人相信这种网络"加密货币"将颠覆法定货币体系，其应用的"区块链"技术将形成第四次工业革命，将成为信任的机器、价值的互联网，将再造社会生产关系、组织模式和运行方式等。这些情况的出现，使得人们对货币概念产生认知模糊，学术界、金融监管和法律层面至今难以达成共识。

回望东方巨龙，新中国成立以后，高度的计划经济曾严重削弱了货币金融之作用。改革开放后，货币金融的功能逐步恢复。但金融机构真正转向市场化经营，是从 1998 年成立中央金融工作委员会，将国有金融机构的组织关系从当地政府脱离出来，并实施分业经营、分业监管之后才起步，自 2004 年陆续推动国有金融机构股份制改革，2006 年开始陆续推动其股票上市，进一步深化金融机构的市场化转型才真正开始，至今只有十多年时间，历史极为短暂。

但是，自 2001 年中国加入 WTO 之后，大量国际资本和产能流入中国，中国货币金融随之快速发展，货币总量从 1999 年末不足 12 万亿元，到 2017 年末接近 170 万亿元。特别是全球金融危机爆发后，随着国家加大经济刺激力度，以及外汇储备的快速扩张，中国货币总量、央行和金融机构资产负债规模与盈利水平、社会负债规模等急速扩张，对推动经济社会发展发挥了重要作用，但过快过猛的发展同时也积累了很多越来越严重的问题，诸如金融脱实向虚、资金体内循环、金融市场分割、资管业务泛滥、金融监管滞后、系统性金融风险聚集，等等。

当前，国际国内局势正在深刻变化，防范和化解重大金融风险已成为稳中求进的头号攻坚战。诸多问题昭示出我国对货币金融的本质和逻辑认知不到位，整体研究和统筹把控有缺失，对金融是现代经济的核心与金融为实体经济服务的关系把握不准确，金融监管理念和监管体系有偏差。这种状况与切实防控重大金融风险和进一步深化金融改革开放的迫切要求不相适应，急需尽快改变，切实强化货币金融的基本认识和基础建设。

必须看到，从新中国成立以来，中国尚未经历真正的本土性金融危机的洗礼，甚至在 1998 年海南发展银行清盘后，再没有出现银行等金融监管破产清盘的案例，更没有因此引发严重的金融危机，各方面对金融危机的意识和经验严重不足。

十九大明确提出到本世纪中叶综合国力和国际影响力要实现领先的宏伟目标，金融作为国家重要的核心竞争力，其发挥的作用现在距离目标要求差距甚大。因此，深化金融改革开放，加快提升金融综合实力和国际影响力迫在眉睫。

综合各方面因素，当前特别需要全面反思和准确把握货币的本质与逻辑，有效掌控金融的魔力与玄机，统筹规划和科学实施国家金融战略，切实深化金融改革开放，充分发挥货币金融的积极作用，有效抑制其可能产

生的负面作用。

基于上述考虑，本书应运而生。

十大观察维度

本书立足于分析和解决当前货币金融领域出现的焦点或热点问题，通过货币金融发展历程的简要梳理，着重把握其发展变化的逻辑与规律，破解认识上存在的诸多误解与偏差，消除似是而非或脱离实际的各种看法，围绕国际国内宏观形势和发展阶段的特点与要求，探索货币金融的本质与演变逻辑、新时代中国货币金融发展战略，以及货币金融未来发展的方向，由此提出了十大观察维度，其中不乏重要创新观点：

1. "有形货币"与"无形货币"的划分

传统上，关于货币的发展阶段，人们习惯性地划分为初始的实物货币阶段、规制化的金属货币阶段、金属本位制下的纸币阶段、废除金属本位制的信用货币阶段等。本书在此基础上，进一步归类，划分为"有形货币"与"无形货币"两大阶段。

有形货币是指具有一定的实物形态，可以直接用于支付交割的现金类货币，包括实物货币、规制化的金属货币、纸币等。

无形货币是指没有实物形态，而是以货币数量表示，具有一定信息载体、通过转账清算支付的非现金类数字化货币，如银行存款、电子货币、数字货币等。

货币不同形态的演变，以及从有形货币迈向无形货币，是提高效率、降低成本、严密监控的客观要求和必然趋势，并随技术进步而不断加快发展。无形货币的运行建立在记账清算体系上，具体的信息载体、信息通道、清算方式等还在不断变化。货币发展从有形到无形，发生了深刻蜕变或裂变，但却并没有得到各方面足够的认知和准确把握，因此货币金融实务中出现了很多偏差甚至严重失误。

本书着重探索货币形态变化的原因及其对货币金融运行产生的影响，着重探索货币金融变化的奥秘及其基本逻辑和本质规律，对热点问题进行独到分析和解释。

2. "记账清算"对货币金融的划时代影响

清算方式是货币金融运行非常重要的组成部分，由现金清算转向记账清算，对货币表现形态和金融运行方式产生了极其深刻的影响。但由于种种原因，清算方式对货币金融的影响一直没有得到世界范围内的重视和准确把握。

本人十分重视清算方式与货币金融的关系，十年前就在货币金融界首次提出：货币的收付清算由现金清算向记账清算转化，是货币金融发展史上极其重要的转折点，推动货币金融发生了划时代的深刻变化：（1）记账清算推动货币由有形货币转化为无形货币；（2）推动货币流动由货币现金流动转变为货币所有权的流动；（3）推动货币转化为资本或资金，进而推动金融越来越脱离实体经济，形成"虚拟经济"而独立运行并不断升级发展。收付清算与货币金融密不可分：金融是现代经济的核心、资源配置的枢纽，货币是金融的灵魂与核心，清算则是货币金融的血脉与经络。准确认知记账清算原理，对准确理解和把握货币金融问题，特别是外汇储备管理与人民币国际化具有非常重要的现实意义。

由此本书在业内率先提出了若干新的概念和观点：

金融发展三大阶段——"货币金融、资本金融、交易金融"的划分；

强调货币跨境流动，实际上是货币所有权的流动，而不是货币现金的流动。一国货币的海外储备越多，其外债就会相应越大，其金融机构的资

金实力就会越强；

"外汇储备只能用出去，不能拿回来。"全球范围内存在"外汇储备倍增流动性"的机理。由此将解释很多对外汇储备管理方面的误解；

记账清算有利于缓解贸易失衡产生的货币失衡问题，缓和由此可能产生的国际矛盾；

强调人民币走出去，应该鼓励记账清算走出去，而不是现金走出去。由此，全球人民币清算和交易总中心应该在中国本土，而不是在离岸；

应该加快中国国际金融中心建设，并在大宗商品和金融交易中积极推动以人民币计价和清算，进而有效推进人民币国际化和增强中国货币金融的国际影响力。

这部分有关金融理论重要的创新观点和内容，是本书亮点之一。

3. 货币金融的发展根植于社会制度与文化基础

货币金融的发展离不开经济社会发展的需要，离不开经济社会基本制度和文化基础。

中国自秦始皇实现统一诸国，并推动文字、度量衡、货币等诸多方面的大统一之后，中央政府大量货币需要的满足，最简便的方法就是征收税赋或扩大货币发行。由此，中国的货币体系相对发达，并且从 12 世纪开始在世界上率先推出了纸币，但体现权利义务关系的股票、债券及其交易所等金融产品和体系的建立则严重落后。而欧洲由于长期小国林立且相互独立，但又存在密切的经贸往来关系，在一个国家需要大量货币投入时，难以通过降低标准扩大金属货币印制来解决，而只能面向社会，包括向其他国家进行融资，这就必须处理好相互的权利义务关系，相应地，催生了股票、债券、年金及其衍生品和交易，从而其率先进入现代金融发展阶段。

可见，货币金融体系和制度的演变受到经济社会制度和文化的深刻影响，货币金融制度是经济社会制度的重要组成部分，脱离经济社会制度和文化传统基础盲目照搬他国货币金融制度，或者完全放弃对货币金融的自主控制，都可能产生新的社会矛盾和危机隐患。

也正因如此，要解释清楚中国改革开放以来货币金融巨大变化的奥秘，必须紧紧联系中国改革开放的大背景，脱离这一背景单独就金融讲金融，无法阐释缘由。要把握中国金融未来发展方向和战略要求，也必须准确把握和紧紧围绕国家整体的发展战略规划。

4. 货币的本质及其发展演变的逻辑与规律

货币从初始的实物货币发展到规制化的金属货币，再到金属本位制的纸币，再到废除金属本位制的信用货币，再从有形货币发展到无形货币，其形态和运行方式在不断演进变化，但万变不离其宗，货币的本质及其发展演变的基本逻辑是：

人们越来越认识到，货币可能发挥的功能很多，作用和影响力越来越大，但其最根本最基础的功能是"价值尺度"；要充分发挥价值尺度的功能作用，就必须努力保持货币币值的相对稳定，否则，货币整体功能的发挥、经济金融乃至整个社会发展稳定都将受到严重冲击；要保持货币币值的基本稳定，理论上，就需要保证一国货币总量与该国主权范围内受到法律保护的可货币化的社会财富总规模相对应；为此，可以近似地以社会物价总指数的相对稳定作为中介目标。这样，通货膨胀率（物价总指数波动率）就成为世界各国货币政策的中介目标。

以世界上的自然物质作为货币，则会因为各国的自然储量以及开采加工能力所限，使货币供应量严重偏离经济社会发展的实际水平和需求，造成严重的通货膨胀或通货紧缩（货币币值剧烈波动），不符合货币发展要求。因此，货币逐步从社会自然物质中脱离出来，转变成为可以人为控制

的社会财富的价值对应物；而且，一国货币只能以该主权范围内受到法律保护的社会财富作为对应，而不能以他国的社会财富作为对应。因而，货币必然上升为国家"主权货币"或"法定货币"。

由此，黄金等自然物质必然要退出货币舞台，成为货币的对应物，不可能再退回去重新担当货币职责；哈耶克"货币的非国家化"设想，以及在国家难以消除的情况下，有关"超主权世界货币"的设想，都难以实现；比特币等高度模仿黄金原理设计的网络"加密货币"，违反了货币发展演变的逻辑和规律，难以成为真正的货币。

所以，透过货币纷繁多变的表现形态和运行方式，准确把握货币发展的逻辑和规律，对促进货币健康有效发展至关重要。

5. 信用货币发展需要严格的管理和约束

放弃金属本位后，货币成为可以人为调控总量的信用货币，推动货币政策成为与财政政策并列的宏观调控两大政策工具之一，货币金融发挥出更大的作用和影响力。这是货币发展的巨大进步，但也由于失去金属本位的客观约束，扩大了人为调控的空间，非常容易引发货币滥发，产生严重的负面影响。因此，必须建立健全严密的货币管理体系和规章制度。这里包括中央银行与商业银行的职责划分，中央银行的独立性保护，货币政策中介目标的确定和执行，商业银行的经营监管和财务约束（如破产退出机制），货币金融整体的宏观审慎监管，等等。

货币管理体系和规章制度健全有效，是一个国家货币金融品质和产生国际影响力的重要保证。为此，需要清晰地把握央行基础货币投放的途径和方式，货币乘数的概念及其控制的方式与工具，明确严格控制央行直接面向社会提供贷款等信用投放的原理，以及打破由央行支持的"刚性兑付"与商业银行隐形保护的必要性等。

本书在这方面提出了不少有别于传统经典货币理论的新观点新看法。

6. 围绕改革开放发展历程探索货币扩张与金融稳定之谜

货币总量 2017 年末为 167.68 万亿元，与 1999 年末相比，扩张了 14 倍，相当于 1978 年末的 1447 倍，这在世界主要经济体中是极其罕见的。在货币急剧扩张的情况下，中国金融和经济社会还能保持基本稳定，同样属于奇迹，充满神奇。

本书提出了新中国成立以来中国发展的"30 年阶段"论：

1949—1979 年，由高速增长转变为停滞不前；

1979—2009 年，由停滞不前发展成为世界第二大经济体；

2009—2039 年，完全可能超越美国成为世界第一大经济体；

2039—2069 年，有可能成为综合国力和国际影响力世界领先的现代化强国。

进一步提出了改革开放以来国家发展"10 年周期"论：

1979—1989 年，开启改革开放，但充满争议和矛盾，最后爆发重大政治风潮；

1989—1999 年，柏林墙被推倒、东欧剧变、苏联解体，推动中国改革开放由激烈争论到趋于冷静，"发展是第一要务、稳定压倒一切"成为主流，经济加快发展；1997 年东南亚金融危机叠加 1998 年夏天南方大水，1998 年下半年至 1999 年经济发展再次遇到严峻挑战；

1999—2009 年，中国全面深化住房、教育、医疗体制三大改革，资源变资本、资本加杠杆，推动经济于 2000 年明显升温，成为世界经济增长的亮点；在 2000 年网络泡沫破灭，全球经济整体低迷，需要中国拉动的情况下，中国于 2001 年 12 月加入 WTO，进一步改革开放，发展速度明显提

升。2008年9月全球金融危机爆发，再次带来深刻冲击；

2009—2018年，中国及时调整宏观政策，在危机后率先止跌回升，2010年超越日本成为世界第二大经济体，综合国力和国际影响力快速上升，中国的崛起推动世界格局深刻变化。但中国积累的问题也更加严重，2012年开始经济下行，很多矛盾集中暴露。2017年底十九大明确了新时代、新思想、新目标、新方略，极大地坚定了全国人民的自信心和凝聚力，但也引起国际社会的极大关注，特别是美国作为世界老大的极端反抗，国际矛盾异常严峻。国际国内局势深刻变化，新的更大挑战正在到来。

正是在国家坚持实事求是、改革开放、稳中求进的条件下，中国货币金融才能穿越几次重大冲击，保持总体基本稳定，至今没有发生重大震荡和危机。但这并不代表没有危机隐患，相反，现在积累的金融风险已经非常突出，防范化解重大金融风险已经成为当前国家三大攻坚战之首。然而，我国金融机构、金融监管乃至政府层面应对金融危机的经验和能力还相当薄弱，面临更加复杂严峻的国际国内宏观形势，我们必须认真总结经验教训，加快推进金融体制，特别是监管体系改革，做好应对更大挑战的充分准备。

世界剧变当下的中国选择，不仅对中国，而且对世界都将影响深远。

7. 从基础货币投放出发，系统论述了央行外汇储备的相关问题

央行购买外汇，形成国家外汇储备，从1980年末的-12.96亿美元增长到2014年6月末近4万亿美元，再到2016年末下降到3万亿美元并基本稳定至今，引发央行投放基础货币的大幅变化，成为我国改革开放以来，影响货币投放最重要的因素，是研究中国货币金融必须高度关注的重要课题。

本书详细介绍了改革开放以来央行外汇储备变化情况，深入分析了外汇储备变化与央行外汇占款（基础货币投放）的关系，特别强调：

央行外汇储备想增加是非常不容易的，并不存在严格的合理标准，所谓外汇储备合理标准可能是个伪命题；

央行外汇储备增加，基础货币扩张，并不代表货币总量就一定会同比例扩张，完全可以通过压缩货币乘数合理控制货币总量。这方面中国已经积累了很好的经验；

只要不是依靠外债增加的，央行外汇储备的规模就成为抵御外部冲击，增强国际影响力的重要保证，可以说多多益善，多比少好。本人从 2011 年就发文《巨额外汇储备，饱受争议，却受益匪浅》阐述这一观点；

应对外汇储备大规模扩张或收缩，必须有良好有效的应对机制，中国在这方面已经积累了非常重要的宝贵经验，但仍需要加强货币政策与财政政策的协调，加强央行法定存款准备金率的调整与央行对金融机构资金拆借的协调（本人从 2017 年初就反复强调，降准不应成为货币政策禁区，需要从货币供应的源头上加强资金供给侧结构性改革），加强法定存款准备金制度与存款保险制度的协调。这在当前阶段（2018－2019 年）尤其重要。

本书还提出了改进和加强央行外汇储备反映和监督的政策建议，强调如实反映央行外汇占款与外汇储备货币投放情况，以及央行外汇储备的运用及其损益情况，建立国家外汇储备向国务院、全国人大定期汇报制度与合适的公开披露制度。

8. 新时代国家金融战略的规划和实施

十九大提出，到本世纪中叶，要实现国家综合国力和国际影响力领先的战略目标，并将防范化解重大金融风险列为当前三大攻坚战之首。这就要求作为国家重要核心竞争力的金融，必须切实加强国家金融战略的规划

和实施。

要促进金融创新发展，着力建设现代金融体系，增强中国金融综合实力；围绕增强金融的国际影响力，着力推进国际金融中心建设和人民币国际化发展；必须进一步深化金融改革、扩大金融开放；进一步改进和加强金融重要指标核算与统计的准确性、完整性。

本书在这方面提出了不少建设性意见。

9. **互联网发展对货币金融的影响**

强调互联网及其相关技术的发展正在对人类社会产生极其深刻的影响。未来有可能实现信息互联网、计算机互联网、实物互联网的交融发展。对互联网，既要积极探索有效利用，又要保持理性，避免重大错误。

着重对比特币及其区块链进行剖析，深入探索网络"加密货币"能否成为真正的货币，以及如何准确把握与有效利用区块链技术。

本人明确指出，比特币这类模仿黄金，总量和阶段性产量提前设定、不可调节的网络"加密货币"，违反了货币发展的逻辑与规律，不可能成为真正的货币；网络社区可以有自己专用的身份识别信息和网络专用代币（商圈币、社区币），日常运行时可以不必逐笔交易都验证和运行法定的身份信息和法定货币，从而提高效率、降低成本，但一旦与法定货币产生兑换，则必须满足金融监管的相关要求，并严格限定专用代币的使用范围。

区块链目前仍处于初创期、探索期，不可盲目夸大、轻言颠覆，不应聚焦于挖矿造币和资本炒作，而应该注重解决现实世界的实际问题，具体应用应该跳出挖矿造币完全封闭的比特币区块链范式；央行主导的数字货币（法定数字货币）更不可能是像比特币一类需要挖矿产生的全新货币体系，而只能是法定货币的数字化、智能化。

在当前数字币、区块链异常火热的情况下，这种提示理性对待的声音和客观深入的分析并不多见。

本书还对互联网金融、金融科技的发展进行探析，提出互联网金融的阶段属性、发展方向、重点领域、金融机构应对策略等。

10. 探索世界剧变的国际货币体系

强调全球化发展，特别是中国的崛起，推动世界格局深刻变化并进入百年一遇的关键时期，经济全球化、社会信息化、世界多极化、文化多样化成为必然趋势和现实结果。这也推动国际治理体系，包括国际货币金融体系，特别是 IMF 的变革迎来重大历史机遇期，必须抓住机遇，推进变革。

在研究十多年关于超主权世界货币之后，本人越来越清醒地认识到：在相当长的时间内，国家难以消亡，比较现实的选择并非急于打造超主权的世界货币，而是在维持国家主权货币相互竞争、优胜劣汰形成国际货币体系的基本格局下，顺应世界多极化发展潮流，深刻变革乃至重新建立国际货币基金组织的体制机制，增强其基金规模和实际的调控能力。

基本特点

此书不是一本普通的货币金融类教科书，而是注重和强调理论联系实际，围绕中国金融尽早实现综合实力和国际影响力世界领先的战略目标，剖析改革开放以来，中国货币金融发展变化的奥秘以及存在的问题，探索新时代中国金融改革的重点和发展的方向，以及世界剧变背景下国际货币金融体系变革的重点和方向；重新梳理和明确货币金融发展的本质、逻辑与规律，由此形成四大部分相互关联、不断延伸的内容：

第一部分　有形货币：起源与演变；

第二部分　货币裂变：从有形到无形；

第三部分　改革开放中国货币金融探秘；

第四部分　货币金融未来发展探析。

贯穿于全书的一个重要指导思想是：必须将货币金融的研究置于经济社会基本制度和发展阶段的大环境中，放在全球化大背景和上百年的历史过程之中。因此，本书并非就货币论货币，就金融说金融，而是在探析中国改革开放以来货币金融奇迹奥秘时，更多地探索中国改革开放的发展历程和发展奥秘；在探索货币金融未来发展方向时，更多地探索中国崛起对世界格局的深刻影响，并放在世界格局深刻变革的背景下，探索国际货币金融体系的变革，这是本书不同于一般货币金融专著的重要特点。

当然，本书所涉及的货币金融内容可能专业性较强，并提出了诸多不同于传统教科书的新观点、新思想，为便于理解，本书尽可能用通俗易懂的语言去论述与表达，且在每一节开始前，列出需要关注的重点问题，以便帮助读者带着问题与思考进行阅读。

本书涉及内容较广，既有基础理论问题，又有现实热点话题，还有互联网金融，特别是数字币、区块链等最新热点问题。相信本书将对关注和研究货币金融问题，包括货币投放和管理体系，外汇储备管理和人民币国际化，国家金融战略规划，金融监管体系改革，互联网金融以及数字币、区块链等热点问题的金融从业者、金融监管人员以及有志于货币金融研究人员等，带来启发，提供帮助。

限于作者阅历、精力和时间以及本书篇幅等方面的限制，不少问题的论述未必充分和完整，有的观点甚至可能存在差错，现在将其逐一呈现，期冀引起全社会对相关问题的广泛关注和共同探讨，推动货币金融的理论研究和创新发展，去伪存真、正本清源，共同推动新时代货币金融和经济社会日趋向好发展。

不眠且不断裂变的金钱背后是暗流涌动的资本世界，以及变幻莫测的金融乱象；货币如水，既能载舟，亦能覆舟。揭盅（揭开谜底）货币金融的奥秘与魔力，方能识其"水性"，以期驶好这艘经济社会之"舟"。而经济社会与世界格局剧变，货币理念混淆、金融风险突出之际，正是发出新时代新声音的必要之时。

创作背景

此书的形成缘于本人工作经历和理论联系实际的长期探索。

本人 1987 年 7 月从中国人民大学财会专业研究生毕业后留校任教。

1989 年 5 月入职中国银行总行财会部制度处后，有机会全面了解银行各项业务的基本流程、重要环节，前中后台的构成和相互联系，以及主要业务和全行经营的基本结果。特别是 1994 年以前，整个中国的外汇金融业务、海外金融业务，包括境外对中国的政府协议贷款、商业贷款和混合贷款（简称"三贷"）等全部集中在中国银行办理，这为自己全面深入了解银行业务，尤其是外汇和跨境业务提供了极其难得的条件。自己直接参与了 1993 年中国财会制度变革、1994 年外汇体制变革、1995 年《商业银行法》等在中国银行实施方案的制定工作。1998 年主持财会部工作。

1999 年开始主持中国银行资产负债管理部工作，包括宏观经济和金融市场分析、中长期发展规划与机构设置管理、年度预算的制定，及其季度分析与调整、流动性管理与利率管理、统计和数据管理、年度报告编制与披露，接待国际金融组织和评级公司考察等，进一步开阔了自己的视野，增强了对宏观经济、货币金融、外汇管理、国际市场、风险控制等方面的关注与认知。

1999 年 11 月至 2003 年 11 月，先后担任中国银行福建省分行和河北省

分行一把手，丰富了自己深入实际和驾驭全局的实践经验，增强了大局意识、战略思维和应急维稳、开拓创新的能力。

2003 年 11 月被任命为中国银行总行党委委员、行长助理，直接参与中国银行股改上市的筹备和实施工作。之后历任中国银行副行长、执行董事，SWIFT 组织首位中国大陆董事。

工作中有几个方面的经历对自己触动特别大，也对本书的写作影响很多：

1. 金融市场业务

2006 年 3 月开始，分管中国银行全球金融市场部等部门。

全球金融市场部的前身是外汇资金部，负责中国银行外汇头寸的币别调整（外汇买卖）、资金安排（证券投资）等，1994 年以前实际上成为中国的外汇资金部，是中国银行非常独特和独立的部门，其部门负责人和分管行领导都是该部门培养出来的，外部干部难以参与其中。1998 年以后，逐步将人民币金融市场业务加入其中，调整为全球金融市场部，但主要管理人员仍然以外汇资金部为主。

本人是第一个非该部门培养出来的分管行领导。在此前后，该部门主要负责人员也陆续从外部调入。恰恰在这一过程中，该部门的经营压力陡然上升：2003 年末国家从外汇储备中拿出 450 亿美元成立中央汇金公司，并平均分配给中国银行和中国建设银行作为股改新的资本金，这部分注资要求参照外汇储备前几年平均收益水平进行专项考核，中国银行则将其交给金融市场部进行运作。2005 年底中行引进国际战略投资者，其吸收的几十亿美元资本金，以及 2006 年在香港上市募集上百亿美元资本金，仍都交给该部运作。

2003 年 6 月至 2004 年 6 月正是美元利率水平大幅降低后的底部，联邦基准利率处于创纪录的 1% 的低水平，国际上一般美元资产收益率大大低于注资回报要求，使得经营部门放松了风险控制，不断扩大高风险产品的投资，包括次级债券类产品。

到 2007 年 7 月次贷危机爆发时，该部门投资的海外证券类资产总余额超过 1300 亿美元，在中行资产总额中占有很大比重，但负责经营管理的人员力量非常薄弱，主要负责人员更换多，不仅缺乏直接的海外市场感知，甚至缺乏必要的专业知识和实践经验，对所投资产品结构、底层产品风险状况、主要影响因素等缺乏了解，投资产品主要依靠国际做市商的推荐介绍。

同时，规模庞大的海外证券投资，并没有纳入资产负债管理及风险管理等部门协同管理，而基本上交由金融市场部门独立运作；董事会、高管层更没有深度参与，投资策略、基本原则、风险价值限额等缺乏明确指引。结果在爆发危机时，完全陷入被动的局面，根本无法及时有效地加以应对。

这种状况令作为分管行领导的我承受了巨大压力，但也促使我集中精力加大相关业务和国际金融市场的研究，包括穿透美国次级按揭贷款支持证券（MBS）及其衍生品，进入其底层资产——住房贷款，以及对贷款质量影响最大的因素——房地产价格走势的分析，发现美国房地产价格在 2006 年 9 月已经进入下行通道，相关产品的风险以及金融市场正在面临巨大考验。在这一基础上，本人在 2008 年二季度国际金融市场回暖，很多人认为次贷危机已经过去的情况下，坚持认为危机远未过去，市场回暖只是强力救市下的回光返照，必须抓住机遇尽快处置次贷证券等不良资产。

由此带领部门提出尽快处置 80 亿、100 亿、120 亿美元次级债券三个档次的行动目标，经批准后，在雷曼兄弟倒闭前，按照账面平均价格 86% 左右的折扣完成了第一目标。当然，这形成了超过 11 亿美元的损失，引起多方面的高度关注，也使相关工作没能继续推进。紧接着雷曼兄弟倒闭、金融危机爆发，我们前面所处置的同类产品市场价格急落到账面价格的

15％以下，相比而言，我们前期处置 80 亿美元的行动，尽管表面上形成了 11 亿多美元损失，却隐形减少了 50 多亿美元的潜在损失，这在当时整个国际市场上堪称独一无二！

基于上述分析，在全球金融危机爆发，主要经济体采取联合救市行动后，很多人开始预测世界经济何时开始反弹，并特别担心大量投放流动性将引发严重通货膨胀的情况下，本人在 2008 年 10 月《国际金融》杂志上刊发万字长文，呼吁"必须更深刻更审慎地看待美国金融危机"，从深入分析美国住房价格变化态势入手，进而上升到更深远的经济金融全球化进程和格局变化的分析，明确指出美国金融危机产生的原因非常深刻复杂，是多重因素长时间共同作用的结果，必须做好应对更坏结果的准备。危机爆发至今 10 年的发展，基本上印证了我当时的判断。

自 2011 年起，本人也多次发文强调，全球金融危机爆发，证明经济金融全球化发展已经阶段性走过头了，产能过剩和流动性过剩问题远未消除，危机远未过去，世界经济将进入有效需求不足，"整体低迷、此起彼伏"状态。同时，也不断强调中国保持巨额国家外汇储备，意义重大；必须改进和强化国家外汇储备的管理与核算监督。强调传统的刺激性宏观政策和经济理论将面临巨大挑战，全球化需要新的发展路径和模式，国际货币金融体系需要深刻变革。进而提出，中国的崛起正迎来难得的历史机遇，将推动世界格局发生极其深刻的变革，21 世纪将成为中国的世纪，当然，这也必将激化与现有世界老大的矛盾乃至更多国际矛盾，需要做好应对外部严峻挑战的充分准备。中国需要抓住机遇，推动新一轮更加深刻的改革开放，并形成新的全球化发展理念、思路与国际治理体系及其理论体系，增强中国特色社会主义的国际影响力和示范引领作用。

2. 资产负债管理业务

2011 年 7 月开始，接管了中国银行财会部、司库等部门（最多时达 16 个）。针对当时非常严峻的本外币流动性问题［当时中国银行正在接受"国际系统重要性银行"（GSIB）的达标考察］，带领相关部门改变脱离中行实际和市场价格的"全额 FTP"（资金内部转移价格）做法，强化资金内部转移价格必须市场化定价，推动业务条线和分支机构从过多依赖总行贴补，从而削弱市场竞争力，造成总行巨额亏损黑洞（当时没有反映和考核），转向开拓市场、强化市场竞争力，进而深刻调整发展战略和激励机制。

同时，切实加强资产负债整体规划与管控，特别是完善流动性管理的规章制度和工作流程，明确影响银行整体流动性最重要的因素是货币投放松紧（而当时影响货币投放最重要的因素是央行外汇占款的变化），流动性管理必须高度关注央行外汇占款与货币政策的变化。

2013 年一季度央行外汇占款比上年末新增 9433 亿元，月均新增 3144 亿元之后，4 月新增下降到 2843 亿元，5 月进一步下降到 1013 亿元，央行外汇占款下降的速度非常明显，但并未引起各相关层面足够的重视。进入 6 月份，从中国银行结售汇数字看（央行只披露月度数字，而且一般要在次月 10 日后公布，难以满足流动性管理需求。但中行是结售汇最重要的银行，通过中行即可以预测全国的情况），央行外汇占款继续保持明显的下降趋势（6 月最后披露的结果出现小额负增长）。

根据这种情况，我们从 5 月开始，逐步收紧信贷投放，加大备付金存款规模，以确保流动性安全。在央行外汇占款（基础货币）增速快速下降的情况下，基于前期金融机构同业拆借频繁、资金体内空转加重的态势，中央政府提出货币投放打破空转，"盘活存量、用好增量"的要求，央行不

断收紧资金拆借。到 6 月 13 日，银行间市场出现严重的"钱荒"（需要资金的银行拆不到钱），隔夜拆借利率高达 13.9%，严重偏离正常2%－2.5%的区间，造成巨大的社会影响乃至国际影响（当时有媒体错误报道是中国银行出现问题，引发海外广泛关注，曾给中行造成很大压力）。

但在这一过程中，中国银行恰恰由于准确把握了资金供求变化态势，提前做好应对准备，在市场出现钱荒期间，还能够积极提供资金支持市场需求，缓解市场紧张局势，不仅获得很高经济收益，而且赢得良好市场声誉，得到了国务院等各方好评。这也更使自己深刻意识到，银行资产负债管理特别是金融市场的监管，不能再像传统上管存贷款那样，多运用行政手段，而是需要很高的专业水平和市场化运作，需要特别准确地把握货币投放和整体流动性的核心影响因素及其变动趋势。

3. 信息科技工作与互联网金融

2009 年伊始，本人开始分管中国银行信息科技和收付清算等相关部门。经过极其艰苦复杂的工作，到 2011 年 10 月份，将中国银行长期困扰且不断加重、数次尝试均未成功，已经成为事关中行发展命运的核心系统不统一问题彻底解决，胜利实现自 2003 年启动的"中国银行 IT 蓝图"重大工程，并启动海外系统整合工程，推动核心系统统一后整个信息科技应用的提升，包括"中国银行全球清算平台"建设。2011 年末提出依靠信息科技推动中国银行成为"智慧银行"（Smart Banking）的构想。在规划和实施过程中，逐渐感受到，"电脑"的概念正在快速淡化，而"互联网"概念则在快速增强，互联网时代正在加快形成。

2013 年"余额宝"推出后，短短数月内就将银行活期存款"转"走5000 多亿元，其资产规模远远超过大部分已经成立 20 年左右的城商行、农商行；于是"互联网金融"的概念在中国出现并快速升温，这也推动本人加强了对互联网发展和互联网应用的研究，推动中行成立了"网络金融办公室"，开始探索互联网金融的发展。

2015年8月，本人离开中国银行，到一家大型互联网生态企业负责互联网金融板块的创建工作，进一步加深了对互联网发展及互联网金融发展的认识，坚持互联网金融只能是"互联网＋金融"的观点，提出要准确把握技术的发展和金融的本质，推动二者的有机融合，既要积极运用互联网等新的信息科技推动金融提高效率、降低成本、严密风控，促进金融信息化、数字化、智能化、生态化、普惠化发展，又要坚持货币金融的本质和宗旨、发展的逻辑与规律，推动互联网金融健康有效发展。

此过程中，从2012年开始，"比特币"作为一个"去中心"非国家主权货币全新的概念进入我的视野，触动极大。本人自全球金融危机爆发以来，一直认为：以一国主权货币作为国际中心货币，又没有形成相应均衡合理的国际治理体系的情况下，极易出现严重问题。因此，也一直在进行超主权世界货币的探索和研究。比特币的出现首先引起自己对其能否成为超主权世界货币产生很大兴趣。在研究比特币运行机理的过程中，又逐步对其依托的区块链技术产生兴趣。2015年底发起成立"共享金融100人论坛"并担任理事长，随后即在论坛下成立了中国区块链研究联盟，并在自己的互联网金融板块内设立区块链研究室，成为中国工信部"区块链技术与产业发展论坛"的创始单位成员之一，本人担任首届理事会的副理事长，成为国内区块链研究的领先者。

但是，随着研究的深入，自己逐步发现，比特币完全比照黄金的原理，不仅总量事先设定，而且连阶段性供应量都事先设定，本身就违反了货币

发展的逻辑和规律，比特币不是真正的货币，实际上是完全封闭的网络体系中的虚拟货币，不兑换成法定货币就难以实现其价值，难以将其区块链体系渗透到现实世界之中，因此，根本不可能颠覆和取代法定货币，不可能成为超主权世界货币；区块链的应用，应该跳出挖矿造币封闭型的"比特币区块链范式"。中央银行更不能模仿比特币等加密货币推出"央行主导的数字货币"或"法定数字货币"，而只能是运用区块链等技术推动法定货币的数字化、智能化。

然而，以太坊及其以太币的推出，在比特币区块链基础上加载了智能合约功能，扩大了区块链的应用，进而催生了更多的区块链和加密货币，催生了 ICO 资金募集新方式，推动区块链创设和加密货币炒作快速升温，中国则成为全世界加密货币"挖矿"和交易的中心，一度占到全球将近80%的份额，各种虚假宣传和诈骗传销盛行。这引起本人高度关注和深深忧虑，在 2017 年 7 月和 8 月（在 9 月 4 日监管部门叫停 ICO 以及其后禁止人民币与加密货币兑换之前）连发公文，强调必须"理性看待网络虚拟币与区块链""对网络虚拟币必须准确定位和监管"，在社会上引起很大反响。2018 年 3 月 24 日《经济观察报》刊发了《王永利万字长文揭蛊区块链的八大痛点》。自己在多种场合、多家媒体上一直呼吁社会各方一定要理性对待数字币和区块链。

4. 推动人民币国际化

2009 年国家出台了关于支持人民币走出去的相关政策，人民币国际化迈出实质性步伐，这引起本人的高度关注和积极探讨。通过总结以往美元等主要国家货币流入中国的做法，以及国家外汇储备管理等方面的经验教训，不断思考人民币国际化的路径和方略；特别强调人民币走出去，不应鼓励（而应限制）现钞走出去，而应该鼓励通过银行转账走出去。记账清算下，人民币走出去，实际上是人民币所有权流出。

因此，境外拥有的人民币越多，中国的人民币外债就会越大，但金融机构的资金实力也会越强；人民币国际化与外汇进出与储备将产生替代作用，需要纳入国际收支和境外资产负债统一管理；人民币国际化最重要的基础是——加快中国大陆人民币全球清算体系和清算总中心以及交易总中心建设，而不是离岸中心建设。最重要的推动力应该是中国国际金融中心建设，大量应用人民币作为交易的计价和清算货币。国际金融中心建设重中之重是，加快大宗商品与金融期货及其衍生品交易市场的开放和发展，中国已经具备这方面的天时地利基础条件等，急需从国家金融战略高度明确规划、加快发展。所有这一切，都需要切实加快推动金融监管体系改革和金融市场对外开放。

综上，本人直接从事和管理了银行前中后台几乎所有业务层面和类型，特别是综合性的资产负债管理与专业化的收付清算、司库投资、信息科技、风险管理、外汇和国际业务等工作，亲身经历了银行业改革开放与发展变化的历程，亲身经历了次贷危机与全球金融危机的爆发和应对，积累了极其难得的金融实践经验。同时，也深感中国已进入新阶段、新时代，亟需推动更深刻更广泛的改革开放，包括全面深化金融改革开放。但这必将面临更加严峻的矛盾和挑战，有很多重大理论和实践问题需要理清和准确把握；更需准确认知和把握货币金融的本源与宗旨、发展的逻辑和规律；更需准确把握金融发展的方向和改革的重点，既要促进创新发展，又要避免犯严重的颠覆性错误，推动货币金融和经济社会健康发展。

2018 年，是十九大顺利召开之后中国特色社会主义新思想、新规划、新方略正式实施的第一年，是全球金融危机爆发后的第十年，是中国改革开放四十周年，是认真反思和总结经验教训，特别是货币金融改革发展的

经验教训，准确把握方向和战略重点，有效推进新的改革开放和加快发展非常关键的时刻和绝佳的时机。

正因如此，2018 年伊始，本人辞去所有公司职务，集中精力梳理长期以来有关货币金融的所思所想，围绕一些重要理论和实践问题进行深入研究和观念提炼，利用大半年时间写作此书。它凝聚了本人心血和思想成果，希望能在社会上引起广泛关注，推动人们对货币金融更广泛更深刻的研究和准确认知。

本书的出版得到了家人和多位亲朋好友的大力支持，特别是本人敬重的领导和学者吴晓灵行长、盛松成教授、黄益平教授、陈志武教授、彭文生博士还为本书作序推荐，心中非常感激！

本书的出版还得到了四川人民出版社黄立新社长及相关工作人员的大力支持，在此深表谢意！

目　录

附　录

 引 言

货币的产生和发展，以及以货币为灵魂与核心的金融活动和金融体系，乃至国际货币和金融体系的发展与创新，绵延数千年，生生不息、日益繁荣，绝对是人类社会的一大奇迹。

随着市场经济、经济金融全球化的深入发展，以及交通通信等相关技术不断进步，货币与金融的表现形态、主体功能、运行方式、运行体系，以及国际货币与金融体系、跨国的相互影响等仍在不断演变，甚至不断发生深刻裂变，不断扩大影响的深度和广度，既有力地支持了贸易和投融资的发展，以及经济社会与人类文明的发展进步，又经常会因为币值的大幅波动而造成社会财富隐形而深刻的重新分配，甚至因为货币或资金的大规模转移、货币与金融的严重失控而引发经济、金融的剧烈

动荡乃至政局和社会的严重危机；既呈现出对经济社会发展进步极大的推动力，也会爆发出对经济社会可怕的破坏性。"天使"和"魔鬼"似乎在货币与金融身上融为一体，成为一个硬币的两面，货币金融可谓充满神秘和魔力！

今天，货币已经深入人类生活生存和经济社会运行的方方面面，金融成为现代社会资源配置的枢纽、经济运行的核心，成为国家重要的核心竞争力。货币就像空气一样不可或缺（正如俗话说的那样："得什么不要得病，缺什么不能缺钱"）。但正因为货币早已成为伴随人们生活生存和社会运行最常用最普遍的东西，因此，人们更容易对其发展变化习以为常、视而不见，特别是当货币从有形货币或现金（包括各种实物货币、金属货币、纸币等，可统称为"现金"）转化为无形货币（主要是银行存款、数字货币）之后，人们越来越少直接持有现金和使用现金进行收付，因此，人们对货币反而越来越淡漠、越来越不关心了，对什么是货币，货币的形态和属性在发生什么变化，为什么会发生这样的变化，货币最重要的基本功能和本质属性是什么，货币是如何投放（流入）社会的，货币为什么会升值或贬值，如何准确看待货币升值和贬值，为什么贵金属（如黄金）会退出货币舞台，信用货币体系下货币为什么成为主权货币或法定货币，这给货币总量控制和币值稳定带来什么样的好处和隐患，应该如何正确利用和有效管理信用货币，收付清算从现金清算为主转向记账清算为主给货币金融带来什么样的深刻影响，如何处理不同国家货币之间的关系，一国主权货币为什么能成为国际中心货币，如何建立合理的国际货币体系，能否形成和运行超主权的世界货币，运用互联网、区块链等技术是否真能形成全新的加密数字货币体系，能否颠覆现行的法定货币体系和复式记账法，能否成为真正的货币甚至是超主权世界货币，能否真的出现"人人可发币、人人自金融"的社会，如何看待金融与实体经济的关系，如何增强金融的综合实力与国际影响力，如何有效发挥货币金融的积极作用而防范和抑制其可能产生的系统风险和恶性冲击，等等，这些问题却往往得不到人们足够的重视和深入的研究。越来越多的人和社会资源投向金融，越来越多的大学开设金融课程，金融在全世界都成为最热门的行业和学科，在火热的表面下，却往往是重视金融而忽略货币，注重货币金融的应用和热点问题的解析与应对而忽略货币金融的发展逻辑与运行规律，盲目追求金融自身发展和眼前获利而过度脱离甚至损害实体经济、扭曲社会道德观和价值观等，推动金融加快发展的同时也在积累越来越严重的危机隐患，直至引发全球性金融大危机和经济大衰退、世界大动荡。在比特币出现十年，各种网络加密数字货币迅猛发展，区块链变得异常火热，各种颠覆法定货币体系的说法层出不穷的情况下，现在甚至连什么是货币、如何管控货币，都已经变得异常模糊了，货币金融的科研机构、学术权威几乎集体失声，甚至出现很多盲目跟风、偏离本质的声音，各国监管机构也犹豫观望，甚至还急于抢占"数字货币"风口或先机。这种状况若任其发展，后果将非常可怕，急需拨乱反正、正本清源。

在2008年爆发新的一轮全球性金融大危机之后，人们仍习惯性地对货币金融及金融危机的根源做一些表面性的分析研究，提出一些治标而非治本的政策建议，实施一些惯用的刺激性应对举措，主要经济体（如20国集团）采取了力度空前的联合救市运动，一些国家甚至采取了非传统的量化宽松货币政策，尽管一时或局部产生了一定的积极效果，抑制了危机的快速恶化和经济金融的剧烈动荡，没有出现类似20世纪大萧条那样的百年一遇大危机所造成的巨大冲击，但从全球和长远角度看，危机的根源并没有消除，反而可能因此积累了更多更严重的问题，将宏观调控政策工具潜力消耗殆尽。这样做的结果，只是推迟危机的爆发，最终必然使问题积累到

超出人类自己利用和平方式和正常手段所能控制的范围，而不得不依靠残酷的战争或者外力（重大自然灾害等）来解决。

全球化深入发展到今天，特别是在中国等发展中国家推行改革开放，为世界经济金融发展提供了巨大空间和市场，引导国际资本和产能大规模转移，在推动世界经济加快发展的同时，也使得全球性产能和流动性过剩问题日趋严重，全球性金融危机和经济衰退的爆发已经充分暴露出这一深层次问题。现在，地球上已经很难找到新的足以吸收和容纳过剩产能与流动性的地方，地球生态承载力和人口增长已经面临极限，全球性产能过剩和有效需求不足将长期存在，这将带来人类社会发展史上最为重大的环境转变。人类社会一直以来都致力于不断追求提高生产力和劳动效率，更好地满足人们不断增长的物质和文化需求，在区域原材料和劳动力供应受到束缚时，则不断向外扩张，创造更大的供给和需求。但现在整个地球总体上承载能力和需求潜力消耗殆尽，经济金融全球化发展与国家独立自治的矛盾激化（全球一体化治理没有跟上），继续依靠传统的发展方式和运行模式已经难以实现包容式扩张性发展，急需创新发展思路、发展方式和全球治理模式，加大供给侧结构性改革。在这种情况下，市场竞争的重心将从供应方转向需求方，世界经济重心将从传统发达国家转向拥有足够发展空间和潜力的新兴经济体，世界经济和政治格局将发生深刻的、根本性的变革，这种剧烈变革也将极大地激化国际矛盾。

从中国的情况看，改革开放以来，中国不断融入全球化发展大潮。中国有规模巨大且快速增长的人口、广阔的地域，但曾经长期封闭，在世界经济中人为造成一个巨大的"洼地"，以及改革开放前国民经济停滞不前的特殊条件，为改革开放后国际资本和产能转移提供了巨大市场和空间，在推动自身加快发展的同时，也为世界经济发展做出极大贡献。特别是 2001 年加入

WTO之后，吸引大量国际资本和产能流入，快速发展成为新的"世界工厂"，大规模的工业化、城市化发展，推动交通通信等基础设施和经济体制深刻变革，现在已经成为世界第二大经济体且仍保持较高增长速度，具有全世界最完备的工业体系和强大的制造业实力，成为世界最大的贸易国和外汇储备国，综合国力和国际影响力快速提升，这样的巨大变化超出世人想象。与此同时，中国货币总量急剧飙升，金融规模迅猛扩张，但40年来基本上没有出现重大货币危机与金融动荡，堪称奇迹，充满神奇。

然而，经过40年改革开放之后，中国面临的国际国内环境已经发生了极其深刻的变化，经济社会发展进入一个全新的阶段，面临更加复杂和严峻的挑战。

国际上，中国的改革开放与高速发展，带动全球性产能和流动性过剩问题更加严重，并推动世界经济和政治格局深刻变化。

中国改革开放初期国际上苏美两国尖锐对抗，中国作为有影响力的大国，其站队选择对国际局势有重大影响，存在巨大国际局势套利空间，给中国的改革开放提供了良好的国际环境。中国坚持"韬光养晦、决不当头"，不倒向苏、美任何一方，而且坚持走中国特色社会主义发展道路，坚持"三个有利于"标准，坚持"发展是第一要务、稳定压倒一切"，抓住机遇实现了跨越式发展。中国现在已经发展成为世界第二大经济体，且不断拉近与世界老大的距离，并在发展道路上独树一帜，坚定发展中国特色社会主义，十九大进一步明确提出到本世纪中叶要实现综合国力和国际影响力领先，全面建成中国特色社会主义现代化强国的宏伟目标，这必然会激化与传统体制和世界老大的矛盾，国际环境发生了极其深刻的变化。

在国内，从2012年开始，经济增长已经从高速发展转化为中高速发展；社会主要矛盾已经从人民日益增长的物质文化需要与落后的社会生产

之间的矛盾，转化为人民日益增长的美好生活需求与发展不充分不平衡的矛盾；中国仍属于发展中国家，仍有巨大的改革开放和发展潜力，仍处在重要的发展机遇期，甚至是极其难得的世界格局变革期，但也面临着更加严峻的矛盾和挑战，面临着"中等收入陷阱"的考验。中国现在已经进入非常重要和关键的换挡转型过渡期、未来发展探索期，长期高速发展掩盖的深层次矛盾开始集中暴露，经济社会发展进入新的阶段，宏观局势同样发生了深刻变化。

国际国内大形势大环境深刻变化，中国特色社会主义发展已经进入新阶段、新时代，面对重大机遇和挑战，传统路径与模式难以为继，急需加快推进新的一轮更深刻更广泛的改革开放。党的十九大对此做出了准确判断，提出了明确的奋斗目标和实施方略，令人倍受鼓舞、充满向往、信心坚定，为全国人民凝心聚力、攻坚克难、奋勇前行提供了重要保证。

金融作为现代经济运行的血脉和资源配置的枢纽，作为国家重要的核心竞争力和国家安全的重要组成部分，必须跟上国家整体的战略规划，加快形成和积极推进落实国家金融战略，围绕全面增强和有效提升中国金融的综合实力和国际影响力，切实加快推进中国金融全面而深刻的改革与开放，有效防范和化解重大金融风险，积极参与和推进国际货币和金融体系的变革。

因此，重新探索货币的奥秘，有效掌控金融的魔力，准确把握货币金融的逻辑与规律，促进金融创新，严控风险底线，发挥好货币金融的积极作用，对货币金融的健康发展，对中国进一步深化金融改革开放，尽快增强金融的综合实力和国际影响力，实现到本世纪中叶综合国力和国际影响力世界领先，建成中国特色社会主义现代化强国的宏伟目标，对推动国际货币和金融体系深刻变革，促进人类社会和谐发展与共同繁荣，共同打造人类命运共同体都是非常重要、非常必要的！

第一部分
有形货币：起源与演变

那些具有一定实物形态，可直接用于支付交割的各类货币，包括实物货币、金属货币、金属本位制纸币、信用货币制纸币等，我们统称为有形货币；其"形"可变，但"质"不改。

即使历经数千年发展史，亦不管其形态发生何种变化，货币的交换媒介、价值尺度和价值储藏三种功能基本不变。

有形货币的不变之"质"还包括：其价值支撑，以及货币币值基本稳定背后的关系不变，即货币总量与全社会货币化财富总规模需要相对应，货币金融合理配置资源、创造财富等本源不变。

第一章　原始的商品货币

人类社会为什么会出现货币？货币应该具备哪些基本功能？什么样的物品可以充当货币？为什么不同社会或国家会有不同的货币？

一、商品（实物）货币的出现

当人类社会出现剩余劳动，不同剩余劳动的所有者之间就产生了交换的可能和需要。交换或贸易的发展，不仅能够物尽其用，提高剩余劳动的价值，减少劳动成果的浪费，满足人们更广泛的物质需求，而且有利于推动人们的思想和技能交流，推动社会分工和劳动生产率的提高，促进人类社会文明成果的分享与社会进步发展。特别重要的是，交换本身就体现了平等互利、等价交换、按约定办事的商业规则和契约及信用文化，而这又是人类社会文明与和谐发展的重要内容和基础。交换和市场经济的发展，是人类社会发展的必然选择和客观要求。

但最早的物物交换，由于信息不对称而增加了交换成功的难度。在长期交换或贸易实践过程中，人们逐渐认识到，为方便交换，首先需要有固

定的时间和地点以解决供需双方信息不对称的问题，于是，集市出现并不断发展。同时需要有交换的中介物，可以把最受人们追逐、人们最容易接受的物品当作中介物，不同的物品先与中介物交换，再用中介物与所需的物品交换，可以大大提高交换的成功率。于是在各种用于交换的物品中就逐渐出现了充当交换中介物的特殊物品——货币商品（物品）。这种物品起着商品交换媒介、价值尺度和价值储藏的功能，成为货币发展初始形态——商品货币或实物货币。

在不同的社会范围内，由于自然条件和文化观念的不同，人们能够拥有的物品和追逐的对象也有所不同，因此，历史上曾经出现很多物品在一定社会范围内充当货币商品，如品质不易变化、能够分成不同档次的特殊的贝壳（主要是贝壳化石）、羽毛、骨头等，但最终主要集中于可以加工的金属制品，如金、银、铜、铁等当时的贵金属上。这是因为，要充当货币商品，必须具备若干重要条件。

二、货币商品必须具备的重要条件

1. 其品质要相当稳定，易于划分或分割成不同的规格，即形成不同的价值档次，能够灵活地满足交换不同价值商品的需要，并易于保存和鉴别。基于这种特殊要求，各种有生命力（随着生长变化，其价值容易变化），不能分割的动植物显然不适合充当货币物品，各种易碎易耗品也不适合充当货币物品。

2. 自然界有一定的供应（不能太过稀少），以满足交换或贸易不断发展扩大的需要，但又不是普通人可以随便获取或随意仿冒的普通物品，必须成为当时社会上（特别是权贵阶层、上流社会）广泛接受和最受追逐的特殊物品，单位价值要比较高，单位价值的体积要比较小，从而便于携带和交割清算，有利于控制货币供给和货币总量，尽可能保持货币价值的稳定性。

这样，能够为人类进行加工的，便于控制成色（质量）和总量，具有体积小而价值大，质地均匀，易于分割，不易腐烂，便于保存，便于收藏和携带的贵金属，就成为货币物品的必然选择。所以马克思说："金银天然不是货币，但货币天然就是金银。"

即使货币物品集中于贵金属上，由于不同社会范围内不同金属的矿藏、加工能力与受追崇程度不同，其最终选择的金属货币也不同（也可以几种金属货币并存，并形成应用层级和兑换关系）。

例如，中东地区最早掌握了黄金加工的技术，黄金作为稀有物品成为社会主流，特别是权贵阶层广泛追逐的物品，因此，黄金率先在中东地区成为货币商品，并随着贸易的发展逐步延伸到古罗马、古希腊、古埃及以及西欧等以地中海为核心的广大西半球地区。

而在几乎同时期的中国，尽管也发现了金、银，但产量太少，满足不了作为货币的需要，同时由于中国在世界上率先掌握了青铜的加工技术，青铜器等制品成为权贵阶层广泛推崇的贵重物品，铜或以铜为基本元素的铜合金制品成为基本的货币物品（中国长时间流通的是铜钱，而非金银币），并随着中国与周边国家交往和影响力的延伸，而广泛应用于东亚和南亚地区。中国是从明朝开始，随着交易规模的扩大和物价的大幅上涨，以及银的供应扩大，货币物品才逐渐由铜转变为价值更高的白银。

即使后来由于种种原因，东西方的货币物品普遍集中到金、银上来，东西方仍在相当长的时期内存在明显的不同：西方主要以黄金作为货币物品（金本位），而中国等东方国家则主要以白银作为货币物品（银本位）。

正因为如此，东西方黄金对白银的价格也往往存在较大差异，并为很多商人在东西方市场进行金银套利提供了可能。

货币物品本质上仍是一种商品，其本身就具有使用价值和交换价值，所以此时的货币也可称为商品货币或实物货币。货币物品的价值基本上就是其作为商品本身的交换价值，其价值本身也不是固定不变的，而是会随着供求关系的变化发生变化，而且在其呈现升值态势的情况下，还可能诱使人们储藏货币商品，进一步加重货币物品的短缺。因此，实物货币的价值总量不应该超过社会物品的价值总量，货币总量总体上应处于相对短缺的状态。

商品货币在货币发展史上属于原始或初级阶段。在这一时期，世界各国的货币制度实质基本上是差不多的。

第二章　规制化货币和金属本位制纸币

想 一 想

货币商品为什么需要规范乃至法定？进入规制化货币阶段，东西方货币体系和运行方式为什么发生巨大反差？为什么会出现纸质代币（金属本位制纸币）？中国为什么会率先出现汇票和纸币，但却又在西方推出和流通纸币时，废弃了纸币？西方为什么没有率先推出纸币，却率先推出了股票、债券、年金等，推动金融的大发展？货币金融应该坚持的宗旨是什么？

随着货币应用越来越广泛，民间组织自行制造的金属货币由于规格、品质等不统一，规则不明确，管理不严格，以次充好、假冒伪劣等问题越来越突出，检验交割比较复杂，以及不同货币的交换困难等问题也不断暴露。为保证货币的品质，防范假冒伪劣，增强货币的权威性和流通性，减少不同货币兑换的成本，需提前划分出不同规格的货币单位，使其能够形成各种数字的组合，以便于交换或贸易的交割清算，为此，越来越多的国家或政府开始对商品货币进行规范，确定货币的品名、品质、样式、规格、发行人及其权利义务等，有的甚至指定专门的制作场所进行制作。如，中国从秦朝开始就将铜钱标准规定为文（1 文钱）、陌（100 文）、贯或吊（1000 文），金银单位分为钱、两、斤等。西方金银单位则分为 1 盎司、1/2 盎司、1/4 盎司、1/10

盎司以及镑等。除金币、银币、铜钱外，可能还印制必要的廉价金属辅币，以方便小金额的清算。同时，国家以法令的方式保护货币的流通使用，严厉打击假冒伪劣行为，使货币成为国家的规制化货币。

规制化实物货币的产生，对方便货币的使用和流通产生了重要的积极作用。但这也同时产生了货币的管理体制问题以及货币政策取向问题，并由此产生了东西方金融创新和金融发展结果的巨大分化。

一、中国的货币发展

在中国，早在2000多年前的秦朝诞生以前，货币已经出现（以贝壳为主，也正因如此，汉字中与钱财有关的字，基本上都有贝字旁），其影响力和重要性已经得到了统治者的重视。

但随着经济社会的发展，特殊贝壳越来越难以满足货币需求，于是不少国家开始推出自己的新型货币，主要是各种形状、材质、品质和重量的金属货币，如布币、刀币、铲币、环币等。

秦朝统一中国后，面对广阔的疆土、众多的种族与大量的人口，以及交通和通信很不发达的现实局面，为加快推进国家的统一和民族的融合，加强和巩固王朝的统治，秦始皇开始强化中央集权和高度统一，包括统一文字、度量标准、货币单位乃至车辆轴距等，甚至为消除统治阻力而"焚书坑儒"；消除诸侯王国，将地方官员由分封制和王位世袭制改为任命制，皇帝可以随意对其调配，削弱地方诸侯势力范围，使中国的"封建体制"由此发生了重大变化——国家由原来的封邦建国、联邦共治，转变为中央集权、官员任命制，只有最高统治者才可以世袭；不断增强皇帝的统治权力，强调"皇帝为天子""普天之下莫非皇土""君要臣死，臣不得不死"，等等。其后，中国历代王朝基本都继承了这种体制和做法，统一的文字、度量标准和货币单位，中央高度集权影响深远。尽管秦朝以后中国不断改朝换代，但文字、度量标准和货币单位等却基本得以传承。

其中，货币的规格、货币的质量、货币的铸造和货币的总量等都是由最高统治者掌控的，这有利于货币的统一性和严肃性，但往往在制造货币的原材料跟不上经济贸易发展需要，特别是爆发战争，需要大量货币支付战争开支时，统治者也很容易采取降低规制货币单位重量或质量的方式扩大货币供应。例如，在唐朝和宋朝，由于青铜币的短缺，1 贯钱就出现了少于 1000 文的状况（宋朝政府出台了 1 贯包含 770 文钱的官定省陌标准，宋朝最早的纸币就是以 1 贯包含 770 文铜钱的省陌标准确定的），甚至一些统治者还利用铁、铅等更便宜的金属来铸造，充抵铜币，变相使货币贬值。

货币的贬值导致货币数量的增加，给货币的携带和运输造成不便和负担，进而影响了经济和贸易的发展。

为解决这种问题，从唐朝开始，就出现了纸质的、轻便易带的汇款凭证——汇票（当时被称为"飞钱"），即铜钱所有人在一地的票号或钱庄存入铜钱，换取标明出票人、收款人和铜钱金额，并有加密措施的汇票，收款人持汇票到异地指定的收票地点，经验证真实后即可换取等额的铜钱（一般要支付一定的汇费），从而大大降低金属货币在不同地方来回运输和逐笔交割的成本和风险，受到商人们的普遍欢迎。在此基础上，人们又发现，在比较稳定和信得过的交易伙伴之间，日常交易可以不用逐笔交割货币，而可以先用约定的凭据（具有防伪和防止抵赖的保护措施）进行记账，在约定的时间再进行双方往来金额的汇总轧抵后，只对净额进行货币交割，进一步降低货币运输和交割清算的成本。这种做法在宋朝继续得到传承，并且存入的款项除铜钱外，还扩大到黄金、白银等，只是名称由"飞钱"

变为"便钱""交引"等（注意：中国"汇票"的运用并不是清朝开始于山西票号的创举，而是要悠久得多）。当然，这种纸质票据的出现，还依赖于"纸"的产生及其质量的保证，以及加密措施的完善，以便于传递、保管和防伪。

需要注意的是，这种汇票被叫作"飞钱"或"便钱""交引"等，却不是直接被叫作"钱"，这是因为它们本身还不是真正的货币，而只是货币汇兑的工具。

然而，这种纸质汇票的应用，逐渐使商人们认识到，可以用纸质票据等代替金属铸币进行日常流通，只要承诺和做到保证用金属铸币足额兑付纸质票据即可。于是宋朝就率先在四川地区出现了用以替代金属货币流通的，标明出票人和金额，但不指定收款人的、可以转让的纸质"交易票据"，当地人称之为"交子"。"交子"可以用于支付和转让，持票人只要交给出票的人，就可以按照票面载明的条款和金额换取金属货币。这种可以流通的"交子"，在兑换金属货币前就具备了货币的功能，成为纸币的雏形。

纸币之所以率先在四川出现和流通，主要是因为四川当时缺少青铜却长于炼铁，故长期流通廉价的铁钱（对铜钱比价很低），同时，在宋朝中后期川外大部分地区多年遭受战争蹂躏的情况下，四川远离战火，社会相对稳定，外来人口增多，对外贸易扩大，商品价格上涨，对货币的需求量随之增大，大量廉价的铁钱对交换和贸易产生了越来越大的影响，而四川又出现了能以麻和树皮纤维生产出结实耐磨的特殊纸张，提高了纸币的质量和防伪性能。纸币的出现和流通，降低了货币制作成本，但也使货币防伪需求更加突出，其对材质的要求、加密的要求、制作的要求等越来越高，正是在这种情况下，纸币应运而生。

实物货币的产生和发展源于交换和贸易发展的需要，纸币同样如此，且率先由民间商号发明和运用。但由民间商号发行"交子"纸币，容易使一些不法商人滥发纸币，虚增自己的购买力，而不能保证见票兑付法定货币，从而保证纸币的信誉。同时，纸币的印制技术和质量也难以保证，容易被伪造，结果也不断造成严重的货币问题，影响纸币的广泛流通。

为解决这类问题，宋朝政府逐步上收"交子"印制和发行的权力，明确规定"交子"纸币的标准，包括材质、规格、内容等。公元1023年，宋朝政府在四川成都成立了独家发行"交子"的专营机构——交子务，1024年宋朝政府第一次正式发行法定（其流通受到政府保护）的"交子"纸币，并在纸币上印制了固定的面值，使其成为较为完整意义的纸币。这也是人类历史上最早的纸币，是货币发展史上的一大创新。纸币的产生和流通，有效提升了货币流通的效率，降低了货币运行的成本，对促进贸易和经济发展产生了重要影响。

纸币从一开始并不是单独存在的，而只是金属货币的延伸和一定程度上的替代物（类似代金券），即最初的纸币是以金属货币为本位制的，发行人承诺持有者可以随时将纸币兑换为金属货币。用今天的标准看，就是出现了金属货币的证券化，纸币发行人承担了对纸币持有人兑付金属货币的义务（债务），而拥有充足的金属货币或者同材质的金属物品作为纸币发行和流通的储备物（担保物），是纸币价值确定和能够得到社会认可与广泛接受的根本保证。另外，政府的管理和保护，包括打击货币假冒伪劣、政府本身的收支大量使用纸币等，也给纸币的流通提供了非常重要的支持。

由于中国从秦朝开始就实施高度集权的国家管理体制，作为经济社会生活中越来越重要的部分，货币的铸造、货币的使用和货币的总量等，长期都是由最高统治者掌控的，在一般情况下，这种管理体制有利于保证货

币的质量和信用，防止假冒和滥发货币。但是，一旦国家由于战争或者重大自然灾害等因素影响，需要大量扩大开支，而实际的货币储备不够时，政府往往就会理所当然地通过增发货币的方式来解决（这会比增加税收等更便捷、更容易），而这必然引发货币贬值，导致通货膨胀，甚至刺激货币伪造泛滥，劣币驱逐良币，造成货币危机，并进一步激化社会矛盾，加速朝政的灭亡与更迭。由于政府，特别是最高统治者缺乏足够的社会和法律约束，因此，这种状况在中国屡屡发生，也造成中国的纸币版本频繁更替，一种又一种纸币版本遭到毁灭。

到 15 世纪 30 年代的明朝，由于当时的纸币——"大明宝钞"极度贬值，已使纸币信用严重受损，人们拒绝接受和使用，市场转而追捧和接受白银，明朝政府最终不得不停止纸币的发行和铜钱的铸造，转而以白银作为新的价值标准（银圆），并一直延续到清朝政府。

这样，作为货币发展史上的一大创新，由政府统一发行和保护流通的纸币，在中国持续存在了 400 年左右的历史之后，又令人遗憾地退出了历史舞台。直到 1935 年中华民国时期，在过去了大约 500 年时间之后，中国才又再次出现了政府统一发行的纸币，开始了新的纸币流通的历史。在此之前，票号和汇票业务再度兴起，持续 100 多年的历史，发挥了很大作用，聚集了大量财富，但到清朝末期，在国家衰落、新的货币和金融体系冲击下迅速消亡。

纸币在中国率先发行和流通，却又在相当长一个时期内，特别是在西方开始接受和流通纸币时，完全退出中国的历史舞台，货币的发展出现令人惊讶的严重倒退，并进一步影响了以货币为核心的整个金融的派生和相关技术与市场的发展，与西方货币及金融发展形成巨大反差。这不仅是中国货币发展史上非常值得重视和研究的大事，也是国际货币发展史以及国际货币体系建设非常值得重视和研究的大事！

二、欧洲的货币发展

与中国从秦朝开始就经常处于广泛的统一和中央集权不同，欧洲长时间处于小国并存、独立自治（内部还存在很多相对独立自治的城邦国家，实行联邦制或邦联制，与中国的大一统存在很大不同），但相互之间跨国贸易往来却又相对频繁，贸易对经济社会的影响很大的状况。在这种状况下，各国的货币不仅要考虑本国的需要，还要考虑跨国贸易和经济往来的需要。贸易需要平等互利、公平公正，相应的，跨国贸易的发展，需要有为各国所共同接受，但又不受单个国家或统治者人为控制的货币，这样，欧洲的货币逐步统一到黄金和白银上来，并逐步形成了公认的质量和单位标准。

相对于白银，由于黄金价值更高更稳定，而且接受范围和程度更高，最终，而成为欧洲通行的货币本位，即金本位，白银则主要用于国内贸易，作为补充。黄金也就成为超越国家主权的、流通越来越广泛的国际货币（超主权货币）。即使后来出现了纸币，仍长期坚持金本位制，即承诺纸币可以随时兑换成所代表的黄金。这种国际统一货币体系的形成和运行，对跨国经贸往来的发展是非常重要的。

这就出现了与中国存在巨大不同的货币环境，即欧洲各个国家（特别是一些小的城邦国家）无法用超过自己实际拥有的黄金来铸造和发行货币，即人为减小单位货币的含金量或降低货币质量来扩大货币发行。在这种情况下，当面临战争、重大自然灾害或重大工程需要大量开支，而政府又没有足够的货币储备时，政府一般无法通过滥发货币来解决，这迫使其以借贷方式向社会或他国融资。于是，政府（或者政府项目的）债券、年金、

股票等融资工具和方式在 13 世纪应运而生，不断发展，并随之出现了相关工具的交易和专门的交易场所、交易规则，进一步增强其流动性和社会影响力，推动欧洲金融发展，且与中国逐渐出现了巨大反差。尽管其货币本身的印制、演变（如纸币、汇票等）和流通方面（即金融的初级形式）远没中国发达，但其社会资金融通（即金融的成熟形式）的发展却换道超车，大大超越了中国，极大地促进了金融功能的发挥和相关知识（如利率，包括单息、复利等的计算，现值与终值，风险与概率，复式记账法等）的发展，推动现代金融从欧洲率先起步并发挥出重大作用。

其中，股权投融资的发展，需要公平合理地处理多个股东之间的利益关系，以及股东与经营管理者、债权人、国家（公共管理）等方面的关系，这就需要把与各方面都有关系的"企业"的经营收支和财务结果等单独而完整地反映出来，特别是要与各个股东自身的资产负债和经营损益进行隔离，独立地进行核算和反映。而从"企业"角度看，就必然存在着资金来源与资金运用的对应关系，存在着"资产＝负债＋权益"的恒等关系，这就使得经济活动的账簿记录由原来的以每个投资人（亦即经营人）为主体，转为以股东投资的项目或企业为主体，进而推动账簿记录由单式记账法转变为严密而科学的复式记账法，推动现代公司制度和相关法规进一步完善。

在一个企业或经营项目只有单一投资人与经营人的情况下，为加强经营管理，保护财产安全，特别是处理好对外的债权债务（应收应付）关系，一般也需要有账簿记录作为支持。但此时一般都是站在投资人的角度看待问题，进行相关事项的定性和记录，对投资人自己的投资和开支等，一般不需要记录和反映，只是对物资的进出，特别是债权债务的变化进行流水账式的记录和反映，例如，何时向谁借了多少钱，到期日是哪一天，以及何时实际归还了钱；何时借给谁多少钱，到期日是哪一天，以及何时实际收回了钱；何时购进了多少具体品种的货物，每天卖出了多少，剩余多少等。这种记录一般没有对应关系，属于单式记账法，难以保证账簿记录的准确性、完整性。

在一个企业或经营项目存在多个投资人，特别是投资人与经营人分离的情况下，为公平处理相互之间的利益关系，以及在股权基础之上的债务关系、税务关系等，就要求反映企业或项目经营情况的账簿记录不能再站在任何一个投资人的角度看待问题，而必须站在企业或项目的角度看待问题，即账簿记录（会计）的主体由投资人转变为企业，投资人对企业的投资，也需要作为企业的一种资金来源进行记录，特别是在企业以股权作为基础进行债务融资的情况下，为保护债权人利益，更需要严格监督股东随意从企业抽回资金，严格执行企业股权投资的"资本保全"制度（即资本金一旦投入企业，投资人就不能随意抽回投资，如果需要，投资人可以对企业以外转让投资或股权以收回资金）。这样，完全从企业角度看待问题，就形成了企业"资金来源"与其"资金运用"完全对应，企业"资产"与其"负债＋权益"完全相等的严密关系，进而使企业的每一笔资金收付，都会涉及对应的资金来源或运用项目的同时对等变化，使得每一笔账簿记录都呈现出"有借必有贷、借贷必相等"的复式记账特征，大大增强了账簿记录的完整性、准确性、严密性，进而形成以"资产总额＝负债＋权益总额"为基本特征的资产负债表，以及企业独立于其投资人、债权人等利益相关方的收支损益表、现金流量表等，形成了规范的资产负债、收入支付的确认与计量标准等会计规则，使会计报表成为可以向相关方面报送和反映，用以处理相互关系的重要依据。这就推动账簿记录转化为复式记账

法，推动会计成为一门严密的记账科学，并成为现代企业制度和国家税收、经济数据采集和分析等方面的重要基础和推动力量。

三、货币金融发展的土壤

在货币产生和流通的基础上，就出现了金融。

金融，一般指与货币流通（包括货币印制、发行、流通、回笼、销毁等），以及货币所有权或使用权的取得与转让（如存款和取款、发放贷款和收回贷款、汇款等及其相关的利息或费用的收付），货币派生工具（金融证券，如股票、债券、年金等）的投资和交换，货币与其他货币的兑换，各种金融衍生产品的买卖等直接相关的货币融通和交易活动。

就像植物生长离不开土壤，货币金融的发展也离不开经济社会制度与文化基础。

在中国，货币流通方面的金融曾一度相对发达，但由于严重缺乏政府的货币借贷行为，整个社会一般的借贷活动尽管在民间也有一定程度的存在，但整体上与西方国家的活跃程度相差很大，特别是股权融资和股东权益保护，以及在货币派生工具和金融衍生产品的发展方面，中国更是因缺乏相应的社会条件而严重落后，因而也严重束缚了货币金融在中国的发展及其对经济社会发展促进作用的发挥。

西方国家不是主要依靠增发货币方式筹集资金，而主要依靠债券、年金或股票等社会融资方式筹集资金，并在此基础上进一步发展出证券交易所、商品交易所、期货交易所及其相关的规则等，大大方便了社会闲置资金的集中和有效利用，并赋予了投资人相关的权利义务和转让投资的便利，大大密切了国民与国家的利益关系，同时推动了国家民主法制建设，推动了利息计算、现值与终值、风险概率、复式记账等应用数学知识和金融计量科学的发展。这种方式又进一步推广到民间，特别是工商企业的发展上，资金借贷，特别是股权融资的发展推动了现代公司法人体制的产生和发展。金融的这种发展，形成了"合通国之力以为之"，"纠众智以为智，众能以为能，众财以为财"（摘自薛福成《论公司不举之病》）的效果，对经济社会的发展发挥了极其重要的促进作用，也造成其与中国的金融发展乃至整个经济社会发展出现巨大分化。

不比不知道，一比吓一跳。中国与西方国家金融发展出现如此巨大的反差，是有极其深刻的社会背景和复杂原因的，值得高度重视和认真研究！

货币金融的发展过程也告诉我们很多重要的货币金融基本原理：（1）货币是金融的基础和灵魂，没有货币就没有金融；货币、金融源于交换或经济往来发展的需要，离不开经济社会发展的基础和文化传统的影响，但又反过来对交换和经济社会的发展产生巨大影响力。（2）随着交换和相关技术条件的发展变化，货币、金融的表现形式和运行方式会不断改进和创新，并越来越独立运行，形成与实体经济相对应的"虚拟经济"。但万变不离其宗，实体经济是货币金融的基础，"促进社会资源更便捷高效地配置到需要的地方，创造出更大的经济和社会价值（这就需要更好地识别和控制风险）"，即为经济社会发展服务才是货币金融存在和发展必要性与合理性的关键所在，是货币金融必须坚持的本源和宗旨。（3）货币、金融的发展变化离不开经济社会的实际运行体系及其传统与文化氛围，货币、金融体系和制度是经济社会制度的重要组成部分，货币金融体系和制度的演变受到经济社会制度和文化的深刻影响，脱离经济社会制度和文化传统盲目照搬他国货币金融制度，或者完全放弃对货币金融的自主控制，都可能产生新的社会矛盾和危机隐患，等等。

第三章 货币脱金与信用货币

∷ 想 一 想

为什么纸币会完全替代金属货币（金属货币为什么会彻底退出货币舞台）？为什么说纯粹的纸币（信用货币）并不是全新的货币体系，而是在金属货币、金属本位制下的代用纸币的基础上演化出来的，仍然传承货币的基础和本质？信用货币出现带来的好处何在，又带来什么样的问题或隐患？信用货币体系下，货币是如何投放出来的，为什么信用货币必须是主权货币或法定货币？如何建立科学的信用货币管理体系、加强信用货币监管和总量控制，从而实现趋利避害？何为基础货币、派生货币、货币乘数？如何理解货币由货币发行者（央行）发行的债券，变成其发行的股票？为什么会有量化宽松货币政策，如何加以控制？

一、贵金属退出货币舞台

中国早期的纸币曾经由于脱离金属本位的束缚屡屡滥发而失去信用，被迫退出历史舞台，恢复金属货币体系。但最后，金属货币体系还是被纸币完全取代。

西方国家在纸币出现和流通之后，总体上由于一直较好地坚持金属本位制，较好地保持了货币的信用并发挥了纸币的便利优势，推动货币金融不断发展。但是，即使在西方国家，随着纸币的流通和国家对本国货币控制力的加强，在国家财政遇到重大困难、经济社会出现剧烈动荡时，不少政府或货币当局都会自觉不自觉地尝试扩大纸币发行，所以，纸币危机和金融危机也开始越来越频繁地出现。

在美国，在独立战争期间以及南北战争期间，都因为战争开支巨大，政府持有的黄金和白银难以支撑，而出现过政府滥发纸币以应付开支和偿还债务等情况，同时，政府颁布法令控制纸币兑换黄金和控制黄金流通，从而变相推动美元贬值。在 20 世纪 30 年代初期，为应对"大萧条"的冲击，罗斯福新政更是扩大货币投放，同时颁布法令，宣布美国公民持有或拥有金币、金块或黄金证券为非法，政府停止为国内公民的美元兑付黄金。黄金兑美元的市场价格也从原来的 1 盎司黄金兑换 20 美元，转变为 1 盎司黄金兑换 35 美元的水平，使美元大幅贬值。

随着美洲大陆的开发，特别是美国的崛起，吸引了大量的资本（金属货币）和人才从欧洲流出，不断加重欧洲国家货币供应和币值稳定的压力。第一次世界大战爆发之后，大部分国家被迫放弃了纸币兑换黄金的承诺，出现了纸币狂跌和金价暴涨的局面。"大萧条"以及第二次世界大战的爆发，更是雪上加霜，给原来的货币体系造成毁灭性打击。

第二次世界大战彻底改变了原有的世界经济和政治格局，美国成为资本主义世界的超级霸主，世界绝大部分黄金流入美国（高峰期约 2.5 万吨，约占当时世界官方黄金储备总量的 80％以上），也使原有的以英镑为国际中心货币，以黄金清算为主的世界货币体系难以为继，严重影响了国际贸易

和投资的进行，急需建立全新的世界货币体系。这样，在二战尚未结束之前的 1944 年，包括交战双方主要国家在内的 40 多个国家代表，来到远离战场的美国布雷顿参加会议，共同研讨建立新的货币体系，布雷顿森林体系应运而生，确立了美元作为国际贸易计价和结算的基础，美元与黄金挂钩（确立了 1 盎司黄金兑换 35 美元的官方价格），其他货币与美元挂钩，实行主要货币之间的固定汇率制（上下浮动一般不超过 10%，否则，相关央行将进行干预），各国持有的美元可以按官价向美国兑换黄金。这样，美元就取得了等同于黄金的地位，成为世界各国通用的国际支付手段和储备货币，美元也因此而被称为"美金"。

布雷顿森林体系建立，美元成为国际中心货币（货币之锚），大大便利了国际贸易和投资的发展，促进了战后快速恢复重建和经济金融的稳定与发展。

但是，二战之后，世界很快分裂成为以美国为首的西方资本主义阵营和以苏联为首的东方社会主义阵营，两大阵营政治上尖锐对立，经济上相互割裂，资本主义阵营在封锁社会主义阵营的同时，也封锁了自己的原材料供应和产成品市场。特别是美国，在战后为增强自己阵营的势力范围，大规模对外援助，包括帮助原来的敌对国家——德国和日本恢复战后重建，同时又连续发动了朝鲜战争和越南战争，使美国的黄金储备大幅度下降。随着其他工业化国家经济增长和国际竞争力的提高，美国自二战期间形成的全球最大出口国的地位快速下降，进入 20 世纪 60 年代已经转变为净进口国。而随着世界产能的扩张和经济规模的扩大，大宗商品价格也快速上涨，黄金受自然储量与开发能力等因素的束缚，难以满足经济发展的货币需要，资本主义世界又面临严峻的滞胀考验。种种因素都使得美元作为国际中心货币，其国际需求不断扩大与美国持有的黄金储备不断缩减的矛盾日益突出，"特里芬难题"① 越来越被世人关注，市场上对美元的信心受到冲击，黄金再次受到热烈追捧，并出现一些国家用美元储备向美国挤兑黄金的热潮，美国难以履行美元与黄金挂钩的承诺，形成美元危机。最后，1971 年 8 月 15 日，美国尼克松政府宣布放弃美元与黄金挂钩承诺，不再保证对外以黄金兑付美元，布雷顿森林体系随之崩溃。这进一步加剧了西方阵营的金融动荡和经济滞胀。

但在其他国家无法挑战美国综合实力和国际影响力，没有一种货币可以取代美元的情况下，世界又不得不继续以美元作为国际中心货币，并接受浮动汇率制。

美元放弃与黄金挂钩成为世界货币发展史上一个划时代的重大转折。美元脱离金本位制，使金本位制在全世界彻底退出货币舞台，推动货币脱离实物，转而变成以国家主权和法律保护的信用货币体系，成为社会财富的价值表现；黄金则不再具有超主权世界货币的地位，主要回归到作为贵金属的自然属性和商品属性，成为货币的对应物。黄金价格与其他商品一样由市场决定，到 1980 年上涨到 852 美元/盎司，之后回落至 300 美元/盎司之下，但 2008 年全球金融危机爆发后，黄金的价格再次剧烈反弹，曾一度升高到 1900 美元/盎司左右，之后再次回落到 1300 美元/盎司上下。

退出金属本位制之后，货币进入一个崭新的发展阶段。

---

① "特里芬难题"又称特里芬悖论，即指美元作为国际中心货币，一方面要求其币值稳定或稳中有升，这就要求其保持国际收支的顺差。另一方面，又要求其大量对外输出美元，相应的要求其国际收支出现大规模的逆差，货币可能贬值，从而形成美元悖论。

二、贵金属退出货币舞台不可逆转

贵金属在长期承担货币角色之后，完全退出货币舞台，既有货币管理的原因，更有其自身的原因。作为自然物质，金属货币受到储量、开采、加工等多种因素的束缚，其供应和总量很难与经济社会的发展水平相适应，很容易引发严重的通货膨胀或通货紧缩，难以保持货币币值的稳定。在经济社会快速发展的今天，如果继续坚持金本位制，而不是采用可以更加灵活调控总量的信用货币体系，那么，货币币值的波动将远远超出人们的想象。

而在经济交换和货币发展的长期实践过程中，人们越来越发现，尽管货币功能在不断扩展和丰富，在经济社会发展中发挥越来越重要的作用，但货币最根本最重要的功能应该是价值尺度，这是货币发挥交换媒介、价值储藏等其他功能的基础和前提。而要更好地发挥货币作为价值尺度的功能，最重要的就是保持货币币值的相对稳定。如果货币作为价值尺度和交换媒介，其本身的价值就剧烈波动，交换的进行、经济社会的发展就会受到严重冲击，甚至陷入混乱。

从道理或理论上讲，要保持货币币值的基本稳定，就要努力保持一国货币总量与该国可货币化（交易化）的财富规模相对应。这其中，可货币化的财富也包括黄金等原来的货币金属，作为市场买卖的重要商品，黄金等贵金属同样需要有货币来对应，而本身则不能再作为货币了。

货币脱金，使货币从实物货币转变为完全的表征货币，是货币发展史上非常重要的一次裂变，可谓脱胎换骨。至此，货币不再是社会上任何直接的财富，而完全转变成可交易化社会财富的对应物、表征物，并且越来越多地转化为数字化货币。可以说，在金属货币及金属本位制下的纸币阶段，货币很大程度上仍属于实物货币，交换很大程度上仍属于以物换物的阶段，只有在货币脱金后，货币才不再是实物，而转变成为划时代的、真正意义上的"货币"（货物的价值尺度），交换才真正变成以币换物。这是一个划时代的变革。

现在有不少人以当今货币体系容易造成货币超发和货币贬值为由，试图恢复金本位制，恰恰是对货币发展演变规律的不理解。这也进一步表明，试图以黄金作为模板，总量限定、需要"挖矿"产生的网络加密数字货币，如比特币等，难以成为真正的货币，其设计思路和方向也是错误的！

三、货币脱金后的投放渠道与方式

货币脱金后并非可以随意投放，可能很多人对此不清楚。

需要强调的是，货币脱离金属本位制即货币脱金，首先是指货币发行人不再承诺按既定的比率给持币人兑付货币金属。其次是指货币的投放不再完全受制于金属本位的束缚。

货币体系是不断演变和传承的，货币脱金转化成为信用货币，并不是断崖式、割裂式的变化，各国并没有完全抛弃原有的货币金属储备。美元即使废弃金本位，其背后仍有大规模的官方黄金储备（据称到2017年末仍保持8133.46吨，依然位居世界官方黄金储备第一，约占全球官方黄金储备的24%左右）作为价值支撑。因此，货币脱金之后，也并不是像很多人想象的那样，成为不需要价值储备物支持，完全由国家信用担保和国家主权与法律保护，可以随意投放的纯粹的信用货币。

更重要的是，即使废弃金属本位制，要维持货币的价值和信誉，货币

也并不是可以随意投放的，更不能随意无偿赠送，原则上也不允许货币发行人用货币直接进行股权投资，而是需要形成一套相应的货币管理体制或制度。

信用货币体系下货币投放的主要方式和渠道：

一是货币发行人购买货币储备物相应投放货币。货币储备物是具有较高价值、流动性强的物品，主要是贵金属（特别是黄金）和国际硬通货（主要外汇）。

购买货币储备物，既能确定货币（纸币）所代表的价值，又使货币具备储备物的价值支持。这在很大程度上传承了货币的传统，也成为货币的信用基础，由此投放的货币，成为信用货币体系至关重要的基础货币。本书将基础货币仅定位于央行购买货币储备物投放的货币，而不是传统上所说的央行储备货币。

这里需要明确的是，尽管货币现钞是由央行印制和投放出来的，但央行绝不能将印制出来的货币现钞无偿赠送出去，而是需要通过购买货币储备物的方式投放出去，否则，货币总量就很容易失控。

但又不可能所有的货币均由央行购买储备物投放，否则，央行将冻结太多的财富，反而会使流通中的财富规模缩小，影响货币总量与财富规模的对应，并影响储备物价值的发挥。所以，货币储备物并不是越多越好，货币的投放还需要新的渠道，主要是没有储备物支持的信用投放。

这其中，基础货币的变化，又受到货币储备物的质量和数量变化双重因素的影响。货币储备物的质量直接影响到基础货币的质量和数量，降低质量标准就可能扩大储备物和基础货币的数量，进而影响到整个货币的质量和数量，造成实际的量化宽松，因此，货币储备物的标准应该纳入立法程序，有严格的界定和监管！

在货币储备物的标准确定后，其支持的基础货币的增长本身并不可怕，特别是黄金和外汇储备的增长，只要不是依靠负债增加的，基本不会产生太大风险问题。即使是外汇储备，也并不存在所谓"美元陷阱"或因此将失去货币政策自主权的问题，因为货币总量还受到货币乘数的影响，即使基础货币增大，通过压缩货币乘数，货币总量仍是可控的。中国在这方面已经积累了成功经验。

二是由信用中介以间接融资方式派生货币。在基础货币的基础上，在没有货币储备物的情况下，将社会上闲置不用的货币集中起来（表现为存款），通过吸收存款的中介机构（而非货币所有者）以货币接受人的信用为支持，以间接融资方式（具体可以包括由中介机构提供贷款、透支、购买债券等）投放货币。

信用中介在对外提供间接融资时，其对原有存款人的负债并没有减少，即存款人的货币（存款）并没有减少，但借款人却因此获得了货币（存款），并增加了对信用中介（贷款人）的债务，由此派生出新的货币。

这种方式投放的货币，属于货币的信用投放，是在基础货币基础上派生出来的，可以叫作"派生货币"。

与间接融资不同的是，资金供需双方直接的借贷、投资等，属于直接融资，将直接减少供应方的货币（资金），增加需求方的货币（资金），因此，直接融资不会增加货币总量。但通过直接融资中的股权融资，可以增加融资方资本金，进而可以增强其债务融资能力，也会间接推动货币需求和总量扩张。

由于贷款等间接融资可以直接转化为融资人的存款（货币），而且当今货币体系下，货币投放越来越多的依靠信用投放，因此，信用投放也逐渐从依托基础货币进行，转而可以脱离基础货币独立进行，进而引发出到底

是必须坚持"先有存款后有贷款",还是可以"先有贷款后有存款"的争论,这是脱离金属本位制后货币体系出现的一个重大问题,货币的投放产生了深刻裂变。

实际上,货币的信用投放,就是基于社会财富未来增加的预期进行的货币投放,形成信用扩张内生货币的机理,成为维持货币币值基本稳定的基础条件,也是货币政策形成和实施货币调控的根本所在。

货币信用投放的出现,既有利于将社会上闲置的货币再投放到需要的地方,创造出更大的价值,从而有力地推动金融的发展和功能的发挥,更有利于根据预期,提前投放社会财富增加所对应的货币,保持货币总量与社会财富规模的对应和币值相对稳定。但这里的前提是,全社会对未来财富增加的预期必须准确。

现实生活中,人们对未来预期受到诸多因素的影响,特别是"顺周期"的影响:在经济向好时,人们往往容易盲目乐观,从而扩大负债和信用投放;但在经济下行时,又容易过于悲观或谨慎,极力收缩负债和信用投放。因而容易引发严重的通货膨胀或通货紧缩,导致货币币值的剧烈波动。所以,在货币信用投放成为货币主要投放方式的情况下,信用投放的节奏和质量实际上是货币总量调控的关键环节,最重要的就是必须严格控制信用投放的质量,并能够及时将虚增的货币核销出去。

在存在有价值储备物支持的"基础货币"和没有价值储备物支持的"派生货币"的情况下,二者之和就构成了一国的货币总量。货币总量与基础货币的倍数,就叫作"货币乘数",反映出货币派生的能力或程度。

由此需要明确的是,当今社会的货币,并不都是央行印发出来的,越来越多的是通过银行贷款等方式派生出来的。

随着派生货币在货币总量中比重的不断提高,货币越来越不是依赖储备物作为支撑，而是越来越依靠国家主权范围内可以用法律保护的社会财富作为支撑，越来越体现为需要大家信任的"信用货币"。

货币投放从单一的金属货币投放，发展成为既有基础货币投放，又有信用货币投放，货币总量受到基础货币与货币乘数两方面因素的影响，这种情况下，货币当局具有更大空间和更多方法调控货币总量，如：在基础货币扩大时，可以收缩货币乘数；在基础货币收缩时，可以适度提高货币乘数；也可以根据经济社会发展的实际情况或调控需要，同时扩大基础货币投放和货币乘数，或者同时收缩基础货币投放和货币乘数。这就能够更好地保持货币总量与经济社会发展的实际水平、社会财富的实际变化相对应，保持货币币值的基本稳定，更好地发挥货币金融的作用，并使货币政策成为与财政政策一样的宏观调控政策。

在这种情况下，一国货币总量实际上就成为这个国家全社会货币化财富的价值表示。因此，要控制货币币值的基本稳定，主要就是保持全社会物价总指数的相对稳定，所以，世界各国都将货币政策的中介目标集中到通货膨胀率，即社会物价总指数（CPI）波动幅度的确定与控制上。

正因为在信用货币体系下，一国货币总量实际上是该国全社会货币化财富的价值表示（表征物），货币与财富都必须有明确的国家边界和法律属性，接受一个国家的主权和法律保护，因此，此时的货币又被称作"主权货币"或"法定货币"。

其中，为增强央行逆周期调控货币总量的能力与灵活性，央行完全有必要保持一定规模的直接信用投放，如购买高等级、流动性强的国债，以及准国债、金融机构债等，并用以做货币逆周期的调节：在商业性金融机构信用投放扩张过快时，可以运用各种货币政策工具抑制其信用扩张的能力，或者收缩本身的信用投放规模；在商业性金融机构信用投放收缩过快

时，可以运用各种货币政策工具刺激其扩大信用投放的积极性，或者直接扩大自身的信用投放。

因此，杜绝央行购买国债等进行货币的信用投放，是不符合当今社会信用货币投放原理的，我国《中央银行法》等相关规定应该考虑修改。

这里需要指出的是：传统上，也是经典的定义，是将央行投放的货币统统叫作基础货币，而没有注意到，央行投放货币同样包括两种不同的渠道，即购买价值储备物投放货币和以贷款、购买债券等方式投放货币，而两种渠道投放货币的性质完全不同，不能混为一谈。因此，更准确的做法应该是对央行投放的货币加以区分，将央行购买价值储备物投放的货币确认为"基础货币"，而把央行以信用方式投放的货币同样归结到"派生货币"范畴。这样划分，更有利于准确理解信用货币体系下货币的投放渠道和货币的本质，有利于合理调控货币投放，有利于准确观察不同国家货币实际的价值水平及其派生变化情况。

四、信用货币出现具有极大进步意义

货币信用的出现，使货币投放摆脱了金属本位的束缚，为货币总量的调整提供了空间和灵活性，推动金融的发展和功能的发挥，也使货币政策成为与财政政策一样的宏观政策工具，使货币投放能够更好地适应经济社会发展的需要和实际水平，保持价值含量（币值）的相对稳定。这是货币发展史上的重大进步。

现在，经常会有人抱怨，在信用货币体系下，货币投放更多地由政府控制，经常造成货币超发，导致货币贬值，甚至出现严重通货膨胀，隐性剥夺人们的合法财富，因此呼吁回归金属货币或者金属本位制货币体系，消除人为超发货币的隐患。这其实是一种片面的认识，没有准确把握为何金属货币必然会退出货币舞台的根本原因。

同时还需要看到，只要能防止发生超出预期目标和控制能力的重大通货膨胀，能够防止发生重大社会问题，适度地扩大货币投放，保持较为温和的通货膨胀水平，还能通过适度货币贬值发挥社会资源重新分配的功能，使社会减少储蓄、扩大投资和消费，从而推动经济增长，这是比财政通过设定具体目标运用税费收支进行社会财富的重新分配更广泛、更深刻，而一般人感觉不到，阻力很小的宏观政策措施。这正是货币政策不可忽视、而需要有效利用的重要功能，是货币研究不可忽略的重大变化。

因此，世界各国的货币政策目标，基本上都不是保持通货膨胀率为零，而是定位于1％以上，一般在2％－3％的水平，在经济发展、财富增长较快的情况下，甚至可能提高到3％以上。这样，通过货币政策与财政政策相互配合，能够更好地维持经济增长和社会发展。

当然，货币政策作为宏观调控政策工具，必须运用有度，不可失控，否则也可能产生极大危害。

五、货币脱金催生货币性质重大变化

仿佛生化反应，货币脱金令货币性质发生了重大变化。

在金属本位制下，纸币的发行者承诺在纸币持有者需要时，可以按照既定的比率无条件兑付金属货币，实际上纸币就是发行者发行的，代表一定价值，没有指定持有者和期限，不计利息，可以自由转让流通的债券。纸币持有者可以向发行者兑换金属货币，除此之外对发行者没有其他权益。

在废除金属本位制之后，纸币发行者不再承担向纸币持有者兑付金属货币或货币金属的义务，而社会上仍愿意接受和持有这种纸币，是因为对货币代表一定的价值或购买力，货币发行者能够维持币值稳定的信任，以及国家法令的要求，因此，货币转化为信用货币或法定货币。此时的货币，发行者已经对持有者没有任何直接的兑付义务或债务，货币不再是一种债券，而更像是一种以国家财富为依托的、没有指定持有者、可以自由转让流通的股票或股份。货币持有者不能再从货币发行者那里索取货币等价物，就像股票持有者不能再从股票发行人那里抽回资金（"资本保全法则"）一样，在其需要资金时，只能将股票转让出去。

于是，货币就成为全社会货币化财富的价值代表，货币总量代表全社会货币化财富的总规模，货币持有者以其持有的货币数量，表示其对社会上货币化财富占有权的份额，货币总量与社会货币化财富规模变化发生偏离，就会造成单位货币实际代表财富（币值，货币购买力）的变化（货币升值或贬值），并由此会产生社会财富的重新分配，将货币持有者的利益在国家层面上结合在一起。也正因为一国货币不再完全是依托货币储备物发行的，而总体上是以该国可以货币化财富为依托发行的，而财富又是有所有权的，是受国家主权和法律保护的，因此，货币也成为国家"主权货币""法定货币"。也正因为如此，像哈耶克设想的那种"货币非国家化，交给企业或个人自主发行、相互竞争、优胜劣汰"，由于企业或个人无法控制国家整体的社会财富，无法使货币总量与国家总体的货币化财富相对应，也就难以实现。

有人因此提出"央行发行货币等于发行国家股票"。央行获得国家授权，通过购买社会资产投放货币，就等于向资产出让方发行了国家股票；央行扩大货币发行，可以优化全社会的股债比例，降低社会负债率，增强社会融资和发展能力。这并不是完全没有道理。

但是，必须清楚地看到，货币只是一种特殊的带有一定股票性质的证券，并不是严格和完全意义上的股票。货币持有人并不具备对货币发行人像企业股票那样的基本权利和义务，不能参与对央行及其货币发行和自身运作等方面的管理。但央行确实享有了以社会货币化财富为支持发行货币股票的权利，特别是如果央行大量购买遭遇困境的企业或单位的资产，相应扩大基础货币投放，确实可以压低相关企业或单位乃至全社会的负债率和财务负担。这也是为什么遇到经济金融危机时，很多国家央行可能出面购买社会资产，实施量化宽松货币政策（具体形式有很多）的原因所在！但是，这种做法的实质是，转移被购买资产的风险，通过货币的投放和货币的贬值，由社会持有货币的所有人共同分摊风险。所面临的风险是，可能降低货币储备物的质量，扩大货币投放规模，降低货币币值或购买力，严重威胁货币的信誉和生命力。这是极其危险的，是有效益边界的。因此，对央行购买资产形成货币价值储备物的标准和规模必须严格控制，不可随意扩大！

货币由货币发行者的"债券"变成其发行的"股票"，是货币发展史上的重大而又隐形的裂变。这大大削弱了对货币发行者的束缚。货币的贬值，一般不会增加对发行者的压力，而是对货币持有者原有财富一定程度的剥夺，形成所谓的"铸币税"，会产生社会财富的重新分配（是比政府直接征收税费更广泛、更深刻、更容易实现的社会财富重新分配手段），并有利于减少货币储蓄，刺激消费和投资，促进经济金融的扩张，大大增强了货币总量调控的灵活性，有利于更好地发挥货币金融的功能和作用。但这也使得货币投放和总量控制失去了一种具体而严格的约束，诸多因素很容易诱发货币的过度投放（后面将有专门论述），造成货币总量难以有效控制，短

时间内可能有利于经济金融发展，但却可能寅吃卯粮、欠债难还，诱发严重的货币金融问题和社会道德风险，最终酿成严重的金融危机乃至经济社会危机。因此，在废弃金属本位制进入信用货币体系之后，人们也在不断探索建立和完善货币体系和管理制度，努力趋利避害。

六、信用货币需要控制超发的缰绳

信用货币这头"烈马"很容易失控，更需机制的"缰绳"，必须健全货币制度和体系。

为控制货币超发滥发，信用货币体系管理制度中至少应该包括以下内容：

（一）建立健全中央银行制度

将中央银行从商业性金融机构中分离出来，赋予其货币印制、发行和总量调控的专属特权。

非常重要的是，货币的印制、发行，特别是管理和控制权要高度集中到央行，要以立法的形式保证央行货币政策独立性，抑制乃至避免政府及其组成部门的干预；央行投放货币的流通受到法律保护（以法定货币进行合法的支付，任何单位和个人不得拒绝接受）；未经央行批准，其他货币不得流通使用；央行需要有明确清晰的货币政策目标，核心就是维持货币币值和社会物价总水平基本稳定，避免多重目标造成政策目标本身的相互矛盾，进而导致货币政策难以把握和信号混乱，甚至造成社会恐慌；围绕货币政策目标，有效运用货币政策工具，合理控制基础货币投放和货币总量的变动，努力保证货币币值的基本稳定。其中，货币币值稳定，即物价指数波动控制在预期范围内才是根本目标，而不能把货币总量本身或社会融资规模本身作为根本目标。当然，这还需要社会物价总指数指标设计和数据采集必须尽可能准确；一般情况下，央行不得直接面向社会提供贷款等信用投放，而只能作为"最后贷款人"，为维持金融市场和金融体系的稳定，在必要时面向金融机构提供必要的资金支持（包括一定条件下的再贷款、抵质押贷款、购买其资产等），并采取严厉措施促进金融机构尽快改善经营管理。

为此，不少国家都以立法的方式，明确央行的职责定位，保护其独立性，不允许政府干预和直接向央行透支。这样做的主要原因就是，考虑到央行拥有货币印制和投放的权利，如果允许其直接提供信用投放，而且一旦其信用投放失误造成损失，央行就可能再扩大货币投放以挽回损失。央行不会破产倒闭，缺乏足够的财务约束，势必使货币投放失控，使货币信誉受损并产生更加严重的经济社会危害。

（二）强化商业性金融机构监管

货币的信用投放主要交给商业性金融机构承担，相应的，必须加强其财务约束和金融监管。

商业性金融机构如果贷款投放或债务投资失误，需要承担损失，严重的会造成破产倒闭，不仅其所有者权益会遭受损失，而且其吸收的存款（货币）也可能遭受损失，从而在一定程度上消除多余的货币。

这就要求强化商业性金融机构的财务约束，必须有严格的不良资产确认标准和不良资产拨备、核销制度，确保货币信用投放的质量；必须建立金融机构破产清盘的退出机制，而不能简单追求金融稳定就形成由央行保护的刚性兑付。否则，没有退出机制，商业性金融机构就会成为隐形的中

央银行，模糊二者的差别，产生严重的货币金融问题。同时，还需要强化商业性金融机构的监管约束，包括优化金融机构的治理结构，严格控制股东挪用资金和关联交易，并增加事前的防线以防止其盲目扩大货币的信用投放。这包括设立和监管资本充足率、流动性比率、备付金比率、不良资产率、拨备覆盖率等指标。

（三）建立宏观审慎监管体系

必须从整体上把握和控制好货币投放的总量和节奏。央行要设立明确的货币政策中介目标（最重要的是币值稳定），不仅要严格控制货币储备物的标准，合理控制基础货币的投放，还要运用各种货币政策工具（包括逆周期调节因子），调节信用货币的创造和投放节奏，保持合理的货币乘数和货币总量。

这里需要特别强调的是，管理者必须清楚地知道：货币总量的变化，是由基础货币与货币乘数两方面因素共同影响的。包括基础货币扩张或收缩但货币乘数不变，基础货币不变但货币乘数扩大或收缩，基础货币与货币乘数同向或反向同时变动等，不同情况下货币总量的变化所产生的结果是不同的。基础货币的变化，受到货币储备物的质量和数量变化双重因素的影响，货币储备物的质量直接影响基础货币的质量和数量（降低质量标准就可能扩大储备物和基础货币的数量），也就影响整个货币的质量和数量，造成实际的量化宽松，因此，应该成为货币监管的一个重点，对货币储备物的标准应该有严格的界定和监管！

在货币储备物的标准确定后，其支持的基础货币的增长本身并不可怕，特别是黄金和外汇储备的增长，只要不是依靠负债增加的，基本不会产生太大风险问题。即使是外汇储备，也并不存在所谓"美元陷阱"或因此将失去货币政策自主权的问题，因为货币总量还受到货币乘数的影响，即使基础货币增大，通过收缩货币乘数，货币总量仍是可控的。中国在这方面已经积累了成功经验。

但是，通过信用投放的派生货币，则可能因社会顺周期预期变化而大起大落，并且可能因债务大规模违约而造成货币危机。所以，信用投放的节奏和质量实际上是货币总量调控的关键环节。

因此，在当今的信用货币体系下，尽管放弃了金属本位制，当今的货币也并不像很多人认为的那样，成为一种纯粹的信用货币，完全是由国家（政府）信用做保证（其中还有货币储备物的价值支持），政府或货币当局可以随意投放，而应该是有一整套货币体系严格加以控制的，否则，货币体系早就混乱甚至消失了！

而且，央行购买储备物（贵金属或硬通货）投放的基础货币，是有价值或价值支撑的，在此基础上，当今货币就秉承了货币最重要的根本属性——具有价值或价值支撑，并使其能够继续发挥价值尺度、价值交换、价值储藏的基本功能。

当然，尽管人们也知道货币的信用投放可能存在问题，并试图完善制度，强化货币体系的管控，但现实社会中面临各种诱惑和挑战，如面临政治选举，面临重大灾害或经济金融危机，特别是面临战争等，在国家被赋予越来越大的宏观调控权力的情况下，货币监管体系很容易被突破。更重要的是，随着记账清算方式的出现和加快发展，随着经济金融全球化的深入发展，不仅货币的表现形态发生了重大变化，而且其运行机理、其内在的逻辑发生了深刻变化，但却一直没有得到人们足够的重视和充分的认知，面对问题，还只是停留在传统的认知层面，延续传统的思维和行为模式，往往是治标不治本，只能缓解眼前的矛盾，而不能解决根本问题，甚至是

不断积累更多的问题和风险隐患。

现在，全世界的货币总量整体上面临超发，社会债务水平不断提高，金融风险不断积累，已经到了令人担忧的程度，货币体系确实需要深刻变革，强化约束。

但货币体系的变革是非常复杂和有严格制约条件的，必须坚持货币的本质，尊重其演变的逻辑和发展的规律，实事求是、趋利避害，而不能胡思乱想、凭空设计。还需要强调的是，不能因为信用货币体系出现了一些越来越严重的问题，就完全否定其重要的积极作用，并试图走回头路，重新恢复金本位制！

小结 有形货币之本

货币从最初不同的实物货币，发展演变到规范化的金属货币，并进一步发展到金属本位制下的纸币（非独立存在的代币），再发展到脱离金属本位制后在信用货币体制下独立运行的纸币，经历了数千年漫长的历程。

尽管货币的材质、形态、运行方式等不断演变，发生了极其深刻的变化，但却呈现出越来越明显的演变逻辑，传承着越来越清晰的本质内涵和发展规律。时间可以改变货币的形态或形式，但无法撼动其本质内涵和基本逻辑。

货币伴随着交换和经贸往来的发展而产生和发展，又受到货币材质的供应、社会主流文化的差异、社会组织结构和运行体系的不同、相关技术的发展等诸多因素的影响，这也造成不同国家或地区货币材质、货币表现形态、货币运行方式以及相应的货币金融管理体系等方面的诸多不同。

货币形态的变化和运行效率的提高、运行成本的降低，是基于交换和经贸往来发展的需要，对交换与经贸往来的发展起到了很大的促进和推动作用。但伴随着货币日益广泛的使用和流通，伴随着货币本身（载体）的价值越来越偏离其代表的价值，货币被假冒和诈骗的风险也就越来越突出，货币超发滥发的隐患也就越来越明显。特别是在货币脱金，成为越来越由政府可以调控的信用纸币之后，这个问题就更加突出，因此，必须加强货币的控制和管理，货币金融越发展，相关的风险就越突出，货币金融的监管就越要加强。

货币从出现到发展成为独立运行的纸币（信用货币），经历了不同的发展阶段，呈现出不同的具体形态和运行方式，但总体上都保持了一定的实物形态，是看得见摸得着的，因此，可以统一归结为"有形货币"。

尽管在不同的发展阶段，货币呈现出不同的表现形态、运行方式和相应的货币体系，但作为货币，其发展仍是一脉相承的，各个阶段并不是完全独立或割裂的，其需要发挥的"价值尺度、交换媒介、价值储藏"的基本功能不变；货币的投放需要央行购买储备物投放基础货币，其具有价值或价值支撑的本质不能变；为保持货币币值基本稳定，需要保持货币总量与全社会货币化财富总规模相对应的基本原理不能变；货币金融的发展要"推动社会资源更加高效转移、合理配置到需要的地方，创造出更大的社会财富"的本源和宗旨不能变！

第二部分

货币裂变：从有形到无形

记账清算，迄今仍未得到充分重视的，但恰是货币裂变之根源。它推动货币由有形货币转化为无形货币，使得货币流动由货币现金流动转变为货币所有权的流动；推动货币转化为资本或资金，进而推动金融越来越脱离实体经济，形成虚拟经济而独立运行；推动金融从货币金融到资本金融再到交易金融不断提升，形成金融发展的三大阶段。

　　记账清算对货币金融的划时代影响在互联网技术、全球化交易等力量驱动下，正快速被放大。与此同时，纵观当今世界的货币投放，其更多是一种债务扩张式投放，其结果是社会债务不断累积，供求失衡，最终难免导致危机的爆发。

第一章 记账清算运行及其深刻影响

∷ 想 一 想

何为记账清算？记账清算的发展需要什么样的条件或基础体系？为什么说清算账户是记账清算体系的核心？记账清算方式会推动货币形态发生什么样的变化？为什么说记账清算的发展是推动货币金融深刻变化最重要的推动力？如何理解记账清算方式下货币所有权的流动与货币现金的流动产生分离的现象？这种分离对货币金融的发展产生了哪些深刻影响？货币为何转换为资本或资金？如何理解金融由货币金融到资本金融再到交易金融的发展？为什么说支付清算是产融结合重要的桥梁或节点？

一、记账清算方式的出现

在货币金融发展史上，除货币形态的变化（特别是货币脱金）及其带动的金融变化外，还有一个对货币金融影响巨大，却又一直没有引起足够重视的重要因素——货币（资金）清算方式的变革及其带来的货币金融运行机理的深刻变化。

长期以来，由交易双方直接进行的一手交钱、一手交货、钱货两清的货币实物（金银货币或纸币现钞等，即有形货币，可统称为现金）清算是一种最基本的清算方式——现金清算。这是经济活动中当事人进行货币收付清算长时间存在的最基础、最直观的方式。

但现金清算需要大量地铸造或印制、携带、运输、检验、交割（移交货币实物）和销毁货币等，成本提高，效率降低，越来越跟不上经济交往规模和范围不断扩大、交易频率不断提高的需要。于是，随着交通通信和信息技术的发展，由清算机构（主要是银行）作为中介，通过对交易双方存款账户的增减记账进行货币收付清算的方式逐渐兴起并不断发展，形成了与现金清算相对应的记账清算（转账清算）方式。

记账清算方式的出现和发展，就带来了清算体系、货币形态、货币流通（运行）等方面一系列深刻的变化，推动货币从有形转变为无形，对货币金融产生了极其深刻的影响。但由于有形货币和现金清算至今在人们的脑海中根深蒂固，人们对记账清算一直缺乏足够的认知和准确把握，进而严重影响了人们对货币金融进一步演变的理解和把握，导致在货币金融理论上和实践中经常出现重大偏差或严重失误。

所以，必须尽快扭转这种局面，深入研究和理解记账清算。

二、记账清算运行体系

记账清算的运行，首先，需要有清算中介机构，这一般是银行。其次，需要收付款人在清算中介机构开立清算用的存款（备付金）账户，记载账户所有人的姓名（户名或户头）及相关需要用以验证户主身份真伪的信息与密码、账号等，这是记账清算体系的核心内容。再者，需要账户信息载体、信息传送渠道，如邮件、电报、专用电子网、公用信息网等及其配套设施和相应的清算办法等。

其中，最容易利用信息和通信技术改进和创新的是记账清算所运用的账户信息载体、信息传送通道和相应的清算办法等。如，最早用存单、存折、汇款单等可以办理在存款机构和汇款机构的存、取款；用支票、本票、汇票等，可以办理转账支付，但各种纸质票据，一般需要付款方签署后交给收款方，收款方交给其开户银行向付款方开户银行办理托收，付款方开户银行收到票据后经验收确认后向收款方开户银行办理付款等，时间周期长，成本高，风险大；随着通信系统的发展，银行可以发行银行卡，通过专用电子信息渠道，直接由收款人的读卡器（POS机）将卡号、密码、金额等相关信息发送至发卡中心，发卡中心马上对信息进行验证，合格后通过原渠道反馈，收款人的读卡器即可打出结算清单，持卡人签单确认后，交易即可办理，发卡中心则会扣减持卡人账户的款项，转到收款人账户。这种电子渠道的效率和安全性大大提高；在此基础上，随着银行专用局域网的发展，银行卡全国联网，实现通存通兑，电子银行加快发展；随着移动互联网、加密应用等技术的发展，存款账户的信息可以不再需要卡、折、票等物理载体，而可以直接信息化，并将手机作为账户信息载体、读码器和移动互联网的终端入口，在办理交易需要支付时，付款人直接用手机扫码读取相关信息（包括收款人账号和款项金额等）并输入密码，按下确认键，手机随即将信息发送至账户中心，经验证合格并反馈给收款人信息后，交易即可办理，并由账户中心办理款项的转账清算。

随着账户信息载体和信息传送通道的变化，清算的具体操作和处理方式也随之发生变化，特别是进入互联网时代，越来越多的清算操作，如相关信息的输入、验证、清算处理和结果反馈等，不再需要专门的第三方机

构和人员参与，而是由当事人自己输入、系统自动验证和处理，将金融功能越来越多地融入实体经济，一体化、自助式、自动化、智能化处理，推动货币金融的表现形态和运行方式深刻变化，货币金融功能得到更好发挥（效率提高、成本降低、风控强化）。收付清算成为金融科技应用最集中，对货币金融影响最突出的环节或领域。

这里需要额外提醒：基于手机支付的原理，可以预见的是，随着移动互联、加密应用的发展，银行卡、身份证、社保卡、公积金卡、工作证等各种物理信息载体，都可能信息化并将网络终端或入口集中到手机上，条件是发卡或证的信息中心必须开放信息，并通过手机进行信息连接和在线查证。手机将成为互联网社会最重要、功能最集中的终端入口。这将带来社会运行、信息采集和运用等方面深刻的变革！

记账清算还需要收付款双方存款账户的物理连接或网络连接。如果收付款双方都在同一银行（开户行）开立账户，则银行作为中介，可以直接办理转账和记录。但如果收付款双方不在同一银行开户，则还需要其开户银行相互开立清算账户，或者共同在第三方银行开立清算账户（这个银行也叫作"碰头行"）。一般而言，如果大量银行之间直接相互开户，则总体上需要开立的账户会非常多，这不利于账户有效管理。因此，一般首选建立"清算中心"，即所有的银行主要在清算中心（如中央银行或专门的清算机构）开立账户即可。依靠网络运行的非银行支付清算机构，其运行原理同样如此。

记账清算不是收付款双方直接的现金清算，而是通过清算中介、账户信息和收付信息的传递与处理才能完成，这一过程的安全性、便捷性和监控的严密性、有效性，是其存在和发展的关键。因此，监管部门一般都应该对吸收清算存款、作为清算中介的机构，以及清算账户信息维度的充足性和准确性（防止假冒诈骗等）、账户信息载体和信息传输通道的安全性等进行严格审查，形成严格的监管规定。比如，对清算中介的资信情况进行评判和分级管理，对清算机构开立的清算账户进行评判和分级管理，甚至根据不同清算通道和工具的安全性进行分类，相应实行不同的限额管理等，以保证客户信息和资金的安全，防范可能的风险。其中，最基础的账户要求最高，必须由开户申请人与开户承办人当面办理，在承办人监视下填写开户资料，当面核对信息真实相符后才能开立。

总之，在记账清算体系中，清算机构、清算账户、清算工具及其运行方式是三大重要组成部分，形成紧密相连、有机融合的运行体系。其中，最容易变革和改进的是清算工具及其运行方式，围绕"提高效率、降低成本、严密风控"的宗旨，可以积极探索和应用先进科技不断推动清算工具及其运行方式的创新。但是，创新必须符合清算体系运行的基本逻辑，必须有利于推动货币金融运行提高效率、降低成本、严控风险，更好地转移和配置社会资源，创造出更大的社会财富。

三、记账清算推动货币变异

在记账清算日益发达的情况下，货币就不再仅仅表现为实物形态的现金（现钞及辅币），而是更多地表现为非现金实物形态的银行存款。这种以存款形式表现，以货币数字反映的货币也可以被看作是存款货币（或数字货币，与实物货币——现金相对应）。这就推动货币的发展发生深刻变化，甚至是裂变：从有形货币转变成为无形货币！

在记账清算方式下，不仅银行贷款等派生货币的投放可以记账方式直接记入收款人账户，表现为存款货币（而非现金），而且央行投放基础货

币，也越来越多地采用记账方式进行，即在购买货币储备物时，直接将对应的货币记入出让方的账户即可。这大大减少了现金印制和流通的数量，货币的去现金化或数字化态势越来越明显，货币已经不再只是人们脑海中根深蒂固的现金的样子，而是越来越多地变成无形的数字的东西。

在这种情况下，现在讲到货币时，脑子里只想到央行印制和投放出来的现金，就不准确了。讲到央行扩大货币投放时，就刻意使用"开足马力印钞票"的字眼，脑子里就浮现印钞机印制钞票的图像或画面，严格讲，这是不准确的，是一种误导。

必须明确：当今社会的货币总量，不仅包括流通中的现金（M0），还包括社会主体（单位和个人）存放在银行的存款（不含吸收存款的银行相互之间的存款）。简单的表示就是：货币总量＝现金＋存款。

当今社会，现金清算在整个货币清算总规模（金额）中的比重已经非常低（不足1％），相应的，在社会货币总量（广义货币M2，即社会购买力总额）中，流通中现金所占比重也在不断降低（美国不足3％，中国不足5％），其他则主要表现为社会组织和个人在银行的存款。而且，这种以记账清算代替现金清算的趋势仍在加快发展，流通中的现金所占比重还在持续下降。货币去现金化或数字化已成为不可逆转的大趋势！

这一变化，不仅可以大大减少现金印制和流通的数量，降低货币流通的成本，减少货币现金的沉淀，提高资金清算的效率，严密货币流通的监控[1]，而且有利于从源头上将货币（资金）更多地集中到清算银行，增强银行投放贷款等资金运用的能力和效率，促进社会资金的有效利用，推动金

---

[1] 记账清算每一笔都有转账记录，可以实现资金流通全过程的核查，强化反洗钱、反恐怖输送、反偷税漏税等方面的监管。

融加快发展，并提高货币总量调控的灵活性、有效性。

四、记账清算推动金融升级

在记账清算下，货币（资金）的流动和收付清算，是需要通过中介机构（银行）进行的，而不是收付双方直接进行的；清算中介是通过调整相关各方在中介机构的存款账户的记录，以增减权利或义务的方式进行资金清算的，而不需要动用真正的货币现金。这样，所谓货币流动，实际上是货币所有权的流动，而不是实物货币（现金）真正发生了流动。

由现金清算转化为记账清算，不仅使货币的形态发生变异，而且产生了一个影响深刻却又一直没有得到充分认识和准确把握的变化——货币所有权的流动与货币现金的流动发生分离。

这又进一步推动金融从以货币的印制、流通和收付清算为主体功能的初级阶段，迈向以资金融通为主的成熟阶段，并推动金融活动越来越脱离实体经济运行而独立运行，形成虚拟经济的范畴，与实体经济相对应，进而发展成为以金融交易为主体功能的高级阶段，呈现出金融发展相互传承、不断提升的三个重要阶段或层次：

1. 货币金融。在现金清算下，货币的流通很大程度上是为满足贸易往来等实体经济活动的需要，除一般的经贸往来产生货币收付外，还可以有直接的货币借贷或投融资（即直接融资）行为，但规模有限、影响不大，也很难派生新的货币。这一阶段，金融实际上以货币为中心，以货币的印制、流通、收付清算为主体功能，可以称作货币金融，属于金融的初级阶段。货币金融的运行主要以现金清算为依托。

2. 资本金融。在记账清算下，货币的运行可以不必完全依附于商品或劳

务的交易，能够相对独立地用于投资、借贷等货币融通和运行，甚至通过间接融资还能够派生出新的货币；货币流通不再以商品实物或劳务的交换等活动为主导和根本，而是以社会投融资的需求为主导和根本，这就推动货币演变成资本或资金，越来越独立运行，并能够通过间接融资派生出新的货币，功能发生重大变化，推动金融加快发展，形成虚拟经济运行体系与实体经济相对应。金融进入以资金融通，包括股权投融资、债权投融资、可转换或结构型投融资等多种方式和工具为主体功能的阶段，可称作"资本金融"，属于金融的成熟阶段（中文"金融"，主要就是指"资金融通"）。

3. 交易金融。由于货币所有权的流动与货币现金的流动发生分离，衍生出新的货币载体或金融工具，进一步推动各类资产，以及资产的收益权或未来现金流等的货币化、证券化、交易化，衍生出越来越多甚至越来越复杂的金融产品（包括各类价格指数和对冲产品等）及其交易活动，从而极大程度地激活社会资源，更好地满足社会投融资需求，以及调整资产负债结构、分散和转移风险、探寻价格走势等方面的需求，推动货币与金融的覆盖面不断扩大，渗透不断加深，影响力不断增强，成为现代经济运行的血脉和资源配置的枢纽，成为国家重要的核心竞争力。这就推动金融从直接的资金融通（包括借贷，以及发行和购买股票、债券、结构性投融资产品等一级市场交易）为主体功能，进一步发展到以各类资产的收益权或现金流做支持的证券化产品的交易，以及大宗商品的期货、期权、掉期等金融衍生品的交易等为主体功能的阶段（二级交易、场外交易等），可称作"交易金融"，属于金融的高级阶段。

金融交易对于期限较长、规模较大、市场价格容易变化的业务或投资领域，投资者或经营者将面临未来收益因价格变动而造成的很大的不确定性，即风险。在生产经营保持稳定的情况下，极有可能因为产品的价格大幅上涨，而使得供应商获得暴利，但购买者则相应付出更大成本，甚至其经营和生存可能受到严重影响；也可能因产品价格大跌，造成供应商严重亏损甚至破产倒闭，而购买者获得很大收益的极端情况。但实际上供应商和购买者是相互依存的，任何一方严重受损甚至退出交易，都会对整个生产经营活动和经济社会发展产生严重影响。因此，需要直接的供应商和购买者放弃可能获得的暴利以及因此可能承担的巨大风险，转而通过金融运作，追求合理收益并适度控制风险。具体而言，让出一部分可能的收益给社会上更加广泛的投资人或投机者，在让其广泛参与可能获得一部分收益的同时，也承担一部分可能的损失风险，达到风险分散的目的，或者说，通过更加广泛的社会参与，准确发现社会需求与发展方向，引导社会生产和有效供应，合理确定未来商品价格，避免少数人的控制等。

这样，既鼓励全社会培育分享风险收益的机制，又有利于培育合理的风险回报理念。不鼓励过度追求非主营业务的市场价格等因素带来的暴利暴发，这对全社会建立良好的价值观和经营理念是非常重要的。

金融从货币金融发展到资本金融再上升到交易金融，是不断传承、融合和提升的，其发展变化的一个重要推动力，就是记账清算的发展和革新。所以说，清算与货币、记账清算与货币金融是紧密相连、密不可分的！

随着记账清算的发展和货币金融的演化，金融呈现出加快"脱实向虚"，向着独立化、专业化的方向不断迈进的发展轨迹，形成相对独立的"虚拟经济"运行体系，与"实体经济"相对应。

五、金融发展伴随风险加剧

在货币金融和清算方式的发展过程中，与其始终相伴相生的一个因素，

即"风险"，也在不断发展变化。从最初的货币假冒伪劣风险、被偷被骗被抢风险等，发展到信用违约风险、流动性风险、利率和汇率风险、操作违规风险等，再到市场系统性风险、监管合规和社会声誉风险，等等，金融越发达、越活跃，风险越突出、越重要。准确识别风险、有效控制风险的能力，成为货币金融健康发展、发挥正能量的重要保证，成为金融机构综合实力和市场竞争力的重要组成部分。

风险控制得好，可以将社会资源更好地配置到需要的地方，创造出更大的社会财富，金融可以从中获得应有的合理回报（从有效资源配置创造出来的新增财富中分得约定的回报，是金融生存和发展合理性的根本所在）。但如果风险得不到有效识别和控制，金融就可能将社会资源配置到错误地方，不仅不能创造出新的更大的财富，反而可能造成社会财富极大的破坏或浪费，金融就会产生负能量、成为坏金融，就会失去生存和发展的合理性。特别是在金融交易市场，其交易产品流动性强、市场信息传播快，市场风险的传染性和系统性风险更加突出，破坏性更加严重。

所以，既要不断推动货币金融的创新和发展，又必须不断增强风险的识别和控制能力，包括需要切实加强货币清算和货币金融的科学监管，有效防范和化解重大金融系统性风险。

六、互联网推动清算与货币金融新变化

清算方式是随着通信和信息技术的发展而不断发展变化的。随着宽带传输、移动互联、云计算、大数据，以及区块链、智能合约、人工智能等相关技术的发展和广泛应用，信息技术已经从以电脑（IT）为主，发展到以互联网（Internet）为主，互联网的覆盖面和渗透率急剧扩大和提升，人

类社会已经开始进入随时随地互联、万事万物互联的互联网新时代。互联网的发展，特别是其互联互通、打破边界、跨界融合特性的不断显现，正在深刻改变人类社会的组织模式和运行方式等，推动人类社会更加开放，在更广泛的领域、更高层次上实现更高水平的社会分工和合作共享；推动社会资源的利用，从以所有权为基础，发展到以使用权为主导，催生出新的共享经济新模式，大大提升社会资源的利用率，降低社会资源利用成本；推动越来越多的金融功能融入实体经济，一体化、自动化、智能化运行；推动金融发展轨迹出现重大转变，由长期以来脱实向虚，转为脱虚向实，开始回归实体经济，并推动金融发展出现很多新的创新和模式，货币金融的功能会更加强化，但金融机构、金融工具、运行方式、表现形式等却会发生重大变化，人工操作的业务和岗位会大大减少，各种票、卡、证等有形的载体以及与之相配套的机构网点、营业柜台、自动柜员机（ATM）等也必然逐步被取代，推动货币金融迈向网络化、数字化、智能化（自动化）的新阶段、新时代。

随着通信和信息技术的发展，记账清算也在不断发展变化。包括电子支付（不能把支付方式叫作电子货币，电子货币的叫法是不恰当的）、移动支付、互联网金融、数字货币等，都是与记账清算的发展密不可分的。当前，互联网的发展正在推动金融回归实体经济，而支付结算和清算体系则成为实体经济运行与金融运行相互连接和融合、两方面资源相互转化的重要环节，是产融结合的重要桥梁，具有非常重要的影响力。

例如，在 BAT 三大互联网公司中，阿里集团正是因为支付宝（重点是保证金存款账户）的推出和发展，才有力地支持淘宝、天猫等电商业务的发展，并将淘宝、天猫等资源有效地转化为金融资源，推动蚂蚁金服的高效发展；腾讯集团正是因为推出了微信红包和微信支付（重在微信存款账

户），才极大地将其 QQ 和微信的用户资源转化为重要的金融资源，促进其金融业务高效发展，并转而极大地支持其社交业务的发展。相比较而言，百度尽管在互联网信息搜索方面起步早、发展快，影响力曾经领先上述两家公司，但由于没有建立支付功能与基础业务有机转化的体系（即使成立了第三方支付公司，由于缺乏基础业务的有效支撑，作用难以充分发挥），其互联网金融的发展就与 BAT 中的这两家产生了明显反差，并拉开了综合实力的差距。

总之，清算方式的变化，记账清算的发展，"有形货币"转化为"无形货币"，推动货币发生重大裂变，推动货币金融出现划时代跨越式的深刻变化。

第二章 记账清算与国际货币金融体系

想 — 想

记账清算跨境发展，对货币跨境流动、国际货币体系、外汇储备管理、人民币国际化等有哪些重大影响？为什么说记账清算下，"外汇储备只能用出去，不能拿回来"？为什么说记账清算的运用有利于缓解国家之间严重的贸易失衡产生的货币和投资失衡？

一、国际货币金融体系的形成与发展

随着交通通信的发展，跨国的、全球化的经贸往来不断发展，必然涉及跨境往来的货币选择和资金清算问题。

在金属货币和金属本位制纸币阶段，贵金属作为超越国家主权边界的自然物质，可以形成广泛接受的跨国流通的中心货币。形成国际中心货币，而不是多种货币并存，可以有效地提高货币清算效率、降低清算成本和套利风险，是货币发展的自然规律，如同一国需要统一的货币一样，是国际经贸往来的必然选择。

但随着各国货币进入法定的信用货币阶段，原来那种以贵金属作为超

主权的国际中心货币的体系就受到极大的冲击，需要选择新的国际中心货币。国际中心货币不是随意指定的，而是在市场交往和竞争中优胜劣汰产生的，需要有一国的综合实力和国际影响力（特别是国际投资和贸易的影响力）作为支撑。在广泛的竞争中，国际影响力最强大国家的主权货币就会被广泛接受而成为国际中心货币，作为最主要的经贸往来计价货币、清算货币、储备货币。

历史上，在英国成为世界头号强国时，英镑就成为最主要的国际中心货币。但随着美国的崛起，特别是第二次世界大战不仅严重削弱了英国的国力和国际影响力，而且主要经济体国家的货币纷纷废止金本位制，货币剧烈贬值，汇率变化无常，使国际货币失去应有的价值之锚，贸易往来难以有效进行。因此，在世界大战尚未结束之际，1944 年主要经济体国家代表就齐聚远离战场的美国布雷顿，召开了著名的布雷顿森林会议，签署了事关世界货币新体系建设的布雷顿森林协议，形成了以美元作为新的国际中心货币，其他国家货币与美元挂钩（保持相对固定的汇率）的国际货币新体系，相应的，美国央行也就成为隐形的世界中央银行。

国际中心货币的确立，新的货币体系的运转，有效扭转了国际货币金融的混乱局面，有力地支持了国际经贸往来的恢复和发展。

但是，这种以一国主权货币作为国际中心货币的做法，缺乏联合国的有效监督，也会使世界货币"铸币税"更多地集中到中心货币发行国，特别是在中心货币发行国自身利益与世界整体利益发生冲突时，中心货币发行国很容易为追求自身利益而损害世界整体利益，因此，对这种做法一开始就存在很大争议。

在布雷顿森林会议期间，英国财长凯恩斯在坚持以英镑作为国际中心货币无望的情况下，力主不以任何国家的主权货币作为国际中心货币，而推出一个名为"BANCOR"的超主权"世界货币"设想，但由于设计方案本身以及应用条件都不成熟等原因而没有成功。之后，哈耶克等很多知名人士都在探索超主权世界货币或"货币的非国家化"建设，也都没有获得成功。

从20世纪60年代开始，美元的投放与黄金储备日益偏离，国际社会对美元的信心开始下降，逐渐造成美元危机，不少国家开始用其美元储备向美国挤兑黄金，造成美国官方黄金储备急剧下降到9000吨以下，严重威胁到美国黄金储备和货币体系的安全，迫使尼克松政府在1971年宣布美元在国际上与黄金脱钩，彻底放弃金本位制。

这种变化进一步刺激超主权世界货币的研究。其中，联合国下IMF（国际货币基金组织）经过研究讨论，于1969年推出了由几大主要国家货币按照一定份额组合的SDR（特别提款权），作为成员国国际储备资产的补充，并试图建立由IMF主控，而非由单一国家主控的超主权世界货币。但由于美国的国际影响力及其在IMF拥有一票否决权，这种超主权世界货币的设想难以实现，在美国的左右下，SDR至今也只是作为国际储备资产的补充，在政府间极其狭小的范围内使用，没有延伸到商用领域，远远不能与美元作为国际中心货币的作用相比。

在这一过程中，欧洲一些国家基于二战之后国际局势的深刻变化，特别是其自身国际地位的深刻变化，即19世纪世界的中心在欧洲，英、德、法、意等国家的国际影响力世界领先。但进入20世纪，特别是在二战之后，不仅被美国、苏联大大超越，而且被日本快速赶超，并使其认识到，单凭其各国自身的力量，已经难以扭转这种局面，必须联合起来，形成合力，才能赢得较高的国际地位，更好地维护自身利益。由此成立了欧盟组织。在欧盟的基础上，由德法共同发起和大力推动，于1999年1月1日在

11个成员国中成功推出统一的新货币——欧元（EURO），并于2001年1月1日完全替代成员国原有货币，真正形成了区域内自由流通的超主权货币。这一度使人们对超主权货币充满期待，期待能够比照欧元形成世界范围内流通的超主权国际货币，以取代美元。但事实证明，即使有欧元区最强大的德国、法国大力支持，在成员国没有实现统一的情况下，欧元的运行仍然充满挑战、矛盾重重。

迄今为止的探索和实践证明，在当今世界仍是以国家主权独立和国家自治为基本架构的情况下，要取代最强国家的主权货币，形成超主权世界货币，几乎就是空想。如果没有世界最强大国家的支持，基本上就是不可能的。

因此，到目前为止，以最强国家的主权货币作为国际中心货币，实际上是一种符合自然法则的必然选择，尽管存在很多问题，但也发挥着非常重要的作用，是现有条件下很难替代的最现实的选择。

二、记账清算对国际货币金融体系的影响

记账清算延伸到国际经贸往来和资金清算中，就产生了更加广泛而深刻的影响。因为，所谓的货币跨境流入、流出，实际上指的是货币所有权的流入、流出，而货币本身并没有真正流入、流出，只是相应增加或减少了债权、债务而已，这就进一步涉及一个国家的外汇储备、对外资产负债、本国货币投放、货币国际化等诸多重大领域的管理。

例如，美国的一家企业A向中国的企业C进口商品，需要支付1000万美元货款。在记账清算模式下业务处理流程是：A首先向其开户银行（BOA）发出付款通知，请其从自己的存款账户上将资金划转给C在其开户

银行（BOC）的账户（需要提供账号）；BOA 收到通知，即将款项从 A 的账户上扣减，转入 BOC 在本银行的账户上，并做相应的账务记录：减少（借）A 的存款、增加（贷）BOC 的存款，同时向 A 发出扣款通知，向 BOC 发出入账通知；A 凭借扣款通知，登记增加（借）进口商品、减少（贷）银行存款；BOC 凭借入账通知，登记增加（借）在 BOA 的存款、增加（贷）C 在本银行的存款，将款项转入 C 的户头上，同时向 C 发出入账通知；C 收到银行入账通知，据以登记增加（借）银行存款、增加（贷）销售收入。这样，整个资金的收付清算即告完成。

必须注意：在整个过程中，只是通过账户记录和增减债权债务的方式进行，并没有发生实际的货币流动（没有真正的 1000 万美元现金流到中国）。

由此产生了记账清算不同于现金清算的特殊结果，主要有四大表现：

1. 货币所有权的转移取代了货币现金的转移。所谓的美元流出，只是美元的所有权流出，美元现金根本没有流出，相应增加了美国的外债，增加了中国在美国的债权或资产，这可以是在清算银行的存款，也可以用以进行资金拆借、购买债券等，形成中国的美元外汇储备。外国持有的美元储备越多，其在美国的债权或资产就会越大，美国的外债就会相应越大。这种结算清算过程中沉淀的资金，是金融机构最稳定、最便宜的资金来源。因此，外国持有的美元储备越多，美国金融机构的资金实力和国际影响力就会越强。

2. 外汇储备只能用出去而不能拿回来。记账清算方式下，一国的外汇储备，只能通过进口、投资或转让、拆借等方式用出去，是不能直接把外汇现金拿回来的。一国用美元向美国进口或投资，就会减少其美元储备，形成所谓的"美元回流"，也就是减少其对美国的债权，美国相应减少对外

负债，只是美元所有权的回流，而没有美元现金的实际回流；如果一国用美元向其他国家进口或投资，或者将美元兑换成其他国家货币，则是将美元所有权转让给其他国家，将本国的美元储备变成他国的美元储备，对美国没有多少实际性影响。那种认为把美元储备存放到美国，或者购买美国国债，收益率太低，或者存在风险，应该拿回来，存放或者用到国内的说法，从国家整体而言，是不严谨、不现实的。

2018 年 3 月份美国发起对中国贸易战，要求中国大规模缩小对美贸易顺差，否则将对从中国进口的商品加收惩罚性高水平关税等。在此情况下，又有人提出，可以将中国持有的超过 1 万亿美元美国国债作为"核武器"，必要时可以大幅度减持美国债券向美国施压。这同样存在严重误解。

一方面，在债券没有到期之前，购买债券的人不可能向发债人要求提前赎回。因此，所谓减持美国债券，只能是在二级市场进行转让。如果中国大规模减持，可能引发二级市场债券价格大幅波动，但对发债人实际造成的影响可能不大，反而会使自己遭受很大损失。

另一方面，即使减持成功，如果收回来的美元不能用出去（进口或投资、转让等），还是继续存放在美国，对美国的影响同样有限。

3. 有利于缓和国际投资贸易失衡引发的金融矛盾。正因为记账清算使货币所有权流动与货币现金的流动发生分离，国际投资和贸易的严重失衡，不会再像现金清算那样，真正产生货币的流动，引发逆差国家货币的严重短缺、顺差国家货币的严重过剩，并由此激化双边的国际矛盾，甚至引发战争[①]。记账清算方式下，顺差国家只是取得货币的所有权，而货币仍存放

---

① 在金属货币现金切实体系下，历史上由于贸易和货币流动严重失衡而引发国际战争的案例很多。

或借给逆差国，不会严重影响逆差国的流动性。随着经济全球化发展，这种记账清算方式也使得发生经贸往来的国家之间利益相互融合，比如，美国对中国有很大的投资和进口，中国出口中很多是外商投资企业的产品，而中国巨额美元储备又主要存放在美国。这为世界和平稳定创造了非常重要的基础条件。

4. 出现了"央行外汇储备倍增流动性的机理"。记账清算体系下，一国货币流出变成他国外汇储备，对货币发行国金融机构而言，只是将内债变成了外债，实际上并没有减少整体的流动性。但在获得外汇所有权的国家，所有者却可能将外汇出让给银行（特别是央行），将外汇作为货币储备物而扩大本国货币投放，相应扩大本国流动性。将两个国家作为一个整体看，外汇储备就可能以其自身规模倍增流动性。这也是随着全球外汇储备的扩大，全球流动性随之扩张的重要原因。

三、误解记账清算导致严重问题

如果对记账清算所产生的货币所有权流动与货币本身的流动相分离的结果没有清晰的认知，而是固守现金清算的直观印象，存在货币真正流出、流入的幻觉，就很容易在跨境资金流动、外汇储备管理、人民币国际化等重大问题上产生误解和错误行为。突出表现有"两大痛点"：

（一）在国家外汇储备管理方面

例如：近年来一直有人指责中国以20％—30％的回报招商引资，取得的外汇（美元）交给银行后，银行又投放到美国，只获得2％—3％的收益

率，存在极大的损失。有人进而认为，这是美国的金融霸权和国际金融体系的严重扭曲：表面上是发达国家把资金投向了落后国家，在支持落后国家的发展，实际上却是落后国家在贴补发达国家；美国海外净资产是负的3万多亿美元，每年海外净收益却可能在2000亿美元左右。而中国海外净资产是正的2万亿美元左右，每年海外净收益却是负的数百亿美元。中美两国海外净资产的收益水平相差甚远。因此，有人严厉指责我国的外汇管理体制，强烈呼吁控制国家外汇储备的增长，并呼吁把国家外汇储备拿回来，支持国内经济发展，甚至在全球金融危机爆发后，有人曾提议拿回1万亿美元外汇储备分给老百姓。

这些说法或观点，在很大程度都是对记账清算的无知或不理解，是根本不成立的，是错误和有害的。

记账清算方式下，外汇储备真正的货币（头寸、现金）根本就不可能拿回来，而只能停留在货币发行国，属于结算清算过程中被动沉淀的资金，其收益率必然受到所在国金融市场的一般收益率水平的限制，是商业银行所有资金来源和运用中最便宜的一类。而招商引资所获得的资金，属于股权投资或风险投资，其需要的回报率都是比较高的，与外汇储备沉淀资金（存放海外）性质上是不同的，二者的收益率不可简单比较、同日而语。

招商引资的投入产出分析，最重要的是把招商引资在国内产生的实际效益，包括直接的经济效益和以开放促改革所产生的社会效益等，都纳入进去才真实，并据此做出准确判断——如果招商引资所产生的综合效益远远大于招商引资的经济回报，则毫无疑问要积极推动招商引资。这也是我国改革开放以来一直鼓励的重大政策，对外开放、招商引资，对促进改革、推动经济社会发展产生了极其重要的作用，是不可抹杀的！当然，如果招商引资所产生的综合收益不足以抵消其综合成本，则需要及时调整招商引资的策略，提高门槛，保证合理收益。在这方面，我们的政策调整明显迟缓，习惯于招商引资的数量和规模考核，而忽视了其实际效益的考核，造成了很大问题，需要深刻反思和认真总结经验教训。

由此可见，一个国家海外资产的结构、海外负债的结构差异很大，资产和负债性质不同，不能将海外资产、负债及其收入、支出进行简单相抵，并将不同国家的海外净资产、净收益进行比较。比如，美国的海外负债，绝大部分是美元储备国被动地将美元存放美国，其收益率受到美国金融机构存款利率或国债利率一般水平的制约，都是很低的。但美国对外资产，却大部分是风险投资或股权投资，其收益率受到投资对象及其市场环境的影响，一般都是很高的。这样，尽管美国对外负债远远低于海外资产，但海外资产的收益却可能明显高于其对外负债的成本，所以，尽管美国海外净资产为负的 3 万亿美元以上，但其海外净收益是正的 2000 亿美元左右，完全是正常的，并不是像有人认为的那样，是不合情理的。实际上，如果扣除海外美元储备形成的外债，美国海外净资产就会是正的 3 万亿美元左右了，其有很大海外净收益就好理解了。

（二）在人民币国际化的推动策略方面

我们曾经把主要精力放在海外人民币现钞的收兑和现钞库的建设上，而没有认识到理应限制人民币现钞跨境流动，并大力推动非现钞化的记账清算实现人民币国际化；我们曾经把主要精力放在人民币离岸中心建设上，而没有充分认识到，在记账清算情况下，所谓人民币流出境外，实际上是人民币的所有权流出，人民币并没有真正流出，而是停留在境内，真正应该建造的全球人民币清算总中心和交易总中心应该是在境内，而不是在境外！

　　与美元的情况相同，人民币走出去被境外所拥有的越多，中国的人民币外债就会越大，但境内金融机构的资金实力（与境外机构比较）也会越强。人民币国际化的发展，将给国家外汇管理、外债管理、海外资产负债管理等方面带来新的变化和挑战。支持人民币（所有权）走出去，实现人民币国际化，并防止由于人民币大量流出造成境内流动性大幅波动、金融市场剧烈动荡，最重要的应该是加快金融交易市场的建设和开放，推动金融交易（包括大宗商品及其衍生品交易）更多地以人民币计价和清算，通过国际金融中心建设和人民币国际化的交互发展和相互促进，切实增强中国金融综合实力和国际影响力。

　　应该认识到，人民币国际化的基础是国家整体实力和国际影响力，重点在国内，而非境外；中国金融综合实力和国际影响力的增强，重点在金融交易市场的发展和开放，而不是简单的金融机构增加和开放；中国要实现金融实力和国际影响力世界领先，必须注重以我为主，突出人民币主导地位的新型国际货币和金融体系的建设，围绕中国发起和大力推动的"一带一路"新型全球化的探索与发展，加快推动开放的亚投行、丝路基金、金砖国家开发银行等配套金融体系建设，加快推动石油、铁矿石等大宗商品以人民币计价和清算的现货与期货及其衍生品交易的发展等，有效扩大人民币的国际应用。

　　同时，越多人民币成为其他国家货币储备，中国人民币的外债就会越大，对外汇使用和储备的替代作用就越强，对整个国家外汇储备管理、海外资产和负债管理、人民币货币投放与总量控制、中国国际金融中心建设等都将产生深刻影响，需要切实改进和加强境外人民币的统计和监管，甚至可以考虑在核算上将境内一般人民币与境外国际化人民币使用不同的货币代码加以区分，以便更清晰便捷地对境外人民币进行统计和监管。

第三章　货币金融裂变与魔力释放

∷ 想 一 想

　　为什么货币总量越来越难以有效控制？为什么会出现银行"大而不倒"的局面？如何理解"外汇储备倍增流动性"的机理？政府救市可能对货币金融产生什么样的负面影响？为什么会以一国主权货币作为国际中心货币？这对全球货币总量的控制会产生什么样的影响？金融为什么会越来越脱离实体经济自我循环，又会产生哪些影响？

　　货币脱金、记账清算与经济金融全球化的发展，极大地激发了货币金融的活力和影响力，在推动经济金融发展，给人类社会带来巨大利益的同时，也打开了关押魔鬼的"潘多拉"盒子，释放了货币金融恶魔般极具破坏性的负面作用，带来了长期以来深藏其后、鲜为人知的非常深刻而危险的问题，甚至人们至今还在无意识地继续刺激和放大这些问题，给人类社会的发展带来了极其严重的威胁。

一、货币总量难以控制

　　在记账清算的情况下，社会流通中的货币会大量集中到银行手中，从

而会有力地支持银行贷款的发展。通过银行贷款增加了借款人的购买力，等于银行向其投放了新的货币。这样，银行贷款所形成的信用投放就发展成为货币投放新的越来越重要的渠道，而真正货币现金（一般由中央银行控制）的投放在整个货币流通总量中的比重越来越低。以银行为中介推动的间接融资的发展，大大提高了社会融资的成功率，并无形之中扩大了货币的投放，反过来又刺激了社会融资和货币的需求。这样，就增加了货币总量控制的难度。在现金印制和投放数量的控制上，是容易得到黄金等储备物的有效约束和中央银行事先确定与控制的，但信用投放（间接融资）扩大之后，由于贷款与存款之间存在相互转换的内在联系，形成贷款投放派生货币的乘数效应，其形成的货币流通量是难以事前准确把握的。也正因为如此，货币金属本位制最终必然被冲破、被废弃，而转化为信用货币或法定货币。中央银行也只能事后根据货币总量增减引起的物价指数（货币政策中介目标）波动情况被动地进行调节，往往政策和行动存在滞后性，难以有效防范和控制金融风险和危机。

2008 年金融危机爆发后，国际金融监管尽管大大增强，甚至推出了提升版的巴塞尔资本协议（Basel III），以及全球系统重要性金融机构（G—SIFIS）监管制度等，但遗憾的是，迄今为止，各种监管措施的落脚点都在金融机构，而并没有落在货币政策当局身上，没有把货币总量界定和控制作为重中之重，没有形成各国货币总量控制的客观标准。

二、银行"大而不倒"

银行贷款虽然看起来需要依托所吸收的存款，但实际上贷款本身就能直接转化为贷款人的存款，如果没有严格的监管限制，如贷存比、存款准备金、流动性约束等，银行实际上可以先放贷款，而不受有没有存款的限制。在贷款投放上，除了资金成本（存款利息）外，主要就是做必要的信用调查和评审，其附加成本是有限的，而贷款属于银行的资产，发放贷款即可以收取贷款利息，其可获取的利差收入相对于其附加成本而言可能是巨大的。但由于贷款已经成为货币投放的主要途径，而货币最终是由国家信用担保的，因此，发放贷款的风险就并非完全由银行自己承担，而在一定程度上与国家信用相连。特别是当贷款规模达到相当大的程度，如果银行贷款严重不良，并由此造成贷款银行无法支付存款和偿还其他债务，进而导致金融连锁反应，影响整个金融体系稳定，造成系统性金融风险，影响货币信用及社会和政局稳定时，政府或央行必然会出面干涉并对出现问题的银行提供足够的支持，这种支持又往往是依靠增加政府负债提供资金来源，进一步扩大货币投放，最终由纳税人承担，从而形成了银行贷款一定程度上的政府隐性担保局面。正因如此，就出现了当今金融机构"大而不能倒"的现象，容易刺激金融机构利用贷、存款内在的转换机制过度追求规模扩张，追求更大的利差收入，并因此造成整个社会信用货币的过度投放。

三、外汇储备倍增流动性效应显现

在全球化不断发展的过程中，由于目前国际清算还主要是各国商业银行之间相互开立账户进行直接清算，而缺乏一个"世界中央银行"介入商业银行之间往来清算，就形成了国际储备货币"所有者增加对发行国的债权，而发行国则相应增加对外负债"的内在机理。即在记账清算的情况下，无论是通过对外投资还是扩大进口等方式转化为国际储备的货币，表面上看其货币

会流出国境（这是目前从实务界到学术界普遍使用的说法），但由于并没有货币实物（现钞）的真正转移，而只是通过清算银行以增减债权债务的记账方式进行清算，转移了货币的所有权。从货币持有者（如清算银行）角度看，其持有的资金（流动性）总量并没有因此而减少（只是由内债转变成外债），但却由此增加了外汇储备国家的流动性，特别是在该国中央银行购买这些外汇并相应投放本国货币的情况下表现更为突出。例如，中国广义货币从 1999 年末的 11.76 万亿元增长到 2014 年末的 122.83 万亿元，其中央行购买外汇形成国家外汇储备相应增加的外币占款，从 1999 年末的 1.45 万亿元，增加到 2014 年末的 27.07 万亿元，成为这一时期货币增长最重要的影响因素。中国央行因增加外汇储备而扩大了货币投放，但外汇储备货币发行国并没有因此而减少流动性（这与现金清算的结果完全不同），因此，从全球整体结果看，就形成了"外汇储备倍增流动性"的效应。

正因为记账清算体系的存在，使得对外开放的国家，无论是接受国外投资，或是因为投资扩大推动出口增加，其获得的外汇并没有从货币发行国真正流入本国，而是从一开始就表现为对货币发行国的债权或资产。因此，全球外汇储备越多，全球流动性就越是以其倍数扩张。在全球化加快发展，全球投资和贸易不平衡不断加剧，外汇储备总额不断扩大的情况下，必然造成全球流动性，特别是储备货币发行国流动性过剩乃至泛滥，并由此进一步引发更多货币金融问题。

四、政府干预与流动性过剩

在全球化大背景下，国际资本大量流入，造成流动性过剩及资产泡沫，到一定程度，一旦造成市场恐慌或发现更好的投资目的地，又会造成国际资本大规模集中流出，就非常容易引发一国或地区性金融危机。而危机原本是市场发挥调节作用的自然反应，有利于彻底解决流动性过剩问题，消除危机忧患，尽管市场"无形的手"很容易调节过头，造成经济社会剧烈动荡。但自20世纪大萧条后期罗斯福新政、凯恩斯主义政策出台开始，每当遭遇经济衰退或金融危机，为阻止危机造成严重危害，各国政府往往会进行救市干预，抑制"无形的手"充分发挥作用，并主要运用宽松的财政政策和货币政策，其结果是更多货币投放，流动性过剩进一步扩大。

中央银行之外的间接融资货币投放渠道的出现和发展，货币的信用投放及其乘数效应，记账清算，再加上国际外汇储备的扩大，使得货币投放总量实际上难以事前确定和有效控制，这种种因素都非常容易造成货币过度投放，造成整个社会信用泛滥，利率降低，过度消费，透支未来，进而造成全球流动性过剩，通货膨胀、金融危机越来越成为人类社会的常态问题。在全球化加快发展的过程中，日益严重的流动性过剩，以及大量国际资本在地区间的剧烈聚散，非常容易引发不同程度的金融危机乃至经济危机。而应对危机的冲击更容易引发各国政府更多的货币投放，无论是积极的财政政策还是积极的货币政策，本质上都是扩大货币投放。扩大货币投放成为政府应对危机最容易最便宜的方式和选择。尽管政府本来的设想是在渡过危机、恢复发展后再采取紧缩政策，逐步消除救市举措的负面作用，但实际上在恢复发展后都把问题给淡忘或有意忽略了，政府都不愿采取紧缩的货币政策，结果使市场无法调整到位，使流动性过剩和金融危机隐患不断积累，越来越严重。这似乎已成为消除流动性过剩和金融危机隐患的"政治难题"。

目前在全球范围内，不仅私营部门的债务不断扩大，而且公共部门的债务也在不断扩大。据BIS统计，2009年为应对金融危机，全球政府债券

发行规模大幅扩大到 3.92 万亿美元，而在 2000 年这一规模只有 0.36 万亿美元，之前的规模则更小。这使得今天越来越多的国家，甚至是欧美日等发达国家都面临主权债务危机威胁①。而一旦政府出现债务危机，则意味着依靠政府信用担保发放的货币可能失去信用，货币体系和金融体系将面临严峻挑战。此次全球金融危机爆发之后，主要经济体采取了力度空前的救市行动，多个国家实施突破传统的量化宽松货币政策，全球货币总量和债务规模更是迅猛扩大。

国际货币基金组织 2018 年 4 月 18 日在华盛顿春季会议上发表的一份报告中表示"支持需求的财政刺激不再是优先事项"，报告称，到 2017 年末，全球 164 万亿美元的债务规模超过了 10 年前金融危机最严重时的水平，是每年生产的商品和服务价值的两倍以上，达到全球国内生产总值（GDP）的 225%，较 2009 年金融危机最严重时高出 12 个百分点，给全球过度举债敲响了警钟；私营和公共部门迫切需要削减债务水平，以提高全球经济的韧性，并提高形势恶化时的更大应对能力；美国是唯一不打算削减债务的发达国家，特朗普减税举措使公共债务居高不下；全球金融危机爆发后民间债务的增长中，中国占到了四分之三。

这就使得全球流动性过剩问题更加严峻，金融资产价格和泡沫问题比 2008 年金融危机爆发前更加严峻，未来多个国家债务问题集中爆发的威胁更加突出，这种状况可能令各国更难应对下一次金融危机和经济衰退。

---

① 2010 年末，"七国集团"（G7）中，除德国之外，其他国家公共债务占 GDP 的水平都超过了 80%，大部分都超过了 100%。

五、全球货币总量控制难题

当今的国际清算货币和储备货币，已经不是超越主权国家或政府的天然货币（如黄金、白银），而是在历史进程中优胜劣汰筛选出来的强国主权信用货币。世界各国所拥有的外汇储备，追根溯源，最初都是从货币发行国流出来的，而在记账清算情况下，其流出又会自动增加该发行国清算银行的对外负债，并进一步转换为其他负债（如国债、金融机构债、企业债等），使该国外债规模被动增加并难以控制，使这些银行往往由于资金过多而急于寻求资金出路，容易因资金充裕而压低利率，或者因追求资金回报而扩大信用投放，提高融资杠杆率，刺激金融创新和金融的过度繁荣。同时，储备货币发行国为减轻巨额债务压力，也容易扩大货币投放，推动利率降低和货币贬值。这种以强国主权货币作为国际基础货币或中心货币的状况，使得国际货币的好处过于集中到货币发行国，容易诱发其过于追求本国利益而置全球利益于不顾，因此，理应得到国际社会的有效监控。但在世界上一国独大、缺乏有效制衡的情况下，该国货币发行实际上难以得到国际社会的有效监控。目前，美元的投放就是如此。

美国依托其美元是全球中心货币的独特优势，享有无可比拟的金融霸权和巨大的货币垄断收益，成为各国纷纷向往和努力达到的目标。一些国家或国家联盟（如欧元区）已经或正在采取各种可能的措施向美国发起竞争，努力扩大自己货币的国际清算和储备的份额与影响力。考虑到目前美国已经成为世界上最大的债务国，如果美国的发展方式和生活方式不改变，一旦美元的国际地位被快速取代，美国将遭到致命的打击。

在全球化深入发展的过程中，为加强国际竞争力，各国很容易通过扩

大货币投放推动本国货币适度贬值。在国际中心货币发行国推行低利率和贬值政策的情况下，这一问题就会更加突出，国际社会竞相推行对外贬值政策，已经出现了典型的"劣币驱逐良币"现象，全球货币总量的控制成为世界性难题。

需要看到的是，尽管以一国主权货币作为国际中心货币存在严重问题，但国际投资和贸易等却又必须有统一的中心货币来实现资金的高效清算，而这种国际中心货币又是在国际竞争中优胜劣汰出来的，是由世界上综合实力和国际影响力最强大国家的货币充当的，并不是可以任意选定的。在当今世界仍是由国家主权独立和自治为基本组织和治理架构的情况下，没有最强大国家的支持，是难以形成超主权世界货币的！

六、金融脱实向虚导致恶果

货币的发放脱离黄金和社会实际财富的约束，货币的信用投放实际上就是透支未来，容易造成流动性过剩，而且容易推动金融过度创新，越来越脱离实体经济的发展而发展，并通过调节社会资源分配（资金流动）以及币值变动等，控制社会财富的分配，增强金融对社会的影响力。

随着流动性越来越大，以货币单位标示的社会财富规模越来越大，表面看经济金融越来越发达，有利于繁荣，但却掩盖了过度负债、透支未来、货币贬值的真相，从而推动人们消费，甚至奢侈浪费、借债消费的冲动和习惯，反过来进一步扩大流动性。同时，越来越多的金融交易已经脱离为实体经济服务的宗旨，而成为纯粹在金融领域内部进行的炒作和赌博，各类金融交易所或交易中心越来越趋于金融赌场，刺激社会不断增强赌博心

理和投机意识。金融对促进社会财富真实增长的影响越来越弱①，却通过金
融交易赚取了越来越多的社会财富，进而吸引了更多社会资金和优秀人才
脱离实体经济加入金融（虚拟经济）领域，以致削弱实体经济发展的实力
和创新能力，使流动性相对过剩问题不断加重，并加深社会不公和社会矛
盾，败坏社会道德和文明水平，自私自利、贪图享乐成风，无视规则，丧
失信仰，加重社会管理的难度和成本。从社会公平和道德水平角度看，与
二战之后的一段时间的状况相比，现在不是进步了，而是严重倒退了！

　　由于多种原因的共同影响，全球货币总量过度投放，流动性过剩问题
不断加重。其中，作为世界第一大经济体、国际中心货币发行国和头号国
际金融中心的美国，继 20 世纪率先爆发金融危机并引发工业国家经济大萧
条之后，2007 年再次爆发严重的金融危机，并进而在 2008 年引发席卷全球
的金融大危机和经济大衰退，足以说明当今问题的严重性。

　　危机爆发后，各国中央银行为支持经济金融的稳定和发展很容易习惯
性地扩大货币投放，甚至采取非传统的量化宽松货币政策，由中央银行通
过直接购买政府、企业或金融机构的债券或资产的方式扩大货币投放，似
乎成为一种理所当然的做法并不断扩大应用面，殊不知，越来越多的国家
已经在浑然不觉间走上了古代中国由最高权力机构随意扩大纸币投放，最
终却葬送了货币和政权的路子。由于货币的过度投放，当今全球性过度负
债、寅吃卯粮，已经使债务危机此起彼伏、挥之不去。全球范围内产能过
剩、流动性过剩、粮食产量和资源供应日趋紧张、环境和气候严重恶化等，
都已经从量变转化为质变，显示全球经济金融以及社会福利总体上已经走

---

　　①　金融交易的增长速度远远超过实体经济的增长速度，如果扣除货币总量扩大对经济
的刺激作用，金融创新对实体经济的促进作用实际上是值得考究的。

过头了。金融和经济危机远未过去，世界已进入重大调整期，世界格局正在发生极其深刻而剧烈的变化，在很多方面大大超出了人们的预期，由此也带来很多深刻而激烈的矛盾，远远超出全世界全社会的心理准备和制度准备，带来了诸多已经显现和尚未显现的严峻挑战。这是我们必须清醒认识、高度警惕并认真对待的！

总之，货币的信用投放（货币脱金）和货币的记账清算相结合，推动货币与金融体系发生的重大裂变，在其发挥巨大积极作用的同时，也造成人类社会信用泛滥，严重透支未来。货币金融似乎存在巨大的魔力，正在滋生越来越多、越来越严重的社会疾病，如不进行根本转轨和有效根治，最终可能使得整个人类社会因其疾病难以医治而崩溃。

小结　无形货币之根

不经意间，记账清算的发展推动货币发生了令人难以察觉的裂变。穿透层层"迷雾"，会发现货币裂变与记账清算的关系犹如血脉和经络。

纵观货币金融发展的历史可以看出，围绕"提高效率、降低成本、控制风险，更好地将社会资源配置到需要的地方，更好地满足社会投融资需求，创造出更大的社会财富"的宗旨，货币金融的表现形态、运行方式和管理体系等也在不断发展变化。其中，新技术应用最集中、推动货币金融变化最基础最重要的环节或领域就是收付清算，特别是记账清算。

在货币现金清算模式下，货币从初期的实物货币发展到金属货币，再发展到金属本位制的纸币，进一步发展到信用货币制的纸币，最重要的推动力就是货币流通和清算的便捷。

记账清算的产生和发展，推动货币发生了一系列深刻变化：从"有形货币"转化为"无形货币"；推动货币所有权的流动与货币本身的流动发生分离，特别是货币跨境流动的表象与实际发生分离；推动货币的投放方式、表现形式以及货币总量的构成发生变化，推动金融越来越活跃、越来越独立，形成"虚拟经济"与实体经济相对应；推动金融从"货币金融"到"资本金融"再到"交易金融"不断提升，金融风险更加复杂、影响更加深刻；推动外汇储备、货币国际化、对外资产负债管理等一系列重大领域深刻变化。

伴随信息技术的发展，记账清算运行方式和货币的数字化仍在不断演

进，互联网等相关技术的广泛应用，甚至可能改变金融长期以来的发展轨迹，推动金融功能越来越多地融入实体经济一体化自助式运行，推动金融由"脱实向虚"转为"脱虚向实"。

总之，记账清算的产生和发展，对货币金融产生了脱胎换骨般的深刻影响，推动货币金融产生了划时代跨越式的发展，在经济社会发展过程中发挥了极其重要的推动作用。如果没有收付清算和货币投放及其运行体系上的这种深刻变化，金融的综合实力和影响力，以及全球化的投资、贸易和金融交易等，是根本无法达到今天的水平的！如果说金融是现代经济的核心与枢纽，货币是金融的基础和灵魂，那么，清算体系则是货币流通和金融运行的血脉和经络，要准确把握货币的本质和发展变化，准确把握金融的运行逻辑和发展规律，就必须首先准确认识和把握清算方式和清算体系，清算与货币、记账清算与货币金融紧密相连、密不可分。

但遗憾的是，由于有形货币和现金清算已存在数千年，而货币记账清算发展成为主要清算方式只有不足百年的短暂历史，而且是伴随信息科技的发展，在实践中潜移默化间发生并不断放大的，一般人对此并没有充分的感受和准确的认知，人们对货币和货币清算的印象，一般仍停留在手里持有的现金或纸币（有形货币）的概念上，停留在现金清算的阶段，而没有跟上在记账清算方式出现和快速发展的过程中，货币金融更加深刻的变化，甚至至今没有"无形货币"的概念。即使是在金融机构和金融领域内，由于清算工作本身涉及面比较广（包括通信设施和机构人员的配合），比较分散，而且都属于基础性业务，属于后台操作性工作，一直没有得到金融从业人员、金融研究人员、金融监管部门的充分重视、系统分析、足够认知和准确把握，进而使人们对记账清算的发展及其对货币金融带来的深刻影响和变化置若罔闻、视而不见，这一货币金融史上极为重大的变革，在全世界范围内都一直没有得到充分的论证和完整的解释，使货币金融的认知和理论研究与其实际运行发生严重偏离。这种状况，已经对货币金融的发展产生了严重的困扰和误导，必须尽快扭转！

需要强调的是，当今世界的货币投放，越来越多的是通过债务扩张投放，即借用明天的资源创造今天的财富，并通过财富的创造归还每天借用的资源，结果是社会债务不断扩大，不断用债务催生经济增长，造成全世界的供求结构失调，很多供应本不是市场所需要的，却还是用债务购买了，有很多投资并没有形成预期的效果，甚至造成了投资损失，最终必然推动全世界供过于求越来越严重。以往为维持经济社会的稳定，人们选择进一步扩大债务、刺激投资和消费，债务不断增加。但却因为原本已经供过于求，新增加的投资效果每况愈下，供求之间更加失衡，最后导致严重的经济和金融危机。因此，现在需要转变传统思维，不能一味地刺激需求，而需要着重推动供给侧结构性改革，提供适合需求的有效供给，避免资源浪费和环境破坏。

第三部分
改革开放中国货币金融探秘

新中国成立以来的"30 年阶段"论与"10 年周期"论可以诠释改革开放推动货币剧烈扩张 1447 倍之后，中国金融和经济社会仍保持基本稳定的秘密。

在改革开放、稳中求进的情况下，中国货币金融成功应对了多次挑战，保持了基本稳定。不过，这并不代表没有危机隐患。相反，现在积累的风险日趋突出，防范化解重大金融风险已成当前国家三大攻坚战之首。越是在中国崛起、国内经济换档转型、世界格局深刻变化之时，国内外矛盾越尖锐；中国唯有深化改革开放，不断优化金融的战略规划、组织结构、监管体系等，方为上策。世界剧变中的中国选择，对中国与世界均影响深远。期冀 21 世纪人类社会发展的"第三条路"非中国模式莫属。

第一章　新中国"30年阶段"发展奇观

∷∷ **想 一 想**

> 如何看待新中国成立以来的"30年阶段"论？新中国成立后第一个30年为什么会从高速发展变成停滞不前，为什么必须改革开放？改革开放30年后中国从停滞不前发展成为世界第二大经济体是如何实现的？第三个30年中国能成为世界最大经济体吗？第四个30年中国能成为世界头号强国吗？中国特色社会主义能成为人类社会发展不同于苏联模式和美国模式的新模式新道路（"第三条路"）吗？

改革开放以来，随着中国经济从计划经济向市场经济转化，从物资的无偿调配转为有偿转让，资源的货币化、经济的金融化不断加快发展，推动货币总量急速增长，1978年末货币总量约1159亿元，1999年末达到11.76万亿元，2017年末更高达167.68万亿元，增长速度在世界主要经济体中首屈一指。其中，货币总量M2与国内生产总值GDP之比，1990年仅为0.8192，1996年首次突破1，2004年突破1.5，2015年突破2，2016年达到2.0831，2017年有所下降，为2.0272。

改革开放以来货币总量的大幅度扩张，是如何实现的，产生了什么样的作用，有哪些经验教训，对未来货币金融发展有何启示和指导作用，等

等，值得认真总结。

货币金融的发展，离不开经济社会发展的大背景。要理解改革开放以来中国货币扩张和金融发展的奇迹，首先要了解中国改革开放以来国家经济社会的巨大变化。这又必须对改革开放之前、新中国成立以来的发展历程进行全面的梳理。

一、新中国发展的"30年阶段"特征

（一）1949—1979年，第一个30年，经济社会由快速发展转为停滞不前

1949年新中国成立，结束了自1840年鸦片战争开始的一百多年丧权辱国、任人宰割、战争频仍、民不聊生的历史，推翻了帝国主义、封建主义、官僚资本主义"三座大山"，建立了人民当家做主的中华人民共和国，极大地树立了共产党的威信，增强了共产主义信仰，振奋了人民保家卫国的爱国热情和建设新中国的工作激情，特别是抗美援朝战争取得胜利，更是极大地激发了人民的自信心和奉献精神，在苏联的帮助下，中国的经济建设开始高速发展，社会主义改造热火朝天。

但随着和平时期的延续，在强大外敌威胁逐渐解除、人们的生命安全有保障的情况下，人们追求自身利益最大化的愿望不断增强，原来赖以聚集社会最大资源（包括物质资源和人力资源）、形成最大合力，据以战胜强敌获取巨大胜利的"战时共产主义"和计划经济的模式越来越偏离现实，遇到越来越大的阻力和挑战。这在社会主义"老大哥"的苏联表现得更早更明显，在其领袖斯大林去世后，发生了重大震荡和变化，即所谓"修正主义"，并且在与以美国为首的西方资本主义阵营尖锐对抗

的过程中，苏联也不断加强对东方社会主义阵营各成员国的控制和资源集中，不断激化内部矛盾，包括最后与中国的关系陷入异常紧张局面，撤走对中国的援助。这对中国的社会主义建设和共产党的威信产生了重大影响。

1958年，中国发动"大跃进"和"人民公社"运动，期待通过资源的更加集中利用，推动经济高速发展，实现"超英赶美"，跑步进入共产主义。但这种违反经济规律竭泽而渔式的"大跃进"和高度公有、高度计划、平均分配式的"人民公社"运动，经济工作中急躁冒进的"左"倾错误，反而使经济基础遭受重创，严重破坏了社会生产力，打乱了正常生产秩序，使国民经济遭受严重挫折，人民生活受到很大的影响；进而在遭受自然灾害的情况下，导致1959—1961年粮食供给严重困难。

在生产上不去的情况下，为缓和供需矛盾和社会矛盾，包括严重的社会就业和物资供应矛盾，国家转而开始抑制需求，严厉批判享乐主义、小资产阶级思想，大批青年学生"上山下乡"，大批干部、教师、专家、文艺工作者转入农村、"干校"参加生产劳动，接受贫下中农再教育。进而发动"文化大革命"，狠批追求个人利益，掀起意识形态斗争高潮，进一步强化阶级斗争；按人头供给、凭票供应的"大锅饭"平均主义严重，劳动生产率和生活水平低下，国民经济到了停滞不前的地步。

苏联的变化以及中国自己由高速发展到经济停滞不前的巨大变化，使越来越多的人认识到，国家坚持的战时共产主义体制机制已经严重制约了经济的发展，必须改革。

从理论上讲，只有将一个国家最广泛的人民和资源高度集中起来，以国家或国民整体利益最大化为目标形成最强大的聚合力，才能战胜其他强敌，维护国家主权和民族繁荣。而这就需要消灭私有制、消灭剥削、实现

平等，推行国家所有制的社会主义乃至共产主义。在这一过程中，往往伴随着暴力革命，以暴力方式快速聚集资源（如"打土豪、分田地"；"打倒资本家，工厂归工人"）。俄国十月革命以及苏联在二战的成功、纳粹德国在实施民族社会主义之后的快速崛起、中华人民共和国的成立等都与推行这种模式密切相关。

从理论上讲，将一个国家的资源高度集中，交给国家最优秀的人进行安排，有计划地分配使用，要比将资源分散给能力不同的人随意使用，其效果应该好得多，是一种最理想的社会组织和运行方式。但这些模式都是有极其严苛的适用条件的，最重要的就是需要人们大公无私，而这是与人的本性相矛盾的。

实际上，人类是世界上最受利益驱动的动物，追求自己利益最大化是人的本性，是人类社会不断发展最基本的推动力。同时，人类又是最有组织的社会性群体动物，因此，人类社会必然存在个别利益与公共利益的矛盾统一：个别利益是公共利益的基础，没有个别利益就没有公共利益；公共利益是个别利益的共同部分，只有公共利益最大化，个别利益才能得到根本保证。只有在真正意识到自己的生命和利益受到严重威胁，不加入集体并共同维护集体利益最大化，就难以保证自己的基本利益的情况下，人们才会舍弃自己的小利益而更多地维护集体的大利益，"公有制、计划经济"的模式才能较好发挥作用，所以，才会出现"原始共产主义"的存在和"战时共产主义"的胜利。但一旦进入和平时期，没有强大外敌威胁，个人生存不成问题时，人们追求个别利益最大化的本性就会增强，战时共产主义的模式就会受到越来越大的挑战。

从根本上说，人类制定的社会制度，没有完美的、一成不变的理想模式，只有最适合国情和发展阶段、利大于弊的最现实模式，国家既要把握人类社会发展方向、崇尚文明，又必须以人为本、符合实际，不能脱离特定社会政治条件和历史文化传统来抽象评判社会制度，不能盲目追求理想化的最佳模式或简单照搬照套发达国家的制度模式。对每一种社会制度，都不能求全责备，而必须关注主流、顺应潮流、尊重现实、实事求是。

正是在以实践作为检验真理的唯一标准，解放思想、实事求是的基础上，人们逐渐认识到，共产主义是人类社会发展的必然方向，是人类奋斗的目标，中国仍处在社会主义的初级阶段，而且社会主义初级阶段也需要经过很长的时间，所面临的社会主要矛盾是人民日益增长的物质文化需要同落后的社会生产之间的矛盾，盲目追求高而纯的公有制、计划经济是脱离现实的，必须尽快改革；需要对外开放，学习借鉴世界先进技术和文明成果，并以开放推动改革。

新中国成立后第一个 30 年经济的发展可谓波澜壮阔，从高速发展到停滞不前的现实，迫切需要改变，这为改革开放创造了条件。

（二）1979—2009 年，第二个 30 年，实行改革开放，从停滞不前发展成为世界第二大经济体

1978 年底中共十一届三中全会做出推动改革开放的重大决定，1979 年成为改革开放的开局之年，到 2001 年正式加入世界贸易组织（WTO），吸引国际资本和产能大规模流入，推动中国经济快速增长，到 2009 年发展成为世界第二大经济体（按照年度 GDP 规模世界排序），成功渡过了 1989 年的重大政治风波、1998—1999 年东南亚金融危机与南方大水叠加造成的严重滞胀、2008—2009 年全球金融危机带来的三轮巨大冲击（基本上每十年一次），成为进入 21 世纪以来世界经济增长最重要的拉动力和稳定器，成

为世界最大的贸易和外汇储备国，综合国力和国际影响力快速提升。

（三）2009－2039 年，第三个 30 年，有望成为世界第一大经济体

目前这一阶段还在进行之中，但已呈现出令人充满遐想的发展态势，中国完全可能在这一阶段发展成为世界第一大经济体。

2008 年四季度全球金融危机爆发后，中国迅速调整宏观政策，实施大规模经济刺激计划，在世界主要经济体中率先止跌回升，综合国力和国际影响力快速提升。但进入 2011 年下半年，经济下行压力不断加大，经济换档转型期、经济结构调整期、前期刺激政策消化期"三期叠加"，矛盾和挑战日益突出。之后，根据国际国内宏观形势的深刻变化，党中央坚持稳中求进，及时提出经济发展"新常态"概念，适度调整宏观政策和战略目标，不再追求两位数的高速增长，强调经济、政治、文化、社会、生态建设"五位一体"统筹推进，积极推动结构调整、动能转化、经济转型，至今仍然保持远高于其他主要经济体的平均增长速度。特别是在 2017 年，党的十九大确立中国特色社会主义新时代、新思想、新方略，陆续出台一系列重大政策。

强调坚持解放思想、实事求是、与时俱进、求真务实，坚持和完善中国特色社会主义制度，不断推进国家治理体系和治理能力现代化，坚决破除一切不合时宜的思想观念和体制机制弊端，突破利益固化的藩篱，吸收人类文明有益成果，构建系统完备、科学规范、运行有效的制度体系，充分发挥我国社会主义制度优越性，坚定中国特色社会主义的道路自信、理论自信、制度自信、文化自信，推动中国特色社会主义发展成为人类社会发展的新道路新模式，这个模式不同于苏联的社会主义模式和美国资本主义模式的"第三模式"或"第三条路"。

强调发展是解决我国一切问题的基础和关键，是执政兴国的第一要务，但发展必须是科学发展，必须坚定不移地贯彻创新、协调、绿色、开放、共享的发展理念。必须坚持和完善我国社会主义基本经济制度和分配制度，毫不动摇巩固和发展公有制经济，毫不动摇鼓励、支持、引导非公有制经济发展，使市场在资源配置中起决定性作用，更好发挥政府作用，推动新型工业化、信息化、城镇化、农业现代化同步发展，主动参与和推动经济全球化进程，发展更高层次的开放型经济，不断壮大我国经济实力和综合国力。

在经济发展上，强调由高速增长阶段转向高质量发展阶段，积极推动转变发展方式、优化经济结构、转变增长动力，坚持质量第一、效益优先，以供给侧结构性改革为主线，推动经济发展质量变革、效率变革、动力变革，提高全要素生产率，着力建设现代化经济体系，促进国家治理的现代化，强调"必须把经济发展的着力点放在实体经济上，把提高供给体系质量作为主攻方向"。

在金融发展上，强调金融必须回归本源，坚持服务实体经济的宗旨，"深化金融体制改革，增强金融服务实体经济能力，提高直接融资比重，促进多层次资本市场健康发展。健全货币政策和宏观审慎双支柱调控框架，深化利率和汇率市场化改革。健全金融监管体系，守住不发生系统性金融风险的底线"。"防范化解重大风险，要使宏观杠杆率得到有效控制，金融服务实体经济能力明显增强，防范风险工作取得积极成效。"

与经济金融政策相配套，在房地产政策上，强调必须坚持"房子是用来住的，不是用来炒的"，进一步深化住房体制改革和长效机制建设，多主体供给、多渠道保障、租购并举的住房制度已经起步，房产相关税制改革已纳入议事日程。同时，进一步加强地方政府债务管理，深化财税体制改

革，加强国有资产管理①和推进国有企业改革。

在国际事务方面，强调构建新型国际关系，推动构建人类命运共同体，始终做世界和平的建设者、全球发展的贡献者、国际秩序的维护者。积极推动"一带一路"新型全球化发展模式的探索与发展，更加强调开放合作、平等互利、和平共处，强调"共商、共建、共享"，共同打造"人类命运共同体"，配套推进亚洲基础设施投资银行、丝路基金、金砖国家开发银行等金融体系建设，推动中国金融市场开放和国际金融中心建设，推动人民币国际化发展，推动国际货币和金融体系改革。

同时，更加强调全面从严管党治党，加强共产党的执政能力建设，强调"不忘初心，牢记使命"，坚决纠正各种不正之风，以零容忍态度惩治腐败，不断增强党自我净化、自我完善、自我革新、自我提高的能力，提高党组织和党员干部素质。善于聆听时代声音，准确把握时代脉搏，勇于坚持真理、修正错误，更好引领党和人民事业发展。

如此等等，明确了当前和今后一个时期必须坚持的基本原则和主攻方向，更加注重质量，更加强调改革开放，这也是我国经济金融发展理念、发展路径上的重大转变，与之配套的很多新的重大政策举措已经并将陆续出台。可以说，党的十九大胜利召开，以及中国特色社会主义发展"新时代、新思想、新方略"的明确提出，开启了中国全面深化改革开放和建设社会主义现代化强国的新征程。

这让人们越来越有理由相信，在 2039 年前，中国完全可能成为世界第一大经济体，在全面建成小康社会的基础上，基本实现社会主义现代化。

---

① 2018 年伊始，中共中央发布了《关于建立国务院向全国人大常委会报告国有资产管理情况制度的意见》，将有力地推动国有资产管理。

2018 年 3 月 7 日，彭博社刊发文章称，按照经济增长 6.5％ 计算，预计 2018 年中国的国内生产总值（GDP）将达到 13.2 万亿美元，将首次超过欧元区 19 个国家 GDP 的总和（预计 12.8 万亿美元），并将继续超越、扩大差距。

当然，从 2012 年开始，中国经济增长下行压力巨大，经济结构调整转型、经济增长速度换档、新旧增长动能转换等因素"多重叠加"，改革开放以来高速增长所掩盖的深层次矛盾加快暴露，国际局势深刻变化，中国发展面临诸多挑战，困难和问题确实不少。但是，放在全球范围看，中国的问题并不是最严峻的，中国仍属于发展中国家，仍处于工业化、城市化、信息化加快发展的过程之中，改革开放、提升消费等方面的潜力和政策可调整的余地非常大，中国仍保持较高的利率水平、法定存款准备金率、世界最大的外汇储备等，网络化信息化发展也为中国的发展提供了极其优越和难得的机遇和条件，中国的发展对世界经济发展的影响依然很大。如果中国经济发展出现问题，世界经济将面临更大压力。

二、中国有望在第四个 30 年实现世界领先

须知，所谓"世界第几大经济体"，是按照年度 GDP 进行排名的，而年度 GDP 最大，并不代表一个国家历史累积财富的综合实力与国际影响力就同步成为世界最强。如美国在 1890 年前 GDP 就已经超过英国成为世界第一大经济体了，但其综合实力与国际影响力并不能与英国同日而语，英国仍是世界头号强国。直到第一次世界大战之后，美国的国际影响力才逼近英国，但之后的"大危机、大萧条"又使美国遭受重创。直到第二次世界大战爆发，美国的综合实力和国际影响力才超过英国，特别是 1944 年布

雷顿森林协议确立美元作为国际中心货币之后，美国与英国的距离彻底拉开。美国从 GDP 超越英国，到综合实力和国际影响力超越英国，用了 60 年左右的时间。

可见，中国成为世界第一大经济体，并不是世界格局深刻变化的结束。党的十九大确立了"新时代、新思想、新方略"，明确提出，到本世纪中叶，要"实现国家治理体系和治理能力现代化，成为综合实力和国际影响力领先的国家"，全面建成社会主义现代化强国。这让人对新中国的第四个 30 年，即 2039－2069 年中国的发展充满期待。

展望未来，在 2069 年之前，即在第四个 30 年内，中国有可能成为综合实力和国际影响力世界领先的现代化头号强国。

21 世纪就将成为中国的世纪，就像 20 世纪成为美国的世纪一样。

中国改革开放之后，特别是进入 21 世纪之后的深刻变化和迅速崛起，令全世界瞩目，成为人类社会的一大奇迹（充满神奇和待解之谜），并推动世界格局在进入 21 世纪之后，进入由量变到质变的剧烈变革时期，而 2008 年底由美国爆发并蔓延全球的金融大危机，则成为世界格局剧变的爆发点或转折点。

世界格局的剧烈变革，也不断激化国际和国内矛盾，很多国家乃至全世界都面临极其复杂的矛盾和严峻挑战。这就像 20 世纪之初美国的强势崛起，推动世界格局剧烈变化，在 20 世纪上半叶经过剧烈调整（中间爆发了两次世界大战和一次经济金融大危机）才达到新的相对平衡一样，21 世纪上半叶必定也是一个激烈震荡的世界格局变革调整期，对可能爆发的尖锐矛盾和极其严峻事件，比如战争，要有充分的心理和应对准备。当然，幸运的是，经历了两次残酷的世界大战，考虑到全球化发展和记账清算的运行已经使得大国之间利益深度交融，再加上现在毁灭性武器的大规模存在，大国之间再次爆发战争的可能性降低了，军事竞赛和均衡是必需的，但更多的要用于威慑。

必须清楚地认识到，苏美两极尖锐对抗的世界格局，为中国的改革开放提供了极其难得的国际环境和运作空间，中国改革开放在推动全球化加快发展的同时，又推动世界格局深刻变化，苏联解体、美国一极独大，中国尚未对美国的老大地位构成威胁的情况下，中国所面临的国际矛盾并不突出。但现在中国已经稳居世界第二大经济体，并且仍在加快赶超美国，这种情况下，国际国内大环境已经深刻变化，中国对国际国内大形势的把握是否准确，战略与策略的选择是否得当，就变得更加重要。中国崛起的新时代刚刚开始，面临的挑战将更加突出，改革开放发展必须有新思想、新方略，把握和坚持好稳中求进！

伴随中国经济的快速发展，中国的货币金融也发生了深刻的变革和迅猛发展，既得到经济发展的强力支持，又反过来有力地促进了经济社会发展，这其中同样存在令人惊奇和难以捉摸的奇迹与奥秘。

找寻中国货币总量快速扩张的脉络，并进而寻求中国奇迹可能的答案，势在必行。

第二章 改革开放后中国货币总量快速扩张之路

::: 想 一 想

  2000 年以来中国货币总量快速扩张的状况如何，中国如何在保持货币总量持续高速扩张的情况下，避免了金融的严重动荡并成功渡过了东南亚金融危机和全球性金融大危机？央行外汇储备为何能高速增长？央行外汇储备与外汇占款为什么并不是完全对应的？在央行外汇占款（基础货币）高速扩张的情况下，央行如何有效控制货币乘数、控制派生货币的扩张，保持货币总量的基本稳定？在央行外汇占款（基础货币）被动收缩的情况下，央行如何有效扩大货币派生、提高货币乘数，保持货币总量基本稳定？在经济下行期，中国有哪些特殊条件支持货币需求和投放？如何透过改革开放的历程回顾理解中国改革开放的基本脉络以及取得的巨大成就与奇迹？如何理解改革开放以来重大冲击的"10 年周期"现象？

一、改革开放后货币总量快速扩张

  改革开放初期的 1978 年末，我国人民币广义货币（M2）总量为 1159

亿元，到 1999 年末增长到 11.76 万亿元，21 年扩张了 101 倍。之后，扩张
速度有所缓和，到 2007 年末达到 40.34 万亿元，2009 年末为 60.62 万亿
元，2012 年末为 97.41 万亿元，2014 年末为 122.84 万亿元，2016 年末为
155.01 万亿元，2017 年末为 167.68 万亿元（与 1999 年末相比，扩张了 14
倍，相当于 1978 年末的 1447 倍）。

在全球主要经济体（G20）中，即使是 2000 年之后，中国货币总量增
长也是最猛的，远远超过主要经济体平均水平，可以说货币总量增长使中
国在 2000 年之后进入一个"不差钱"的黄金时代（2017 年首次出现货币总
量增长速度低于 10％，降低到 8.2％）。这样的增长速度，在主要经济体中
是很难出现的，因此，同样属于奇迹，充满神奇。

有关数据详见下表。

2000 年以来主要货币和经济指标变动情况　　（单位：万亿元/万亿美元）

	M2	环比 +/−（％）	央行 资产	外汇 储备	外汇 占款	央行 拆出	GDP +/−（％）	CPI +/−（％）
1999	11.76	14.73	3.53	0.15	1.41	1.54	7.62	−1.41
2000	13.46	12.27	3.94	0.16	1.48	1.35	8.43	0.26
2001	15.83	17.6	4.25	0.21	1.88	1.13	8.30	0.40
2002	18.5	16.86	5.11	0.28	2.21	1.23	9.08	0.72
2003	22.12	19.57	6.20	0.40	2.98	1.20	10.03	−0.77
2004	25.41	14.86	7.86	0.61	4.59	1.04	10.09	1.16
2005	29.88	17.57	10.37	0.82	6.21	1.27	11.31	3.88
2006	34.56	15.68	12.86	1.07	8.44	0.65	12.68	1.82
2007	40.34	16.73	16.91	1.53	11.52	0.79	14.16	1.46
2008	47.52	17.77	20.71	1.95	14.96	0.84	9.63	5.86

续表

	M2	环比 +/−（%）	央行 资产	外汇 储备	外汇 占款	央行 拆出	GDP +/−（%）	CPI +/−（%）
2009	60.62	28.4	22.75	2.40	17.51	0.72	9.21	−0.70
2010	72.59	18.9	25.93	2.85	20.68	0.95	10.55	3.31
2011	85.16	17.32	28.10	3.18	23.24	1.02	9.50	5.41
2012	97.41	14.39	29.45	3.31	23.67	1.67	7.65	2.62
2013	110.65	13.6	31.73	3.82	26.43	1.31	7.67	2.63
2014	122.84	11.0	33.82	3.84	27.07	2.50	7.40	2.01
2015	139.00	13.2	31.78	3.33	24.85	2.66	6.30	1.44
2016	155.01	11.3	34.37	3.01	21.94	8.47	6.70	2.01
2017	167.68	8.2	36.29	3.14	21.48	10.22	6.90	1.60

注：央行拆出指央行对存款性机构的债权。

那么，2000年以来中国货币是如何实现高速增长的？

我们知道，当今社会货币投放的渠道主要有两个：基础货币投放和派生货币投放。货币总量的变化主要受到基础货币与货币乘数两方面因素的共同影响。下面分别进行考察。

二、基础货币的投放

（一）2000年以来基础货币的变化

如前所述，这里所讲的基础货币是指央行购买价值储备物投放的货币，目前储备物主要包括黄金和外汇。

从央行购买黄金投放货币（货币黄金）的变化情况看，其对货币总量增长的贡献是非常有限的：1999年末为12亿元，2007年末为337亿元，2009年4月增长到669亿元，这个数字一直保持到2015年5月。2015年6

月增加到 2094 亿元，之后不断增长，到 2016 年末达到 2541 亿元并保持至今。

中国央行基础货币投放扩张最猛的是其购买外汇储备物形成的外汇占款。1999 年末为 1.41 万亿元，2007 年末为 11.52 万亿元，2009 年末为 17.51 万亿元，2012 年末为 23.67 万亿元，2014 年末为 27.07 万亿元（2014 年 6 月达到顶峰，为 27.35 万亿元，之后开始下降），2016 年末为 21.94 万亿元，2017 年末为 21.48 万亿元。

央行外汇占款在货币总量中所占的比重，1999 年末为 12.33％，2007 年末为 28.56％。2009 年末为 28.88％，2012 年末为 24.29％，2014 年末为 22.04％，2016 年末为 14.15％，2017 年末为 12.81％，基本回复到 1999 年末的水平。

由于央行外汇占款属于基础货币投放，会直接转化为社会在商业银行的存款，商业银行在此基础上，又可以通过发放贷款等方式派生存款（货币），从而形成贷款派生货币的乘数效应，由此可见，2000 年以来直到 2014 年 6 月份，长达 15 年时间，中国货币总量的扩张，最主要的推动因素非央行外汇占款的扩张莫属，尽管直观看贷款的增长规模超过了央行外汇占款的增长规模，但如果没有外汇占款的增加作为基础，贷款的增长将受到束缚。

2014 年 6 月份之后，这种状况发生变化，央行外汇占款开始减少，基础货币开始收缩，货币总量的增长转为主要依靠贷款等派生货币的扩张支撑。

这就引出一个重要问题：央行要购买外汇，首先必须有外汇的供应（来源），否则，央行想购买也买不到。那么，中国央行购买的外汇是从哪里来的，或者说为什么会有那么多外汇流入中国？

这就需要进一步考察中国央行购买外汇的变化及其来源。

（二）央行外汇储备的变化及其与外汇占款的关系

新中国成立以来，外汇一直是国家极其紧缺的重要资源，为最大程度地集中外汇资源，我国一直实施非常严格的强制结售汇制度。由中央银行（中国人民银行）集中外汇管理，确定人民币兑换主要外币的汇率（管制价格或官方汇率、挂牌汇率），由其指定的专门银行代理其进行日常的外汇买卖，每日营业结束后，代理银行将当日外汇买卖的余额以及对应的人民币收支差额与中央银行办理清算，收取固定比例的手续费。规定企事业单位和个人等所取得的属于国家管制币种的外汇，除了符合规定可以持有的外，一律需要出售给指定银行换取人民币使用。企事业单位和个人需要外汇时，在规定的用途和限额范围内，经审核合格后可以用人民币从指定银行购买外汇。国家严厉打击非法外汇买卖（倒买倒卖）。这样，央行买卖外汇形成的结余，即成为国家（央行）外汇储备，其相应占有的人民币，即为央行的外汇占款。

1978 年末，国家外汇储备余额仅为 1.67 亿美元，到 1980 年末，甚至出现严重超支（当时国内掀起了大量进口的"洋运动"），余额为－12.96 亿美元，相对于正常储备 2 亿美元左右，这在当时是非常惊人的透支规模！由于外汇严重供不应求，我国社会上长期存在外汇官方结售汇挂牌汇率与官方许可的外汇调剂市场的市场价格并存的价格双轨制，另外还有民间黑市汇率，并且黑市价格大大高于挂牌价格。

实施改革开放宏观政策以来，我国不断增强优惠政策扩大招商引资并积极鼓励出口创汇，海外华侨的个人汇款也逐步增多，相应的，国家外汇储备也不断增加。1994 年突破 500 亿美元，1999 年末突破 1500 亿美元。2001 年加入 WTO 之后，随着大规模国际资本和产能流入中国，以及中国出口不断扩大规模，中国的国家外汇储备也加快增长，2003 年末突破 4000 亿美元，2006 年末突破 1 万亿美元，2007 年末接近 1.5 万亿美元，超过日本成为世界第一大外汇储备国（除中、日外，其他国家一直没有超过 1 万亿美元的外汇储备）。如果加上当年国家成立中国投资公司（CIC），由财政部发行人民币专项国债用以向央行购买 2000 亿美元作为资本金注入的部分，则国家外汇储备规模就更大。2009 年末为 2.4 万亿美元，2008－2009 两年时间增长了 9000 亿美元。2012 年末为 3.3 万亿美元，2014 年末为 3.85 万亿美元（其中，当年 6 月份达到近 4 万亿美元的高峰值，之后开始减少），2016 年末为 3.01 万亿美元，两年半时间减少近 1 万亿美元，而且还是在贸易顺差上万亿美元的基础上减少的，资金外流异常凶猛。在采取一系列严厉措施后，2017 年人民币汇率由跌转升，外汇储备止跌企稳，年末为 3.14 万亿美元。

央行外汇储备的大规模增长及其 2014 年下半年之后的大幅度减少，引起央行外汇占款，即基础货币的大规模增长和收缩，成为改革开放以来，特别是进入 21 世纪以来影响我国人民币投放和货币总量变化最重要的因素。

需要注意的是，央行外汇储备的变化，是央行外汇占款最重要的影响因素，但在目前的核算方法下，央行外汇储备的变化，不完全是外汇买卖的结果，与央行外汇占款并不是完全一一对应的，还会受到其他一些因素的影响，主要包括：

1. 外汇买卖价差或损益。这其中主要包括：（1）每一天央行购买和卖

出外汇时，都存在买入价和卖出价之分，存在卖出价高于买入价的价差。（2）随着汇率的上升或下跌，不同时期汇率中间价的高低不同产生的价差。例如，在人民币汇率上升时，央行为抑制汇率过度上升，会加大购买力度，总体是保持买多卖少的局面，并且可以用越来越低的成本（人民币投放）购买同样多的外汇。但在人民币出现贬值态势时，为抑制人民币过度贬值，央行可能加大卖出外汇力度，总体上保持卖多买少的局面，可以用同样多的外汇换回更多的人民币。这样，央行买卖外汇，总体上应该是赚多赔少，甚至有很大的价差收益。

需要指出的是，在 2005 年人民币汇率形成机制改革、人民币不断升值之后，曾有人计算认为，当人民币对美元汇率由 1∶8.21 升值到 1∶7.02 时，按照当时的国家外汇储备规模和加权平均成本计算，外汇储备已经损失数千亿美元，因此认为应该严格控制国家外汇储备的增长，减少外汇储备的汇率损失。这个观点曾经引起很大震动，但实际上这完全是一种误解和误导。从中央银行的角度看，只有当外汇大量流入，人民币不断升值的情况下，央行才会出现买多卖少、外汇储备余额不断扩大的情况，而此时，实际上是央行在用越来越低的成本购买同样多的外汇，或者说，是用同样多的人民币购买更多的外汇。而当外汇需求量扩大，人民币出现贬值态势时，央行才会出现卖多买少、外汇储备不断收缩的情况。因此，对央行而言，不仅每天外汇买卖存在价差收益，而且在其长期的外汇买卖过程中，总体上获得价差收益的机会也高于形成价差损失的可能（除非央行对人民币贬值控制过严，将以前用更高价格买入的外汇，用较低的价格卖出了）。

2. 其他外汇兑换美元汇率的变化。由于央行外汇储备中会保持几种主要货币形成一定的币种结构（主要取决于国家经贸往来中实际的外汇币种的构成和其变化趋势），而不会完全只有美元，但央行外汇储备的总额又是汇总折算成美元表示的，其结果是：即使外汇储备中各种原币的规模没有变化，受到其他货币与美元汇率（比价）变动的影响，各货币折算美元的汇总结果也会发生变化。

3. 外汇储备的运用和损益。央行已经获得的外汇储备，需要统筹考虑安全性、流动性和营利性，合理有效加以运用，其中，无论是存放金融机构，还是购买国债或其他债券，抑或是向金融机构提供外汇贷款等，都会获得相应的收益，当然，如果有直接的证券投资，也可能在证券市场发生重大逆转时遭受一定的损失。另外，如果央行直接动用外汇储备进行股权投资，如投资亚投行、丝路基金、政策性银行等，将直接扣减外汇储备，但不涉及外汇买卖，所以不会影响外汇占款。

受上述因素的影响，如果不能准确地将外汇买卖价差收益、外汇储备运用损益等与直接的外汇买卖占款（按中间价计算）加以区分，而是全部汇集在一起，计算外汇占款，就必然使外汇储备余额变化与外汇占款变化产生分离，甚至在央行加大外汇卖出、外汇储备不断减少的情况下，外汇占款会提前全部收回，而外汇储备仍将保持一定的余额。这也不利于准确反映和考核央行外汇储备管理的实际损益情况。因此，目前央行外汇储备的核算与管理需要尽快改进（具体见本部分第三章"四、改进央行外汇储备的反映和监督机制"一节），将价差损益与经营损益分离开来，将已实现损益与未实现损益分离开来。

在目前情况下，单从考察央行投放基础货币的角度，可以不必过多关注其外汇储备余额的变化，而应该集中关注其外汇占款的变化。

（三）央行购买外汇的来源及其对货币的影响

目前，全社会的外汇来源主要包括两大类：

1. 资源型：以本国资源或未来收益为代价获取的外汇，包括吸引外资股权投资、出口创汇收入、海外投资收益汇回国内、海外个人汇款流入等。

2. 债务型：国家或企事业单位、金融机构等以发债或者以贷款的方式从境内外获得的外汇资金。

以上两种外汇来源的性质不同，其管理要求也应该不同。

各单位取得的债务性外汇有明确的外汇用途，主要用于直接的外汇支付，原则上不应用于结汇，转换成为本币，以防止社会上的换汇套利，影响汇率稳定，扰乱金融秩序，损害货币质量。如果要兑换成本币，则应纳入外汇审批，加强外债统计，央行需要加强外债管理。

央行要购买外汇形成货币储备物的应该主要是资源型外汇，而不是债务性外汇。这方面需要在外汇管理制度，特别是央行外汇储备标准上加以明确并严格执行。

从很多国家的实际经验看，正是由于没有严格区分资源型外汇来源和债务型外汇来源，国家对外汇资金的进出没有必要的管控，整个国家外债规模远远超过国家外汇储备，在国际热钱大量涌入的情况下，经济加快发展，泡沫随之聚集，一旦遇到市场变化，外汇大量兑换和外流，国家无力承受，从而引发严重的汇率波动乃至金融动荡和危机。实践充分证明，对外汇进出放任不管，没有足够的管控能力是非常危险的。

因此，央行购买外汇形成外汇储备，也主要应该是资源型外汇，而不应该是债务型外汇。央行购买外汇时，需要仔细甄别外汇来源及其性质。

那么，为什么改革开放以来，特别是加入 WTO 以来，中国能获得那么多的资源型外汇收入，以至于中国的外汇储备、汇率格局、外汇管理政策等随之发生重大转变？

这需要简要回顾和总结一下中国改革开放以来的历程。

三、派生货币的投放

如前所述，在货币总量的变化中，除央行购买货币储备物投放基础货币的变化外，还包括派生货币的变化，并体现为货币乘数的变化。

从货币乘数的变化看，1999 年末货币总量与基础货币（仅指央行购买黄金和外汇投放的人民币）之比为 8.11，2007 年末为 3.49，2009 年末为 3.47，2012 年末为 4.19，2014 年末为 4.99，2016 年末为 6.98，2017 年末为 7.73。

其中，1999 年以前，货币总量的增长主要依靠贷款等派生方式，所以货币乘数很高。但 2000 年之后基础货币投放不断扩大，直到 2014 年（外汇储备在年中达到近 4 万亿美元的历史高峰）。在这一过程中，为避免货币总量随之同比例扩张，中国人民银行和国家外汇管理局，即我国的货币当局采取多种措施抑制派生货币的投放，压低货币乘数，基础货币在货币总量中的比重不断提高。这其中包括收回央行再贷款、发行央行票据、大幅度提高法定存款准备金率等，甚至配套强化商业银行贷存比、流动性比率、资本充足率管理，乃至实行贷款额度管理、贷款投向管理和基准利率调整等。2007—2009 年间，货币乘数平均不足 3.5[①]，之后开始反弹，法定存款准备金率在 2011 年达到高峰，大型银行达到 21.5%，2010—2011 年维持在 3.65。2011 年下半年开始，经济增长下行压力逐步增大，2012 年之后随着央行外汇占款增速减缓，为保持货币总量适度增长并支持经济发展，货

①　2009 年国家采取大规模经济刺激计划，金融机构人民币贷款增长 31%，但央行对政府和金融机构的债权却有较大幅度收缩，说明当年新增贷款和货币投放，大大增强了商业银行流动性，有不少用于归还对央行的借款。

币当局开始转变货币政策导向，通过降低法定存款准备金率、扩大央行再贷款及新引进的各种市场工具，如 SLF、MLF、SLO、PSL 等的应用，推动贷款等派生货币加快增长，货币乘数快速提升，2016 年末货币乘数已提升到 6.98，达到 2007－2009 年平均值的 2 倍，到 2017 年末进一步达到 7.73。特别是在央行外汇占款保持稳中有降态势的情况下，2016 年 3 月之后，央行基本停止降准，改为主要依靠提供资金拆借的方式补充流动性，因而央行对存款性机构的债权急速扩大，2017 年末已突破 10 万亿元。

纵观 2000 年以来我国基础货币、派生货币、货币总量的变化，可以说，在外汇大量流入、央行外汇占款被动扩大，以及外汇大量流出、央行外汇占款被动收缩的情况下，货币当局通过运用各种货币政策工具，调整货币政策与调节货币乘数，总体上保持了货币总量的基本稳定，体现了稳健货币政策的基本要求，也积累了应对外汇占款等基础货币大幅扩张和收缩的宝贵经验。

这里需要注意的是，在派生货币中，最重要的是银行发放贷款。而银行贷款的投放，不是单纯取决于银行或货币当局的意愿，而要受到社会贷款需求的影响。

在自由市场经济环境下，在经济增长潜力大、贷款需求旺盛的阶段，银行控制贷款投放是比较主动的。但在经济下行压力加大、投资回报没有保证的状态下，贷款需求就会减弱，此时，银行想增加贷款投放是很困难的，即使银行实施贷款零利率，但如果借款人认为使用贷款投资可能连本金收回都存在风险，就可能不愿意要贷款，而银行又不可能对贷款实行负利率政策，这就会造成"利率陷阱"，即在贷款利率降低为零的情况下，贷款依然没有需求，商业银行难以将贷款投放出去，央行即使对商业银行存放央行的存款实施零利率甚至负利率，也难以推动商业银行扩大贷款投放。这种状况在很多国家都有出现。例如，美国在 2008 年 9 月爆发金融危机之前，美联储的资产规模仅为 8900 多亿美元，按当时的汇率，约合 6.6 万亿元人民币。① 之后，其资产规模快速扩张，到 2009 年一季度末达到 2.1 万亿美元，扩张速度惊人，因此有人惊呼：美联储不负责任，开足马力印钞票，将造成全球流动性泛滥和恶性通货膨胀。但实际上美联储的资产规模扩张在很大程度上属于被动的。金融危机全面爆发后，出于安全的考虑，很多国家的金融机构都将原来存放在美国金融机构的存款转而购买美国国债，造成美国国债供不应求，1 个月和 3 个月国债出现负利率，之后，则大量转存到中央银行，又造成美国金融机构的流动性猛然趋紧，资产快速收缩，迫使美联储出面向金融机构拆放资金和直接购买其资产，以防止金融市场崩盘。之后，又连续推动数轮量化宽松货币政策，使美联储的资产负债规模一路上升，到 2012 年末已达 4.5 万亿美元。单从美联储资产负债规模的扩张速度看，确实非常惊人，但由于贷款等社会资金需求不足，企业部门与住户部门乃至金融机构都在去杠杆，派生货币的能力遭到严重削弱，货币乘数大幅度收缩，实际上 2009－2012 年美国货币总量的增长并不离谱，年均只有 4.5％左右，根本没有出现所谓的"流动性泛滥和恶性通货膨胀"。

但是，在中国，2012 年末央行资产负债规模仅比 2008 年末增加了 8.74 万亿元，但货币总量却增加了 51.89 万亿元，年均增长 18.8％左右，

---

① 同期，中国人民银行的资产规模为 18.8 万亿元，这是因为两大央行平时参与市场的程度存在极大不同，美国央行一般恪守最后贷款人定位，平时一般不参与市场资金拆借。

远远高于美国的货币增长速度。其中，非常重要的原因就是，政府主导下的国有企业、国有银行存在共同利益，很容易形成意志和行动的统一，在中央明确的政策指引下，往往不在乎成本的高低、收益的大小，政府和国企往往存在较强的"投资和资金饥渴症"，而银行又会优先满足政府和国企的贷款需求。这样，在中国实施刺激性宏观政策的效率一般比其他国家高得多，货币乘数远比美国高。因此，全球金融危机爆发以来，中国的民营企业领域以及外资企业的负债率（杠杆率）有所下降，但地方政府、国有企业的负债率却有很大上升。同时，随着 1980 年之后出生的人逐步走上社会，其学习、工作和生活理念发生变化、需求不断提高，特别是住房开支越来越大，中国住户部门的负债率从 2000 年非常低的水平，呈现不断加快提升的态势，在储蓄率总体很高的情况下，住户部门存款减去贷款后的"净存款"，在 2015 年末达到高峰后，出现连续下滑的态势，2017 年末净存款规模甚至比 2012 年末都小了，这种快速变化的态势值得高度警惕。

同时，这也特别提醒人们，在公有制为主体、中央集权管理的体制下，中央政府在宏观经济调控上，控制资源消耗式的经济增长应该是基本的政策选择（常态），而在采取措施刺激经济发展时必须慎之又慎，防止政策在部门和地方层层加码造成刺激失控。

四、改革开放简要历程和基本脉络

中国改革开放以来重大挑战呈现出明显的"10 年周期性"。

（一）改革开放第一个 10 年

1978 年 12 月 18—22 日召开的党的十一届三中全会决定实施改革开放。

以美国为首的西方资本主义阵营为抢夺市场，并增强对苏联的压力，张开双臂热烈拥抱中国，从而推动东西方两大阵营原来相对平衡和尖锐对抗的世界格局发生深刻变化。

当然，改革开放初期，中国在发展方向、路径、模式等一系列问题上仍属于"摸着石头（有利于经济发展）过河"，其中充满争论和斗争。改革，重点是经济体制改革，着重改革平均主义大锅饭的束缚，推动土地承包或利润承包，以利益作为主要驱动力，激发人们的生产热情，提高生产效率，推动经济加快发展。当然，这也必然涉及整个国家管理体制机制的配套改革。开放，主要是向先进的发达国家开放，引进其先进的产品、设备、技术和管理经验，也意味着更多地学习借鉴其企业乃至社会管理的体制机制等，并以开放促进改革，以改革支持开放。其中重要的是尺度的把握，存在原则、方向和路线的争论乃至斗争，比如，是否彻底放弃公有制和计划经济，进而放弃共产党的领导，尽快转向美国式的"以私有制为基础、联邦分权管理、多党竞选执政、三权分立制衡"的模式，还是在继续坚持社会主义道路、坚持人民民主专政、坚持共产党领导、坚持马克思主义毛泽东思想（即坚持"四项基本原则"）前提下推动改革开放。这期间，党和国家最高领导层的更替、社会长期压抑的不满情绪的迸发和利益调整产生新的社会矛盾、发达国家极力诱惑和刻意推行其体制机制和国际规则等，不断激化社会矛盾，以致在改革开放第10个年头的1989年6月爆发了政治风波，引起国际社会的高度关注，国际关系高度紧张，中国改革开放走到十字路口，面临改革开放后第一次重大危机和挑战。

（二）改革开放第二个10年

1989年11月东西方阵营直接对抗的阵线——"柏林墙"实现通关并随

之被推倒，东欧开始剧烈变化，进而苏联及南斯拉夫于 1991 年解体，东方阵营瓦解，美国成为世界唯一霸主。这种国际格局的剧烈变化，将世界矛盾的焦点从中国转移，大大缓解了中国的国际压力。

更重要的是，苏联解体后，其社会格局剧烈变化，经济发展严重倒退，综合实力和国际影响力严重削弱，也给中国带来极大震撼和警示。1992 年邓小平发表南方谈话之后，"发展是第一要务、稳定压倒一切"被广泛接受，中国重新回到加快发展、扩大开放的道路之上，从 1993 年开始，经济发展明显升温，到 1995 年甚至出现严重的经济过热态势。

在这一过程中，从 1993 年开始，我国先后推动了财会制度深刻变革，财税体系深刻变革，修正改革开放初期推行的"拨改贷""利改税"的做法，实施分税制，控制国家经济建设职能，强化公共管理职能和公共财政建设等。1994 年我国抓住机会实施外汇管理体制重大变革，放松外汇管制，将外汇由中国人民银行及其指定的外汇专业银行——中国银行独家办理结售汇和外汇储备管理，转变为符合条件的商业银行都可以办理结售汇业务，实施汇率有管理的市场化和汇率并轨，人民币对美元汇率向市场化水平靠拢，大幅度调整到 8.7：1 的水平，并逐步放大商业银行自主报价权利和自留外汇限额。社会趋于稳定、经济加快发展、招商引资力度加大、外汇管理体制变革等，吸引越来越多的外汇涌入中国，使央行外汇储备到 1994 年末就突破 500 亿美元。1994 年国家先后成立了中国国家开发银行、中国农业发展银行、中国进出口银行三家政策性银行，着力推动中央银行、政策性银行、商业银行的职责划分和功能发挥，1995 年正式颁布了《中国人民银行法》（中央银行法）、《中华人民共和国商业银行法》（商业银行法）和《中华人民共和国预算法》等。当然，由于种种原因，这些法规的落实遇到很大困难。

1995 年开始，针对经济过热问题，国家采取严厉的宏观调控政策，使经济增长在 1996 年实现软着陆。

中国经济的高速发展和出口的扩大，加大了东南亚国家的出口压力，使其聚集的金融泡沫受到挤压，加之美国网络产业急速升温，吸引国际资本大量从制造业转向网络信息业，国际资本炒家趁机大规模做空泰铢等东南亚国家货币，于 1997 年引爆东南亚金融危机，使得原本聚集大量国际资本和产能的东南亚国家，包括大量投资东南亚的日本、韩国等遭受重创，也对中国出口和经济稳定产生了很大影响。但此时的中国在金融领域尚未对外开放，外汇管制依然很严格，避免了国际资本大规模进出产生的影响，并且宣布人民币不贬值，为东南亚抑制出口及经济下滑做出了重大贡献，展示了一个负责任大国的形象，人民币开始扩大在周边国家流通，中国在亚洲的影响力迅猛提升，超过了日本。

东南亚金融危机，使中国对金融、对货币自由兑换和外汇跨境流动等有了深刻的认识，在 1998 年开启了一轮深刻的金融体制改革：（1）成立中央金融工委，将国有金融机构的人事和组织关系从地方上收中央实行垂直管理，大大削弱了地方政府对金融机构，特别是银行贷款的行政干预；（2）按大区设立人民银行分行，强化央行的独立性；（3）发行 2700 亿元专项国债用于补充四大国有商业银行资本金，大大提升了国有商业银行资本实力和抵御风险的能力；（4）剥离商业银行附属业务，成立政策性银行，实施分业经营、分业监管，推动国有银行加快从专业银行向商业银行转化；（5）成立四大资产管理公司，对口剥离四大国有商业银行不良资产 1.39 万亿元；（6）清理严重的社会"三角债"，强化信用管理；（7）进一步区分政策性银行和商业银行，并继续保持和改善外汇管理（资金跨境流动），等等。推动了中国金融体制和金融机构深刻变化、整体实力明显增强。

可以说，东南亚金融危机推动了我国金融体制改革，并取得这样的成果（实际上，1995 年我国中央银行法、商业银行法已经颁布，但由于种种原因迟迟难以落地实施）。而没有这一轮深刻的金融体制改革，金融机构的品质和实力难以有效提升，恐怕也很难抵挡加入 WTO 之后外资金融机构的冲击，特别是全球金融危机的冲击。

但是，在东南亚金融危机的影响尚未缓解之际，1998 年夏天中国南方遭遇特大洪水，造成 1998 年下半年至 1999 年初中国滞胀压力巨大。东南亚金融危机和南方大水叠加，使中国受到改革开放之后第二次重大冲击和挑战。

（三）改革开放第三个 10 年

面临东南亚金融危机和南方大水巨大冲击，中国积极寻求新的经济增长点，并从 1999 年开始，全面深化住房体制、教育体制、医疗体制改革（"三大改革"），将最重要的三大民生领域，也是以往国家或单位需要大量贴补（住房是分配的、教育是义务的、医疗是公费的）却难有回报，越来越难以承受的三大领域，由公益转化为产业进行开发和运行，吸引社会资金，包括海外资本大量投入，从而推动国有资源大量转化为国有收入[1]，政府进而扩大投资，增加金融机构和国有企业的资本金，金融机构和国有企业贷款和融资规模得以扩大，从而形成"资源变资本、资本加杠杆"的螺旋上升态势，并有效激发了国内需求，推动中国经济在 2000 年开始止跌回升，呈现明显加快发展的良好局面。

---

[1] 土地、矿产等有形资源，以及各种专营权等无形资源转让收入，成为政府越来越重要的财政收入，其中，"土地财政"在之后广受关注。

东南亚金融危机爆发后，大量国际资本急于撤离并寻找新的去向，但中国金融没有太大开放，1998 年俄罗斯爆发债务危机，拉美原本就不稳定的金融体系又开始剧烈动荡，日本、欧洲以及非洲经济低迷，对国际资本依然缺乏吸引力，这迫使国际资本大规模涌入北美，其中，除一小部分流入加拿大外，绝大部分涌入美国。

流入美国的国际资本，除一小部分流入房地产，推动美国住房价格从 1997 年开始步入上行通道之外，绝大部分涌入原本已经过热的网络产业，在推动美国经济金融异常繁荣的同时，也使网络产业的泡沫急剧聚集，美联储被迫大幅提高联邦基准利率至 5.6％的历史高点，最终于 2000 年 10 月造成纳斯达克崩盘，网络泡沫破灭，给美国经济金融带来严重冲击。

为应对这一冲击，美国政府出台一系列法案刺激房地产发展，美联储也从 2001 年初开始大幅度降低联邦基准利率，这在推动房地产加快发展、缓解经济下行压力的同时，也为其后的次贷危机埋下了伏笔。祸不单行的是，2001 年美国又遭遇令人震惊的"9·11"恐怖袭击，美国大陆在美国宣告成立后第一次遭遇外地攻击，使美国的反恐局势陡然紧张，美国很快发动了阿富汗战争和随后的伊拉克战争，其投资环境明显恶化，国际资本开始外流，美国经济陷入低迷。

2000 年网络泡沫破灭之后，放眼全球，产能和流动性过剩问题已经显现，世界经济整体低迷，急需寻求新的增长点和拉动力。恰在此时，中国成为世界上最大的亮点，吸引了全球最大的注意力。

正是在世界格局深刻变化，世界需要中国的大背景下，对中国从改革开放初期就一直申请加入"关贸总协定"（后来转变为"世界贸易组织"，即 WTO），WTO 组织也做出适当让步，中国在 2001 年 12 月正式加入 WTO，改革开放进一步扩大，吸引大量国际资本和产能投到中国，推动中

国很快成为新的"世界工厂",成为世界经济增长新的"火车头",带动矿产、能源等大宗商品价格快速回升,带动相关国家加快发展,催生"金砖五国"等快速发展的新兴经济体。进入 21 世纪,正是在中国的带动下,全球经济又迎来一轮新的发展高潮。

2001 年底加入 WTO 之后,中国资本和贸易双顺差不断扩大,资源型外汇收入不断增多,人民币升值压力不断增强,一改前期人民币官方汇率大大高于黑市价格的局面,民间和离岸市场人民币汇率反而开始高于境内外汇市场水平;国家不再为外汇紧缺发愁,反而开始为外汇储备增长太快太多头疼,需要采取措施抑制热钱流入,鼓励外汇用于境外。在央行外汇占款(基础货币)快速扩张的情况下,千方百计控制派生货币和货币总量的扩张,具体做法是回收央行再贷款或拆借款、发行央行票据,以至于到大幅度提高商业银行法定存款准备金率等,压低货币乘数,努力维持货币政策稳定和独立等。2005 年 7 月,中国实施新的人民币汇率体制改革,在推动人民币汇率较大幅度升值的同时,推出人民币汇率"一篮子"方案,并逐步扩大人民币汇率浮动范围,人民币开始适应市场变化步入升值通道。

中国等新兴国家加快发展,在推动全球投资和贸易迎来新的一轮发展高峰的同时,也使得世界范围内的产能过剩和流动性过剩问题更加突出,并推动世界经济发展的态势发生明显分化:以中国为代表的新兴经济体加快发展,而以美国为代表的发达经济体,如七国集团(G7)的发展陷入低迷,双方经济总量的巨大差距逐步缩小并趋于逆转。

其中,美国在"9·11"恐怖袭击后,先后发动了阿富汗和伊拉克战争,投资环境恶化,加之新兴经济体更具吸引力,造成大量资本流出美国。同时,随着全球大宗商品价格快速上涨,美国的低利率政策难以维持。自2001 年初开始,为刺激经济发展,美联储连续 31 次降息,将联邦基准利率从 6.5％一直降到 2003 年 6 月的 1％，创下美联储成立以来的历史新低。这推动美国房地产价格快速上升，进而推动住房按揭贷款快速发展，贷款控制标准不断降低，低于 FICO 按揭贷款标准的次级按揭贷款（次贷）快速增长。在此基础上，次级按揭贷款证券化产品（MBS）大规模涌现，MBS 的投资人为分散风险，又进一步将 MBS 包装成"担保债务凭证"（Collateralized Debt Obligation，简称 CDO）并不断演变成越来越复杂的多重嵌套的结构性产品（CDO 的平方、立方），进而引入"信用违约掉期合约"（Credit Default Swap，简称 CDS），为相关产品提供保险，推动相关金融产品不断创新，风险不断分散，在国际金融市场形成越来越大的影响力，相关理论和模型甚至获得诺贝尔经济学奖。

但所有这些金融产品的发展，都建立在最底层的产品——住房按揭贷款的质量必须有保障的基础上，而住房按揭贷款最重要的保障就是房地产价格稳中有升。价格越是上升，住房按揭贷款就越是安全。然而，一旦价格下跌，住房按揭贷款的风险就会急剧扩大。

由于美国住房价格自 1997 年开始步入上升通道，2003 年开始加快上升，持续近十年时间没有逆转，使越来越多的人忘记了住房价格可能下跌的风险，盲目相信金融创新能够分散和化解风险，相关产品的评级不断提高，交易非常活跃，而金融监管并没有跟上实际变化。

自 2004 年 6 月开始，美联储被迫提高联邦基准利率，到 2006 年 6 月提高到 5.25％。这使得美国住房按揭贷款的还本付息成本越来越高，再叠加资本外流，住房需求下降，到 2006 年 9 月末，住房价格见顶回落，进而引发很多次级按揭贷款到 2006 年底出现大规模不良，住房贷款公司开始破产倒闭。但此时贷款不良只是对美国贷款公司产生冲击，仍未引起世人的广泛重视，直到 2007 年 7 月，由次级贷款支持的证券产品（MBS）及其衍

生品（CDO、CDS 等）出现大规模兑付违约，遭到国际评级公司大幅度降级，引发所谓的"次贷危机"（严格讲，应该是"次级按揭贷款支持证券市场危机"），才引起世界范围内的警觉，多国央行被迫采取救市行动。到 2008 年 9 月，住房价格进一步下跌，使大量参与次贷相关产品的贷款公司、著名的"两房"（美国从事住房担保的房利美和房地美公司）以及保险公司（如 AIG）、大量投行和券商、基金公司等陷入困境难以自拔，在著名投行雷曼兄弟宣告破产、美林公司被接管后，随即引发被当时的美联储主席格林斯潘宣称的"百年一遇"的全面金融危机，并迅速蔓延成为全球范围的金融大危机，造成全球经济大衰退。

中国加入 WTO 后，国际资本和产能大规模流入，推动中国快速发展成为新的世界工厂，外资和外贸依赖性特别强，高度融入全球化大潮，因此，全球金融危机爆发引发经济严重衰退，中国也不可避免地受到巨大冲击。

2008 年底到 2009 年，全球金融危机成为中国自改革开放以来遇到的第三次重大冲击和挑战。

（四）改革开放第四个 10 年

全球金融危机爆发后，世界主要经济体吸取 20 世纪大萧条爆发后政府没有及时干预造成局面持续严重恶化的教训，迅速形成 20 国集团（G20）联合采取力度空前的救市行动。其中，中国更是体现出体制优势，迅速转变宏观调控方向，从之前不断强化科学发展观、采取强力措施重点抑制经济过快增长，转而快速推出大规模经济刺激计划，在主要经济体中率先止跌回升，成为世界经济最重要的稳定器和推动力，一跃成为世界第二大经济体，国际影响力迅猛提升，以至于有人提出美中两国集团（G2）的概念。这又进一步带动中国投资和贸易双顺差的持续扩大，以及央行外汇储备的不断增长，直到 2014 年 6 月，央行外汇储备一度达到近 4 万亿美元的巨大规模，并成为中国国际影响力的重要支撑。

当然，在全球化产能过剩、有效需求不足的情况下，中国依靠传统的扩大投资和贸易、高度消耗资源和环境的发展模式难以为继，2011 年下半年开始，经济增长下行压力显现。在这种情况下，2013 年中央经济工作会议及时提出经济增长"新常态"的概念，强调不再追求两位数的高速增长，转而着力推动发展方式转变、经济机构调整、发展质量提升，中国经济发展进入非常关键的转型升级调整期。2017 年党的十九大胜利召开，社会主义新时代、新思想、新方略正式确立，一系列重大政策举措陆续出台，中国经济继续保持较高速度稳定增长。

可以说，中国改革开放 40 年，成功应对了三次重大冲击和挑战，创造了巨大的发展奇迹，国运昌盛，带动世界格局发生极其深刻而剧烈的变化。

（五）改革开放巨大成就的重要影响因素

改革开放以来，特别是加入 WTO 以来，中国能够实现投资和贸易双顺差、资源型外汇大量流入，原因非常复杂。无论是吸引投资，还是出口创汇，都是国际商业行为，都不是无条件的，而是建立在中国明显的比较优势和竞争力上的，这至少包括：

一是潜力巨大，具有极大成长空间。1978 年底，中国人口已经超过 8 亿（不包括港澳台地区），是全世界人口最多的国家，并且仍保持快速增长的态势，需要加强人口控制（到 2016 年底达到 13.83 亿人）。但改革开放初期工业化水平以及劳动生产率、人均收入和生活水平非常低下，属于严重短缺经济，与国际一般水平都存在很大差距，存在巨大的人口红利和资源红利，以及巨大的经济社会发展潜力与空间。

二是体制特点，决策效率和执行力度存在优势。改革开放前，我国实行高度计划经济体制，经济资源高度集中在国家，改革最容易遭遇的来自利益集团的阻力大大减弱，一旦中央统一思想、形成决策，其改革开放的推动效率，包括各种公有资源的开发力度和政策优惠力度是非常高的，是私有制为基础、多党竞选执政、三权分立制衡、联邦分权管理的国家无法实现和比拟的。正因如此，1999 年"三大改革"的推出，为资源变资本、资本加杠杆，推动经济加快发展打下了坚实的基础，也为 2001 年正式加入 WTO 创造了重要条件，成为进入 21 世纪之后中国高速发展最重要的推动因素。

三是抓住了全球化发展大潮、世界格局深刻变化的难得机遇。全球化发展，深化社会分工与合作共享，是人类社会发展的必然方向。二战之后，世界形成了以美国为首的西方资本主义阵营与以苏联为首的东方社会主义阵营尖锐对立、相互封锁乃至隔离，少数国家作为中间派犹豫观望的基本格局，严重影响了全球化的发展，甚至严重威胁着世界的和平，这必然会在激烈的竞争中被打破。进入 20 世纪 60 年代之后，西方阵营的发展势头明显超越东方阵营，吸引中间派国家面向西方阵营改革开放，西方阵营的势力不断增强，东方阵营的压力不断加大，其内部矛盾也不断激化。

在这样的国际环境下，中国作为一个大国，其选择对两大阵营的实力对比以及世界格局的变化有着极其重要的影响，是平衡美苏两极的重要砝码，也为中国的国际选择提供了巨大套利空间。实际上，在改革开放之前，中国已经开始改善与美国等西方国家的关系，改革开放之后，更是进一步加强了与西方阵营的经贸关系，但始终坚持四项基本原则，尽力避免与苏联等东方阵营国家产生激烈矛盾，明确"实践是检验真理的唯一标准"，坚持"发展是第一要务、稳定压倒一切"，把是否有利于发展生产力、是否有利于增强综合国力、是否有利于提高人民生活水平"三个有利于"作为行动指南和衡量一切工作是非得失的判断标准，在国际层面注意淡化意识形态的辩论与国际对抗，努力回避成为国际矛盾焦点，致力于赢取最大国际资源和好处。正如邓小平一再强调的，在相当长时间内，中国都要"韬光养晦、决不当头"。

中国的改革开放和迅速崛起，进一步加剧了国际局势的变化。1991 年苏联解体，东方阵营瓦解，经济金融全球化掀起新的高潮。中国则吸取教训，不断提高认识，抓住全球化加快发展的历史性机遇，不断深化改革开放，1993 年开始加快发展，并成功应对了东南亚金融危机和南方洪灾的冲击，呈现出良好发展态势；在刚刚跨入 21 世纪的 2001 年即加入 WTO，更是吸引国际资本和产能大规模流入，在推动中国经济高速发展的同时，也带动全球经济快速发展，掀起全球化发展新的一轮高潮；在增强中国综合实力和国际影响力的同时，也推动世界格局深刻变化。2008 年全球金融危机爆发，更是推动世界格局由量变进入质变阶段，世界的中心开始向东方转移，中国的崛起呈现出令人震惊、势不可当的态势。

四是坚持实事求是，发现和纠正错误，积极推动改革开放。不是盲目照搬照套西方发达国家的模式和路径，而是密切联系中国国情、发展阶段和国际环境，学习借鉴先进经验、积极吸取经验教训，坚持走中国特色社会主义创新之路。

（六）2018 年进入新"10 年"更具挑战的关键期

需要特别关注的是，改革开放以来基本上每 10 年出现一次大的危急事件，呈现较强的"10 年周期"特征。当前，全球金融危机爆发后即将进入第 10 个年头，中国改革开放已满 40 周年，即将开启第五个"10 年"，国内

和国际环境已经发生了极其深刻的变化，改革开放、国家发展又到了一个必须做出重大选择、推出新的一轮更加深刻的改革开放的关键时期。

全球金融危机爆发，意味着世界范围内产能和流动性过剩已经非常严重，考虑到世界上已经难以再找到像中国改革开放所提供的巨大市场和推动力，世界人口增长已经进入瓶颈，地球自然环境的承受能力也近极限，全球化带动的产能和流动性过剩已经积重难返。危机爆发后，大规模的救市运动继续扩大产能和流动性投放，推动全球范围负债水平急剧抬升，投资品价格大幅度攀升，贫富差距快速拉大，社会矛盾异常尖锐，地缘政治冲突频繁爆发，风险隐患没有消除反而更加聚集，政策资源已是黔驴技穷，世界经济处于非常脆弱的状态，尽管 2017 年世界经济出现明显的回升态势，但基本上还是建立在扩大投放、扩大负债的基础之上的。表面光鲜之下，隐藏着诸多风险点，在金融危机爆发接近 10 周年之际，2018 年 2 月，美国挑起猛烈的贸易保护和地缘政治事端，资本市场、主要货币特别是新兴国家货币以及网络数字货币等大幅波动，意大利政治和债务问题再次引发人们对欧元区乃至欧盟的担忧，不少征兆让人不免对再次爆发全球性的新的更加严重的金融危机和经济衰退感到非常担忧。

中国为应对全球金融危机实施大规模经济刺激之后，依靠传统的扩大投资和贸易、高度消耗资源和环境的发展模式难以为继，2011 年下半年开始，经济增长下行压力日益显现，进入一个非常关键的转型调整期，经济结构调整转型、经济增长速度换档、新旧增长动能转换等因素多重叠加，改革开放以来高速增长、包容式发展所掩盖的问题加快暴露。从 2014 年下半年开始，资本大量外流、外汇储备急剧减少，人民币快速贬值，原有的调控模式、发展方式越来越难以适应。在这种情况下，中央及时提出经济增长"新常态"的概念，强调不再追求两位数的高速增长，转而着力推动发展方式转变、经济机构调整、发展质量提升。但新常态应该是什么状态，所对应的新路径、新模式、新的调控方式等尚需探索，原有的模式、路径和调控方式难以马上转变，问题仍在积累，直到 2017 年，重大政策才真正开始转变。十九大确立了中国特色社会主义新时代、新思想、新方略，这极其关键和重要，但具体落实还需要细化方案，因此，2017－2019 年成为非常关键的换档转型调整期。但如果调整的节奏和力度把握不好，调整过度、转变失控，后果很严重。在世界经济金融局势复杂多变的情况下，这确实需要对可能即将到来的新的一轮巨大冲击高度警惕。

在经济由高速增长转向中高速高质量发展的同时，我国社会主要矛盾也发生重大转变，由原来"人民日益增长的物质文化需要同落后的社会生产之间的矛盾"，转变为"人民日益增长的美好生活需要和不平衡不充分的发展之间的矛盾"，"人民美好生活需要日益广泛，不仅对物质文化生活提出了更高要求，而且在民主、法治、公平、正义、安全、环境等方面的要求日益增长"。这是关系全局的历史性变化，其中有非常深刻的社会背景，对党和国家工作提出了许多新要求。

同时，在国际上，中国已经从站起来、富起来到强起来的新阶段，开启了从全面建设小康社会迈向全面建设社会主义现代化强国的新征程，从处于苏美两极对抗之中存在很大的国际套利运作空间，转变为在国际社会中"坐二望一"的特殊位置，过去坚持的"韬光养晦"已经没有多少回旋余地，美国特朗普新政刚刚开始，国际地缘矛盾更加激烈，国际大环境深刻变化，全球治理体系和国际秩序变革加速推进，这都将对中国的发展和稳定产生深刻影响。

世界格局的剧烈变革，会引发主要国家之间的尖锐矛盾或直接对抗。

这就像 20 世纪之初美国的强势崛起，推动世界格局剧烈变化，在 20 世纪上半叶经过剧烈调整（中间爆发了两次世界大战和一次经济金融大危机）才达到新的相对平衡一样，21 世纪上半叶必定也是一个激烈震荡的世界格局变革调整期，对可能爆发的尖锐矛盾和极其严峻事件，要高度警惕，做好充分的应对准备。幸运的是，经历了两次残酷的世界大战，考虑到全球化发展和记账清算的运行已经使得大国之间利益深度交融，再加上现在毁灭性武器的大规模存在，大国之间再次爆发战争的可能性降低了，但大国军事竞赛仍然存在，保持相对均衡也是势所必然，进而贸易战和金融战等在所难免。

综上所述可见，中国的改革开放发展已经进入了一个全新的阶段，原有的发展路径和模式已经难以适应新的环境和要求，急需有新的指导思想和发展方略，急需尽快推出新的一轮更加深刻的改革开放。

令人振奋的是，党的十九大在深入分析、准确把握国际国内局势变化的基础上，明确提出了中国特色社会主义的新时代、新方位以及与之对应的新思想、新方略，做出了一系列让人信服的重大决策和战略部署。

纵观全球，展望未来，依然是"世界剧烈变化，中国风景独好"。

这让人们更加有理由相信，在新中国成立后的第三个 30 年，即 2039 年前，中国完全可能成为世界第一大经济体；在第四个 30 年，即 2069 年之前，完全有可能成为世界领先的头号强国。中国特色社会主义将发展成为不同于苏联和美国模式的，具有国际影响力的新型国家发展道路或模式，即"第三条路"或"第三模式"。

五、经济社会基本稳定的主要原因

正是在多重因素的共同影响下，在中国融入全球化大潮中不断崛起的基础上，在基础货币和派生货币都存在很大调控空间的情况下，改革开放以来，特别是 2000 年以来，中国的货币总量持续保持较高水平的基本稳定增长，成功应对东南亚金融危机和全球金融危机，货币金融体系保持基本稳定，改革开放 40 年来没有出现重大金融动荡和金融危机，为经济社会的稳定和发展发挥了重要作用。

中国货币总量高速增长而未引发重大金融动荡或金融危机，主要的原因是：

1. 改革开放之前长期实行计划经济体制，使货币金融受到极大束缚和抑制，到 1978 年末的货币总量仅为 1159 亿元。改革开放后，由计划经济向市场经济转化，资源的货币化、经济的金融化，都需要货币金融的配套支持和服务，货币总量随之迅猛扩大。这在 1999 年之前表现得尤为突出。

2. 中国改革开放之前形成的与西方资本主义国家相隔离的局面，在世界上人为造成了一个空间和潜力巨大的经济"洼地"。改革开放后，对国际资本和产能形成巨大的吸引力，大量国际资本和产能的流入，又推动中国经济发展、体制改革、外汇增长，促进了货币总量的快速增长。

3. 中国改革开放也是一个不断反思过去、总结提高和探索前行的过程，坚持"实践是检验真理的唯一标准"，坚持"发展是第一要务、稳定压倒一切"，坚持"解放思想、实事求是、与时俱进"，在改革开放接近 30 年时间的 2007 年，就提出"科学发展观"，始终坚持"稳中求进"的工作总基调，十八大之后不断增强"经济、政治、文化、社会、生态文明"五位

一体协同发展的意识和总体布局，统筹推进"全面建设小康社会、全面深化改革、全面依法治国、全面从严治党"，形成了"新时代、新思想、新方略"，深入分析和准确把握国际国内宏观局势和社会主要矛盾的发展变化，及时调整宏观目标和政策举措，攻坚克难、应对挑战，保持了经济社会的稳定发展，为货币金融的稳定发展奠定了重要基础。

4. 中国抓住了全球化高峰期这个难得的历史机遇。20 世纪末，全球化发展推动的经济增长出现瓶颈，2000 年网络泡沫破灭，全球经济下行压力明显增大，产能过剩和流动性过剩问题开始显现。2001 年中国加入 WTO，改革开放进一步深化，吸引全球产能和资本大规模流入中国，在推动中国经济高速发展的同时，也带动世界经济加快发展，形成全球化发展新的一轮高峰期，中国也因此成为新世纪开始以来世界经济增长最主要的推动力。与此同时，中国对内出现"资源变资本，资本加杠杆，大量做投资"，对外则是"资源换外汇，外汇变储备，储备增货币，货币转投资"，强大的资金实力推动着经济社会快速发展，并进一步参与全球资源整合，打下了坚实的工业化、信息化发展的基础，有力地提升了中国的国际竞争力和影响力。

可以说，在 2008 年全球金融危机爆发之后，全世界可能需要很长时间的调整转型，已经很难再出现全球化发展高峰期了，中国促成也抓住了全球化发展难得的一轮高峰期这个历史机遇，是极其难得、非常幸运的。

第三章　外汇储备与货币政策

央行外汇储备是否存在合理的规模标准？央行外汇储备的大幅扩张，一定会引起货币总量的倍数增长并造成货币超发吗？中国在央行外汇储备大幅扩张或收缩的情况下，主要采取哪些措施控制货币乘数，保持货币总量相对稳定？如何平衡好人民币国际化与保持经济金融相对稳定的关系？在央行外汇储备大幅扩张或收缩过程中，如何协调好货币政策与财政政策的关系？财政部是否可以从央行购买外汇，可否将其购买的外汇委托央行统一经营和管理？如何准确理解和有效运用法定存款准备金制度和工具？法定存款准备金制度与存款保险制度是否存在交叉关系？在央行外汇占款大幅扩张和收缩的情况下，"提准""降准"为何应该成为首选的政策工具？如何看待人民币加入SDR？如何根据外汇流入、流出和储备变化情况适时适度调整外汇管制和汇率形成机制？如何改进央行外汇储备的核算及其监督？为何要区分"央行外汇占款"与"外汇储备货币投放"？为什么说2018年宏观调控政策更需要增强灵活性？

　　改革开放以来，特别是 2000 年以来，中国货币总量的变化，其最重要的影响因素就是央行（国家）外汇储备的大规模扩张和收缩。而对央行外汇储备的扩张及其对货币总量的影响，自 1994 年超过 500 亿美元就一直充满争议。很多人认为，我国外汇储备太多了，不仅意味着央行要被动地扩大基础货币投放，影响货币政策的独立性，容易引发货币超发和严重的通货膨胀与资产泡沫，积聚危机隐患，增加央行货币总量调控成本，而且可能增加国际义务和负担，造成国家财富外流，并意味着外汇储备没有很好的投资去向，而大量保持货币性金融资产，收益率很低，且面临货币贬值风险，应该严格控制。为此，时任总理朱镕基曾在 1995 年金融工作会议上花了很长时间阐述外汇储备超过 500 亿美元是必要的，是利大于弊的，希望专家学者们不要再争议。但随着央行外汇储备的快速增长，特别是加入 WTO 之后，外汇大量流入，央行外汇储备和外汇占款快速增长，这种争论却越来越激烈，并进一步延伸到外汇管理体制，包括央行是否需要干预人民币汇率；是否需要对外汇兑换进行管制；国家外汇储备是应该由央行集中统一购买和管理，还是应该让财政部也参与进来（学习新加坡模式）购买外汇并进行管理等。我国也由此在 2005 年实行了重大的汇率体制改革，在 2007 年开始鼓励企业走出去、鼓励外汇用出去，并由财政部发行专项国债向央行购买了 2000 亿美元成立中国投资公司等。但关于央行外汇储备管理问题仍有不少争议，甚至影响到相关方面的决策。

一、国家外汇储备不存在规模合理性问题

（一）外汇储备规模合理性问题

　　关于一国外汇储备的合理规模，经典的说法有两种衡量标准，即进口

支付保障能力和短期外债偿付能力。

进口支付保障能力标准，是指一国外汇储备规模最低不得低于 3 个月的进口付汇额。短期外债偿付能力标准，是指一国外汇储备规模最低不得低于 1 年内短期的外汇债务规模。

在此基础上，国际货币基金组织（IMF）又进一步提出了评估外汇储备充足性的多维分析框架。在这一框架下，外汇储备的充足性标准要综合考虑出口额、短期外债、其他负债和广义货币，并赋予上述四项不同的权重（可根据资本账户开放程度和汇率安排等对权重进行一定的调整），来衡量外汇储备的充足性，以应对出口收入下降、债务展期风险和资本外逃等风险。具体如下：（1）短期外债：期限在 1 年或 1 年以下的外债。这是对外负债中风险最大的，特别是对于采取浮动汇率制度的国家，因为本币贬值会加大外债的偿还压力。（2）其他证券负债（包括中长期债务和股权债务）。（3）用广义货币供应量（以 M2 作为近似值）来表示在危机期间可以出售和转移成海外资产的流动国内资产，也就是资本外逃风险。（4）出口收入下降：外汇储备消耗并不是只受进口付汇单方面影响，实际上是受到出口收汇－进口付汇的差额影响。对新兴市场来说，衡量出口的下降能够最大程度覆盖外汇净收入减少/净支出增加的风险。

在此基础上，IMF 提出：

固定汇率制国家：30％短期外债，15％其他证券负债，10％广义货币供应量，10％出口收入。

浮动汇率制国家：30％短期外债，10％其他证券负债，5％广义货币供应量，5％出口收入。

以上公式中的权重是 IMF 根据历史上各国发生危机时的实际情况加以数理推算的结果，同样依据以往危机期间的经验数据，IMF 设定 1 为外汇储备充足率的下限，1.5 为上限，两者之间即为合理水平，1.5 以上则过多，1 以下则过少。

另外，还有人试图将持有外汇储备的收益、机会成本以及风险厌恶程度等因素进行综合考虑来确定合理的外汇储备水平。

实际上，一国外汇储备的合理规模至今依然是一个充满争议的话题，并没有形成统一的标准。而且，这种试图确定一个国家外汇储备合理规模的思路本身就存在问题，甚至本身就是一个伪命题。

首先，一个国家的外汇储备指的是什么不够清晰。它指的是全社会外汇储备的总规模，还是仅指央行或财政部的外汇储备？如果仅指央行或财政部持有的外汇储备，那就存在一系列问题：企业进口付汇或偿还外债，必须由央行或财政部保证提供吗？或者说，如果社会上存在足够的外汇储备，也存在外汇交易市场，企业一定要向央行或财政部购买外汇吗？企业是否还存在其他筹集外汇的渠道和能力（如获得银行外汇贷款、发行外汇债券、直接到境外募集资金等）？如果企业在市场上筹措不到相应的外汇，它还一定要进口吗，或者说企业是否应该根据自己的外汇筹措能力确定其进口安排？

其次，一国央行或财政部外汇储备的多少，受到诸多因素的影响，并不是可以随意调节的。特别是如果不能吸引外汇投资或扩大出口创汇，或者有其他方式能够融到外汇资金，央行或财政部想购买并增加外汇储备是很难做到的。当然，在外汇流入很大的情况下，央行或财政部可以少买或不买外汇，而将流入的外汇推给社会（藏汇于民），并允许外汇自由兑换和进出。但这又可能引发汇率和流动性大幅波动，给金融乃至经济社会稳定带来巨大冲击，因此，就涉及一国在资本自由流动、货币政策独立性和汇率稳定三者之间的选择问题。

（二）资本自由流动、货币政策独立性、汇率稳定三者的组合

根据蒙代尔"不可能三角"理论，一国在资本自由流动、货币政策独立性和汇率稳定之间只能选择以下三种政策组合：

第一，保持资本自由流动和货币政策独立性，牺牲汇率稳定，实行市场自由浮动汇率制。在资本自由流动的条件下，资本大规模的跨境流动将会导致国际收支状况不稳定和货币汇率剧烈波动。容易引发金融危机和经济社会震荡。

第二，保持汇率稳定和货币政策独立性，相应限制资本的跨境流动，实行资本管制。对于许多发展中国家特别是金融体系不够稳健的国家来说，相对稳定的汇率有助于保持对外经济稳定，货币政策独立性有助于调控国内宏观经济，但有可能降低对国际资本的吸引力。

第三，保持资本自由流动和汇率稳定，相应放弃货币政策独立性。这实际上就使一国放弃了独立性，完全依附于发达国家控制的金融体系，这是一般国家都很难接受的。落后国家对外开放，如果完全融入发达国家主控的体制机制内，按照发达国家的要求，金融市场完全开放、货币实行自由兑换，没有自己独特的产业基础和竞争优势，就可能完全失去自我控制能力，一旦出现大的国际调整，国际资本大规模流出，就可能引发严重的金融危机和经济衰退，引发社会剧烈动荡甚至政府更替。这也是很多发展中国家在对外开放推动经济金融快速发展到中等收入阶段后，陷入"中等收入陷阱"而不能自拔的重要原因。

实际上，比较合理的选择是，保持货币政策的独立性，实行有控制的

汇率浮动制和必要的资本管制。其中，保持货币政策的独立性，就是要保持货币币值的基本稳定，从而促进经济社会的基本稳定和有效保护合法财富。这不应仅仅局限于国内的币值基本稳定，也应该包括对其他国家货币比值（汇率）的基本稳定，需要综合平衡，而不应绝对分开。在此基础上，完善以市场供求为基础的、有管理的浮动汇率机制，保持人民币汇率总体基本稳定，这种灵活的汇率制度有助于增强货币政策的有效性，有利于抑制通货膨胀和资产泡沫，也有助于更好地发挥货币政策作用。

（三）外汇储备多比少好

从操作便利性的角度看，央行直接购买并储备尽可能多的外汇，形成央行（国家）外汇储备，不仅有利于充分提供本币供应，满足外汇大量流入对本币的需求，而且将外汇资源高度集中，形成央行外汇储备，也有利于提高货币储备物的质量。以国际硬通货（主要国际货币）作为货币储备物，其国际流动性远比一般国家的政府债务高，对一般国家而言，远比以政府债务作为储备物更好，有利于增强本国货币的国际接受度。同时，这也有利于外汇资源的集中利用和发挥更大作用，有利于央行增强对人民币汇率和外汇流动的管理，减少外汇自由兑换和流动对汇率和货币总量的影响，有效应对国际资本投机炒作可能带来的冲击。这对发展中国家是非常重要的。只有本国央行（国家）拥有足够大的外汇储备和市场调控能力，才能按照市场规则办事、认真履行招商引资承诺，保障国际投资者的合法权益，才有条件适当放宽外汇管制，扩大市场调节空间，逐步推进本国货币的自由兑换与外汇的自由流动。

从中国的实践看，如果中国不能在改革开放之后，吸引大量外汇流入并集中转换成为央行外汇储备，就很难在东南亚金融危机爆发后帮助香港

成功阻击国际炒家做空港币，也很难想象从 2014 年下半年开始，资本大量
外流，央行外汇储备在两年半时间内减少近 1 万亿美元，将如何应对。实
际上，如果没有之前积累的近 4 万亿美元央行外汇储备，这种情况的出现，
不引发严重的金融动荡甚至金融危机，几乎是不可能的！放在全世界其他
任何国家（包括日本，其所有外汇储备也就在 1.3 万亿美元左右），都是难
以承受，甚至是不可想象的！

可以说，任何国家对资本和外汇的跨境流动都不可能完全放任不管。
一个国家外汇储备的规模不是任意决定、想有就有的，要扩大外汇储备规
模是非常不容易的；国家外汇储备规模不存在严格的合理标准；只要不是
依靠负债增加的，总体上应该是多多益善，多比少好！

当然，有人认为，央行大量购买外汇，相应投放基础货币，势必造成货
币总量的大幅扩张，可能维持汇率的稳定，但却可能损失货币政策的独立性。
因此，在中国央行外汇储备不断扩大的过程中，一直有人指责外汇储备规模
过大，由此造成诸多问题，甚至有人认为中国通过贸易顺差积累巨大的外汇
储备，实际上是作为穷人，中国人辛苦劳动、拼命挣钱，勒紧腰带、不能消
费，却把钱几乎无代价地借给美国；而作为富人，美国人开动印钞机印制大
量绿纸片，低价购买中国人生产的产品，过度消费。这种国际经济金融秩序
不合理，充分说明中美两国都面临着经济结构调整和再平衡的问题，这种经
济生态潜藏着巨大的危机。在现实的情况下，巨额外汇储备已经使中国成为
美国的人质，我们既不可能排除美国毁约赖账的可能，更无法防止美国采取
美元贬值、通货膨胀等办法隐形减债、逃债的可能。

上述看法着实令人震惊，但实际上是对记账清算体系的无知，是对招
商引资损益核算的错误理解，是对美元作为货币所代表的权利的无视，也
是对货币总量变动因素的片面理解。由于货币总量的变化不仅受到基础货

币的影响，同时还受到货币乘数（货币派生程度）的影响，在基础货币扩张的同时，有效压缩货币乘数，不一定必然造成货币总量的成倍扩张。

只要应对得当，央行外汇储备规模的扩张，不一定会产生很大问题，反而可能增强央行（国家）的市场调控实力和国际影响力，具有积极作用，多多益善，在这方面，中国已经积累了成功的经验。纵观 1994 年外汇储备超过 500 亿美元之后的发展历程，本人从 2011 年就一直在提示：巨额外汇储备，饱受争议，却受益匪浅！

二、外汇储备大幅增长或收缩的应对策略

随着央行外汇储备的增加，外汇占款所投放的基础货币不断扩张，对货币总量合理增长的控制面临越来越大的压力。针对这种情况，中国央行采取措施，相应压低货币乘数，并通过其他配套措施，控制货币总量的过快增长。这主要包括：

（一）控制商业银行流动性，抑制其派生货币的能力，压低货币乘数

具体包括：收缩央行再贷款、发行央行票据、提高存款准备金率等。其中，央行再贷款的规模是有限的，在完全收回之后就没有调节的空间了。随之，央行开始面向商业银行发行央行票据，继续控制商业银行流动性。但如果央行票据采取市场化商业化运作，则需要其票据收益率对商业银行有足够吸引力，否则，很难发行成功。但这样又会大大增加央行的调控成本，而且效率也不够理想。于是，央行将调控手段集中到提高法定存款准备金率上了（"调准"）。

法定存款准备金制度，是国家以法律的形式授权中央银行，为调节金融市场流动性状况，保持货币总量合理增长，增强存款性金融机构（主要是商业银行）对存款的兑付能力等而设立的，由央行确定存款缴纳范围、缴纳比率、计算方法（如存款时点法、存款平均法等）、缴存频率（如按日、周、旬、月等），存款性金融机构需要无条件执行的一种金融制度。商业银行缴纳的法定存款准备金，未经央行许可，不得动用（实际上属于被央行冻结的资金），其日常支付所需的在央行的备付金存款，需要另行安排，被叫作"超额备付金"或"一般备付金"。

在我国，1999 年 11 月 21 日法定存款准备金率调整为 6%，2003 年 9 月 21 日调整为 7%。随之央行外汇占款的快速扩张，以及央行再贷款和央行票据的基本退出，法定存款准备金率快速上调，大型商业银行与中小商业银行的缴存比率逐步拉开差距，到 2011 年 6 月 14 日，大型商业银行达到了创纪录的 21.5%，中小商业银行基本上拉低 3.5 个百分点，为 18% 左右。这有力地抑制了商业银行流动性的扩张和发放贷款等派生货币的能力，在央行外汇占款快速扩张的过程中，有效压低了货币乘数，因此，货币总量没有失控。

从这一角度讲，只要央行外汇占款被动增加，为控制货币总量超发，央行就可以相应提高法定存款准备金率，其水平是没有上限的！

（二）放宽外汇管制，鼓励企业和个人"走出去"

在人民币升值压力大、外汇储备规模足够大的情况下，适时适度放宽外汇管制，推动汇率体制改革，出台政策鼓励企业和个人走出去，带动外汇运用到海外。

1. 我国 1994 年以前实施全社会强制结售汇制，将社会外汇高度集中

到中央银行，实施统一管理。

2. 1994 年，根据我国外汇储备呈现快速增长态势的情况，为促进深化改革开放，国家推出了一轮深刻的外汇体制改革，基本内容包括：（1）从 1994 年 1 月 1 日起，实现汇率并轨，取消"外汇调剂价格"，实行以市场供求为基础、单一的、有管理的浮动汇率制。（2）实行银行结汇、售汇制度，取消外汇留成和上缴、经常项目正常对外支付用汇的计划审批。（3）建立银行间外汇交易市场，改进汇率形成机制。市场的主要职能是为各外汇指定银行相互调剂余缺和清算服务，由中国人民银行通过国家外汇管理局监督管理。（4）各外汇指定银行以中国人民银行每日公布的人民币对美元及其他主要货币的汇率为依据，在中国人民银行规定的浮动幅度之内自行挂牌公布汇率。（5）中国人民银行向外汇交易市场吞吐货币，以保持各银行挂牌汇率的基本一致和相对稳定，并通过计算机联网，将外汇指定银行之间的交易沟通起来，加快运作速度。（6）外商投资企业的外汇收入，允许在外汇指定或境内的外资银行开立现汇账户，在国家规定允许的范围内对外支付和偿还境内金融机构外汇贷款本息，可在现汇账户余额中直接办理；超出现汇账户余额的生产、经营、还本付息和红利的用汇，由国家外汇管理部门根据国家授权部门批准的文件及合同审批后，向外汇指定银行购买。（7）自 1994 年 1 月 1 日起，取消任何形式的境内外币计价结算，境内禁止外币流通，禁止指定金融机构以外的外汇买卖；停止发行外汇券，已发行流通的外汇券可继续使用，逐步回笼。（8）强化外汇指定银行的依法经营和服务职能。（9）严格外债管理，建立偿债基金，确保国家对外信誉。对境外资金的借用和偿还，国家继续实行计划管理、金融条件审批和外债登记制度。未办理登记手续的外债和境内机构违反规定为境外法人借债提供担保引起的支付责任，各银行不得擅自为其办理对外支付。

3. 2005 年 7 月 21 日，我国进一步推动人民币汇率形成机制进行改革，主要内容包括：人民币汇率不再盯住单一美元，而是选择若干种主要货币组成一个货币篮子。同时参考一篮子货币计算人民币多边汇率指数的变化。与此同时，中国人民银行就人民币对美元汇率中间价一次性升值 2%，从 1：8.2657 升值到 1：8.11。实行以市场供求为基础、参考一篮子货币进行调节、有管理的浮动汇率制度。中国人民银行于每个工作日闭市后公布当日银行间外汇市场美元等交易货币对人民币汇率的收盘价，作为下一个工作日该货币对人民币交易的中间价，并扩大商业银行在中间价上下浮动的限定范围，保持人民币汇率在合理均衡水平上的基本稳定。[①]

4. 2015 年 8 月 11 日，为推动中国汇率形成机制朝着市场化方向进一步迈进，让市场的供求关系在汇率决定中起决定性作用，中国人民银行进一步推动人民币汇率形成机制改革。当天早晨开盘前由做市商（约 20 家在外汇市场上做市规模较大的商业银行，包括中资银行和外资银行）参考前一天的收盘价，以及市场供求关系，向央行报出一个他们认为合适的中间价。央行去掉做市商报出的最高价和最低价，剩下的加权平均值就作为每天公布的中间价，形成"前日收盘价＋一篮子货币汇率预期变化"的人民币中间价生成机制。

这次改革主要是想使得中间价报价机制更加市场化，报价的时候除了主要参考前一天的收盘价，还要考虑外汇市场供求关系和这一夜欧美市场的变化。但当市场的波动幅度超出管理区间时，仍坚持有管理的汇率制度。

---

① 起点为 0.3%，之后逐步扩大，2014 年 3 月 17 日，中国人民银行在充分考虑经济主体适应能力的基础上，把银行间即期外汇市场人民币对美元交易价浮动幅度由 1% 扩大至 2%，银行柜台汇率报价区间由 2% 扩大至 3%。

（三）在经济下行和资本外流态势明显的情况下，适时调整相关政策

1. 自2011年下半年开始，我国经济增长下行压力开始显现。为刺激经济增长，央行开始下调法定存款准备金率，2011年12月5日，大型商业银行法定存款准备金率下调到21％，中小银行同幅度下调。在2014年下半年央行外汇占款由增转降，特别是2015年快速收缩的情况下（当年央行外汇占款减少2.21万亿元），央行随之加大了降准力度。到2016年3月1日，大型商业银行法定存款准备金率下调至16.5％，中小银行下调至13％左右。这又相应释放了大量流动性，增强了商业银行发放贷款等派生货币的能力，货币乘数随之提升，货币总量保持平稳增长态势。

2. 在2016年3月降准之后，尽管央行外汇占款持续下降（全年减少2.91万亿元），基础货币持续收缩，但基于金融机构杠杆率快速提升、资金在金融体系内多层循环抬高社会融资成本、资金脱实向虚明显，国家强调去杠杆、降成本等因素考虑，央行不再普降存款准备金，而改为针对特定事项或扶持领域，如支持三农贷款、小微企业贷款等，实施定向降准，并在金融市场流动性进一步趋紧的情况下，运用正/逆回购、SLO、SLF、MFL、PSL等市场操作工具，扩大央行资金融通，甚至为应对2018年春节期间金融机构流动性扩大的需求，央行推出了CRA（临时准备金动用安排），对全国性商业银行从1月中旬开始陆续开放期限为30天的临时准备金动用安排（要求期满后如期归还），释放出大量流动性，保持金融市场流动性相对充足和基本稳定。

3. 及时调整结售汇和外汇流出的管制力度。2014年下半年，央行外汇储备余额减少了1500亿美元，但考虑到央行外汇占款仅减少1450亿元，说明央行外汇储备减少中，有很大一部分不是出售出去了，而是直接运用出去了（如投资"亚投行"和"丝路基金"），另外，美元对其他储备货币汇率贬值造成的折算差额扩大也是一个重要原因，加之 2014 年 6 月央行外汇储备几近 4 万亿美元的惊人规模，国家也有意适当控制，因此，这时候外汇储备的收缩并没有引起重视。

但进入 2015 年，形势发生明显变化，随着美元加息的推进，人民币贬值压力加大，外汇储备快速收缩，全年减少 5127 亿美元，其中，下半年减少 3635 亿美元；央行外汇占款减少 2.21 万亿元以上，其中，下半年减少 1.86 万亿元，外汇占款与外汇储备减少部分的比值仅为 4.32，远低于当年美元对人民币的平均汇率 6.24，说明其中还是有一部分不是出售出去，而是直接运用出去了。外汇储备流失严重，引起国家高度警觉。2016 年这种状况进一步延续，全年外汇储备减少 3198 亿美元，央行外汇占款减少 2.91 万亿元。外汇占款与外汇储备减少部分的币值为 9.10，远高于当年 6.62 左右的平均值，这其中存在结售汇汇差的影响，可能还有其他因素的影响，实际售汇规模可能更大，还需要仔细剖析。2015 年、2016 年央行外汇占款与外汇储备变化的严重偏离，也说明其核算办法需要修改完善。

央行外汇储备在两年半时间内减少近 1 万亿美元，尽管央行外汇储备仍保持 3 万亿美元的巨大规模，也难免使得其流动性面临巨大压力（可供出售的外汇部分快速收缩）。

在这一过程中，基于推动人民币国际化、进一步深化汇率和货币金融体制改革等方面的考虑，中国抓住国际货币基金组织（IMF）每五年对其特别提款权（SDR）的组成部分和结构权重进行评估调整的机会，积极争取人民币加入 SDR。最终，北京时间 2015 年 12 月 1 日凌晨 1 点，IMF 正式宣布，人民币将于 2016 年 10 月 1 日正式加入 SDR，成为与美元、欧元、

英镑和日元并列的第五种 SDR 篮子货币（"可自由使用货币"），并且其权重为 10.92%，仅次于美元、欧元，高于英镑、日元。

IMF 总裁拉加德在发布会上表示：人民币进入 SDR 将是中国经济融入全球金融体系的重要里程碑，这也是对于中国政府过去几年在货币和金融体系改革方面所取得的进步的认可。需要注意的是，纳入 SDR 的一篮子货币需满足两个基本标准：一是货币发行国家的出口贸易规模（我国早已符合）；二是货币可自由使用（"在国际交易中广泛使用"和"在外汇市场上广泛交易"）。这就是说，人民币不能作为跨国结算的货币，就加入不了特别提款权；人民币资本项目不能自由兑换，国际货币基金组织就不会选择人民币作为贷款货币；人民币不是特别提款权的篮子货币，国际货币基金组织成员也不会把其手中的特别提款权兑换成人民币作为贷款货币。因此，人民币加入特别提款权将倒逼中国减少外汇管制和汇率干预，促使人民币在经常项目、资本项目自由兑换。

但随着我国明确经济发展进入新常态，不再追求经济发展高速度，相应减少经济刺激，经济下行态势增强，长期积累的深层次问题和矛盾开始显现，国内反腐力度加大，国际上"看空、唱衰"中国的人增多，在这种情况下，2015 年下半年开始，外汇流出明显加快，人民币贬值压力明显增大。这一度使决策层陷入两难选择。如果不加强外汇管制和汇率干预，将导致外汇储备快速减少，流动性面临巨大考验，金融体系稳定面临巨大压力，控制不住有可能引发严重的金融危机；但如果强化外汇管制、加强汇率干预，又可能影响人民币加入 SDR 和国际化进程。决策上的犹豫不决，也使局面不断恶化和持续。

其实，人民币加入 SDR，固然有利于推动人民币国际化，推动中国货币金融体系深化改革，但人民币国际化基础和支撑仍是中国经济金融和社会的稳定发展，取决于中国的综合实力和国际影响力，否则，即使加入SDR，即使成为重要的国际货币，一旦出现金融危机，综合实力和国际影响力削弱，其国际化照样会大大后退，这已被很多国际货币所证明。在货币金融问题上，同样必须实事求是、以我为主、抓大放小、求真务实。因此，尽管面临很大争议和国际国内舆论压力，从2016年下半年开始，国家还是采取有力措施，依法依规强化外汇管制，加强购买外汇用途审核，保护正当的购汇需求，打击海外做空人民币的势力以及非法转移资产行为等。经过一段时间的努力，进入2017年2月后，外汇储备止跌回稳，人民币汇率由贬转升，局面得到根本扭转，人民币国际化也由退转进。当然，人民币汇率总会上下波动，外汇储备也会有增有减，可以相信，根据形势的转变，央行应对策略一定会更灵活更有效。

总之，央行外汇储备的大幅扩张与收缩，都会对货币金融产生深刻影响，必须认真对待、有效应对。在保持足够大的央行外汇储备基础上，只要合理应对，完全能够应对国际资本炒家的冲击，并保持货币总量和金融体系的基本稳定。在这方面，中国可以说积累了丰富而宝贵的经验。

三、应对外汇储备大规模波动的措施仍需改进

如前所述，2000年以来，随着央行外汇储备、外汇占款的大幅扩张和收缩，央行灵活把握和调整货币政策，整体上保持了货币总量的基本稳定，维持了稳健的货币政策取向，取得了很大成绩，积累了宝贵的管理经验。但是，认真分析总结，这其中也还存在值得关注和需要改进的地方。

（一）货币政策与财政政策的配合协调

众所周知，新中国成立以来，外汇一直是我国非常紧缺的重要战略资源，特别是在改革开放初期的 1980 年，我国国家外汇储备为负的 12.96 亿美元，国家急需扩大外汇来源。因此，采取各种优惠政策鼓励出口创汇、鼓励招商引资，并且一直是我国财税金融政策的重要内容，招商引资甚至成为地方政府尤为重要的政绩考核指标。而出口创汇和招商引资等所获得的外汇，则基本上全部交给央行，形成国家（央行）外汇储备，央行相应投放基础货币（外汇占款）。

随着央行外汇占款（基础货币）的扩张，为防止货币总量过度扩张，央行最终主要依靠提高法定存款准备金率，冻结存款性机构一部分流动性，形成资金回笼的"资金池"或"蓄水池"，相应压低货币乘数进行货币投放的调节。如果以 1999 年 11 月 21 日至 2003 年 9 月 21 日期间，法定存款准备金率维持在 6％作为一般合理水平的话，其后不断提高法定存款准备金率，则在很大程度上都是为了抑制货币总量的过快扩张。

但这种对冲措施是有成本的。央行自 2008 年以来，对存款性机构缴存的法定存款准备金，一直按照 1.62％的年利率计息，这一利率水平最早与商业银行吸收人民币存款的平均利率水平相当，但之后则越来越低于商业银行吸收存款的平均成本，更是低于商业银行在银行间市场上拆借资金的年化利率（基本是不低于 3.62％），更远低于商业银行发放人民币贷款的一般利率水平，这实际上是央行将货币总量调控的成本在很大程度上转嫁给了商业银行。而在我国一直以间接融资作为主体的金融体系下，商业银行在议价能力上，尽管对政府平台、国有大企业等不具有优势，但对中小企业、居民个人等却是很强势的，商业银行可以进一步将成本向外转移，结果会抬高小微企业、居民个人的融资成本。

在这一过程中，尽管央行对冲外汇占款（基础货币）扩张的压力越来越大，社会融资成本被动提高，但各级政府并没有因此而感受到直接的压力，依然保持惯性思维和习惯做法，仍在采取激励措施和极其优惠的政策鼓励招商引资和出口创汇，吸引更多外汇流入，出现了低效乃至无效引资，加剧了产能过剩和资源消耗、环境破坏等。这就造成财政政策与货币政策没有很好协调与配合。

实际上，在外汇大量流入过程中，央行扩大外汇购买和本币投放，如果没有相应的对冲措施，很容易造成货币超发和通货膨胀。在扩大外汇购买和基础货币投放的同时，又不得不采取措施予以对冲，控制货币总量的过快增长，其目的主要是抑制人民币汇率过快上涨，支持出口，保证经济和就业基本稳定。这与财政政策或国家宏观经济政策目标是一致的，或者说货币政策已经在很大程度上承担了财政政策的责任，因此理应加强二者的协调与配合。

比如，在央行开始不断提高法定存款准备金率的过程中，完全可以阶段性、象征性地由财政面向法定存款准备金缴纳机构（商业银行）发行专项国债，专款用于向央行购买外汇，形成财政外汇储备或国家主权基金，规模可以考虑在央行正常确定的一般法定存款准备金率（如5%）基础上，经测算央行需要提高存准率达到2个百分点时，即由财政部购买新增外汇储备10%左右的外汇。

这样，财政部发行专项国债需要承担一定利率水平的资金成本，与中央银行一起共同感受市场变化和承担对冲成本，推动政府和财政部门适时适度提高招商引资的门槛，降低出口创汇的激励力度，强化财政政策与货币政策的协调配合。同时，这种操作模式，也不会对社会整体流动性产生

太大冲击（商业银行将需要缴纳存款准备金的钱转为购买专项国债，流动性没有太大变化，资产收益率还有可能提高），可能会相应扩大财政（政府）负债规模、增加财政负债成本，但这恰恰是财政应该负担的，是正本清源，更有利于真实反映政府负债水平，而不是过度地将财政问题货币化，使央行变相为财政提供支持。

当然，财政购买的外汇，可以作为国家主权基金独立经营和管理，也可以在超过一定规模后，将多余的部分委托给中央银行统一经营和管理，以增强国家外汇储备经营管理的统一性，更好地平衡国家外汇储备整体上的流动性、安全性、营利性。财政可以因此更加关注央行外汇储备运用的收益情况，形成必要的监督，并在外汇储备出现收缩态势时，财政可以向央行适当出售其外汇储备。

可见，不能认为国家外汇储备只能由中央银行独家买卖和管理，在必要时，财政部同样可以购买并管理一部分外汇储备；财政部购买的外汇，并非必须完全由其自己单独经营管理，也可以委托给中央银行统一管理。

（二）央行"降准"与"拆放"需要平衡协调

2005—2010 年，随着央行外汇占款（基础货币）的扩张，央行对存款性机构拆放资金收缩到不足 1 万亿元的规模。但是，从 2011 年开始，基于刺激经济发展需要，央行逐步扩大了对存款性机构的资金拆放。特别是从 2016 年 3 月 1 日普遍"降准"之后，央行基于坚持"稳健货币政策"、防止大水漫灌式放水供应资金，推动金融机构去杠杆，在央行外汇占款持续收缩的情况下，一直不再普遍"降准"，而是实施小范围小幅度的定向"降准"。但由于基础货币收缩，为缓解金融市场流动性紧张，防止再次出现"钱荒"局面，央行只能不断扩大对存款性机构的资金拆放，不断推出新的运作工具，2016 年底达到 8.47 万亿元，相当于上一年的 3.18 倍，创下历史新高。2017 年底进一步达到 10.22 万亿元，再次刷新历史纪录。到 2018 年 1 月末，在央行针对全国性商业银行开放临时性准备金安排（CRA）之后，央行对存款性机构的拆出资金规模有所下降，为 9.79 万亿元。但 2 月末再次反弹到 10.31 万亿元，整体上保持在 10 万亿元上下的水平。

这种在央行、外汇占款收缩、金融市场流动性紧张，需要央行释放流动性的情况下，央行不是优先选择普遍"降准"，而是有选择地实施"定向降准"，更多地采取资金拆出的方式，从结果上看，确实保证了市场相对充裕的流动性和市场相对平稳，但却带来新的问题：

首先，央行冻结的法定存款准备金，年利率只有 1.62%，而存款性机构从央行拆借资金的年化利率远高于这一水平，在拆借资金达到 10 万亿元左右庞大规模的情况下，就会形成巨额利差，实际上是加大了存款性机构的经营成本。存款性机构又可能进一步对外转移，进而抬高社会融资成本。而且，这一巨额利差，央行是如何处理的，也不对外披露，但成为人们关注的问题。

其次，近年来，央行不再相对统一地调整法定存款准备金率，而是不断推动"定向降准"，外加定向贷款。这尽管增强了央行货币供给和货币政策调整的针对性，但也使得法定存款准备金率的调整被赋予了太多功能，针对不同的存款性机构变得五花八门、太过复杂，实际调整的主动权完全掌握在央行手中，有可能造成不同存款性机构的负担差别很大，这种做法的公平性、合理性值得探讨。这样做的结果，甚至使得法定存款准备金率的分析变得复杂，外部人员难以准确估算出央行实际冻结法定存款准备金的规模并判断其合理性。因此央行应该将存款性机构缴存的法定存款准备金与其存放央行的

一般备付金分别列示，而不是统一列为"存款性机构存款"。

再次，央行推出多种货币政策（资金融通）工具，每一种都有自己的使用条件和对象范围，总体上是大型银行、全国性银行优先，而中小银行列后，这就从资金供应的源头上形成不同资金需求主体的资金获得能力与地位的明显差别，一般顺序是：中央银行、大型银行、中小银行、非银行金融机构、金融之外的单位和个人。从社会资金需要方面看，一般顺序是：政府融资平台、国有大型企业、国有中小企业、民营大型企业、中小社会企业、小微和三农企业、居民个人贷款等。这样就形成资金多层流转、层层剥皮（加息获利）、抬高社会融资成本的突出问题，结果在货币总量巨大的情况下，依然存在结构性弱势群体融资难融资贵的突出现象，社会资金套利空间大，金融增加值占 GDP 的比重高，影响了实体经济的发展。

实际上，央行法定存款准备金制度，一定程度上与税收相像，类似"铸币税"，主要用于调节存款性机构流动性和派生货币能力。由于其对存款性机构的影响很大，因此，应该尽可能保持统一性，减少差异性，维持政策上的公平性、合理性，营造金融机构公平竞争的营商环境。需要促进普惠金融或定向资金引导的，应该有专门的财政补贴或者央行提供专项资金优惠等，不应过多地集中到法定存款准备金制度上，以致模糊法定存款准备金制度的本质含义和功能。

还有，央行一方面保持很高的法定存款准备金率，冻结了存款性机构很大规模的资金（2017 年底为 20 万亿元左右），另一方面又向存款性机构拆放大规模资金（2017 年底为 10.22 万亿元），这就同步扩大了中央银行资产负债规模，使央行成为银行间市场最大的做市商，使央行"最后贷款人"的定位受到挑战，并使中国央行成为全世界资产负债规模最大的中央银行。

金融的灵魂是货币（资金），货币的源头在央行。从目前中国人民银行资产负债结构看，存在很大的优化和精减的余地，存在资金供给侧结构性改革很大的空间。比如，完全可以在央行拆借给存款性机构10万亿左右的规模内，拿出5万亿元左右，分期分批实施"降准"，同时相应收回向存款性机构拆放的资金，这种"结构性降准"，不会对全社会流动性造成多少影响，却能压缩央行资产负债规模，降低存款性机构资金成本，进而有利于降低社会融资成本，产生很大的积极作用。

实际上，正如在央行外汇占款，即基础货币投放不断扩大的情况下，为抑制货币总量的过度扩张，必须积极运用法定存款准备金制度，准备金率没有上限一样，在央行外汇占款收缩情况下，为防止货币总量过度收缩，也应该积极运用法定存款准备金制度，适时适度降低准备金率，而且尽可能保持法定存款准备金制度的统一性、控制差异性，维护金融机构公平的竞争环境。在金融市场流动性紧张，不实施降准，就必须扩大央行资金拆放的情况下，还一味坚持"降准"就是"大水漫灌"、就是货币政策放松的观念和做法，实际上是一种"教条主义"，是一种自欺欺人的"鸵鸟政策"，不是增强了货币政策的灵活性、有效性，而是使得货币政策陷入僵化和混乱，导致很多新的严重问题。对此，需要认真反思和总结经验教训。结构性"降准"不等于放松货币政策，"降准"不能成为货币政策"禁区"！

（三）法定存款准备金制度与存款保险制度需要协调

需要看到的是，法定存款准备金制度也带有强烈的存款保险性质和功能，在存款性机构遭遇重大流动性危机时，特别是在其破产清盘时，可以收回存款准备金，优先用于偿还存款人的一部分存款，它与存款保险制度可以说目标类似，只是做法不同，法定存款准备金制度带有强烈的行政性色彩，存款保险制度相对偏向于市场化运作，因此，国际上很多国家逐步

取消法定存款准备金制度，转而采用存款保险制度。

在我国保持很高水平的法定存款准备金率的同时，再推出存款保险制度，实际上存在很大重复，势必增加存款性机构经营成本，必然会遭遇很大阻力。这也是我国从 2005 年就提出要实施存款保险制度，但直到 2015 年 5 月 1 日才正式开始实施，而且实际执行结果并不理想的重要原因。

实际上，世界主要经济体，实施存款保险制度后，很多都没有法定存款准备金制度，或者只对特定领域的存款征收一定比例（一般不超过 5%）的法定存款准备金。在实施很高的法定存款准备金制度的同时又实施存款保险制度是非常罕见的，是不合理的。

因此，中国现在非常需要重新梳理包括法定存款准备金制度、存款保险制度、各种货币政策工具的本质含义与核心功能，真正做到准确把握、有效利用、趋利避害。其中，完全有必要在保持和完善存款保险制度的基础上，加快实施降准，相应收回央行拆出资金，或者分流部分央行外汇储备给财政。

四、改进央行外汇储备的反映和监督机制

如前所述，在我国已经积累 3 万亿美元以上巨额央行外汇储备的情况下，其增减变动，不仅对基础货币（央行购买外汇形成的外汇占款成为基础货币重要的组成部分）、货币总量将产生重大影响，而且也成为人民币国际化，以及国家和金融国际影响力的重要支撑，其运用是否合理，如何进行战略布局和战略调整，将产生重大国际影响和损益变化，因此，管好用好外汇储备意义极其重大。这已不仅仅事关货币问题，不仅仅是中央银行自身可以决定的事项，而是需要像财政预算、决算一样，将国家外汇储备

的管理规划、基本原则和执行结果加以明确、准确核算、如实反映，并定期报送国务院乃至全国人大进行审议的重要大事项。

从国家（央行）外汇储备准确核算的角度看，需要明确以下基本原则：

（一）要准确反映结售汇价差损益和外汇占款

在实际业务处理过程中，商业银行面向社会（单位和个人）办理结售汇，以及央行面向商业银行办理结售汇，都存在买入价与卖出价，存在卖出价大于买入价的价差收益，二者之间有一个中间价。这样，央行如果只是简单地用买入外汇支付的人民币减去卖出外汇收回的人民币的余额作为"外汇占款"，实际上就将外汇买卖价差损益包含其中，并没有如实反映出外汇储备对应的外汇占款。

比如，央行当天美元买入价为 6.5835 元，卖出价为 6.6165 元，中间价为 6.6000 元。当天买入外汇 1 亿美元，付出人民币 6.5835 亿元人民币。当天卖出美元 0.8 亿美元，收回 5.2932 亿元人民币，外汇买卖结余 0.2 亿美元，人民币买卖结余 1.2903 亿元。如果完全将人民币当天结余作为外汇占款，则对应的外汇结余的比价为 1∶6.4515，明显低于当天人民币对美元的中间价。

如果当天买入 1 亿美元，付出人民币 6.5835 亿元，又卖出 1 亿美元，收回人民币 6.6165 亿元，结果，当天外汇买卖结余为零，但外汇占款却成为－330 万元！

如果当天买入 1 亿美元，付出 6.5835 亿元人民币，卖出 1.2 亿美元（即将以前储备外汇的一部分卖出），收回 7.7398 亿元人民币，其当天外汇买卖结余为－0.2 亿美元，对应的外汇占款为－1.3563 亿元人民币，比价为 6.7815。

以上事例表明，简单地将每天外汇买卖支付和收回的人民币相抵，就作为外汇占款的做法，没有将外汇买卖的价差收益单独反映出来，是不合理、不准确的。这样做的结果，如果考虑到央行外汇储备只是央行买入外汇大于卖出外汇的结果，实际买入外汇规模和卖出外汇规模都可能大于其结余规模，放大到央行外汇储备一度高达 4 万亿美元，之后又回落到 3 万亿美元，其结果必然使得央行外汇占款大大低于央行外汇储备，如果央行外汇储备继续减少，人民币继续贬值，有可能在央行外汇储备还有很大余额时，其外汇占款已经全部收回，使央行外汇占款的反映失真。

这在央行外汇储备下降情况下反映得就更加突出。2014 年下半年开始，央行外汇储备快速收缩，年末余额仅比 2013 年增加 217 亿美元，但央行外汇占款却比 2013 年增加了 6411 亿元人民币，新增外汇占款与新增外汇储备之比为 1：29.54，说明央行外汇储备减少的规模中有一部分不是出售了，而是直接用于投资了；2015 年央行外汇储备比上年减少 5127 亿美元，但其外汇占款仅比上年减少 22144 亿元人民币，二者比值为 1：4.32，比当年平均汇率 1：6.24 低很多；2016 年央行外汇储备比上年减少了 3198 亿美元，但其外汇占款比上年末减少了 29112 亿元人民币，二者的比值为 1：9.10；2017 年央行外汇储备比上年末增加 1294 亿美元，但央行外汇占款却减少了 4637 亿元，二者更是完全背离。这让人深感困惑，很难准确知道其中有多少是外汇买卖的影响，有多少是外汇运用或损益的影响，有多少是其他外汇与美元汇率变化折算的影响等。特别是 2014 年下半年从外汇储备中直接拿出一部分用于投资，却没有单独列示，造成外汇储备余额快速下滑，这很容易造成社会的恐慌！

因此，需要调整央行外汇占款的核算与反映方法，原则上应该按照每日中间价计算外汇占款，将外汇买卖价差损益单独核算和反映出来。具体

规则应该是:

如果当天卖出外汇规模小于或等于当天买入外汇的规模,则将当天外汇买卖结余部分,按照当天中间价(如果一天内外汇买卖中间价发生多次变动,可以采用当日加权平均价作为中间价)计算外汇占款,将外汇买卖人民币结余部分与外汇占款的差额作为当天外汇买卖价差收益处理,单独反映。

当天卖出外汇规模大于买入外汇规模的部分,即属于以往外汇结余的部分,则要明确其成本核算方法,如采用"加权平均法"(外汇占款累计余额与外汇储备余额之比),或者是"后进先出法"(将每日多卖出外汇的部分,从上一日外汇买卖结余和中间价开始扣减计算,依次前推)。在此基础上,进一步计算出外汇买卖价差收益,其余部分作为外汇占款。

根据上述原则,前面外汇买卖的三种情况核算的结果应该是:

当天外汇买卖结余 0.2 亿美元,中间价 6.6 元,外汇占款 1.32 亿元,外汇买卖价差收益 297 万元;

当天外汇买卖结余为零,则外汇占款同样为零,当天外汇买卖价差收益为 330 万元;

当天外汇买卖结余为-0.2 亿美元,假定上日中间价为 6.6062 元,则外汇占款累计结余减少 1.3213 亿元,外汇买卖价差收益为 351 万元。

这样核算有利于准确反映央行在外汇买卖过程中实现的价差收益情况,为更好地考核央行外汇储备运用损益提供帮助,并使其外汇占款与外汇储备能够更好地对应,避免二者出现严重偏离,特别是避免在外汇储备减少时,可能在外汇储备还有很大规模时,外汇占款就全部收回的不正常结果。

当然,这也会使央行外汇占款不能如实反映因外汇储备而实际投放的基础货币规模。而这一指标在基础货币和货币总量管理上是非常重要的,

必须得到准确反映。

因此，可以不再把央行外汇买卖实际投放的人民币（即基础货币）叫作"外汇占款"，而重新命名为"外汇储备货币投放"，并单独进行统计和披露。

"外汇储备货币投放"当日变动额＝当日外汇占款－当日外汇买卖价差收益。

"外汇储备货币投放"累计余额＝上日累计余额＋当日变动额。

（二）如实反映央行外汇储备的运用及其损益情况

在央行外汇储备余额高达 3 万亿美元上下庞大规模的情况下，如何有效利用、争取最佳利益，是一个非常重要的课题，理应加强央行外汇储备运用情况和损益结果的反映和监督。

1. 为央行买卖和储备的每一种币种外汇分别建立明细账，分别反映其实际买卖和结余情况。

2. 对应每个币种的外汇储备，分别反映出其实际运用情况（可按照流动性分类反映）。如：美元储备的运用，可分为存放金融机构余额、购买美国国债或其他债券的余额、拆放和发放贷款、其他美元运用等分别反映。其中，因直接用于投资而减少的外汇储备，应该单独列示，与因结售汇减少的外汇储备分别反映，避免造成错觉。

3. 在上述基础上，如实反映每种货币外汇储备的损益情况，包括利息收益率水平和实际收到或实现的收益情况。要按照"流动性、安全性、营利性"有机平衡的要求，定期分析外汇储备运用结构的合理性，促进外汇储备科学高效地运用。

外汇储备运用收益要与外汇买卖价差收益分别核算和反映；外汇储备

运用收益增加的外汇，要与外汇买卖增加的外汇储备分别核算和反映。这是因为，在对央行外汇储备经营管理进行考核时，主要应该是对外汇储备运用结果进行考核，而不是对其外汇买卖价差收益进行考核。央行外汇储备运用如果出现不良或损失，需要单独反映并说明原因，接受检查。

（三）在反映央行外汇储备折合美元的汇总规模时，其汇率折合影响因素应单独反映

央行每月披露外汇储备余额时，主要是将各种外汇储备余额按照月末对美元汇率折算成美元后，汇总以美元统一披露，这就存在不同月份或年度其他货币对美元汇率变动的影响，即在各种外汇原币储备规模不变的情况下，由于其对美元汇率的变化，最后折算成美元的外汇储备汇总额也会发生变化。这种因汇率折算因素造成的外汇储备总规模的变化，应该单独计算和披露，以便更好地反映各种储备货币储备规模的真实变化。

需要明确的是，将外汇储备汇总折算成美元进行反映和披露，是因为美元是当今世界最重要的国际中心货币，美元具有最广泛的应用和流动性。从 2016 年 4 月开始，基于人民币加入 SDR 的考虑，央行将外汇储备折算成美元进行披露的同时，还增加了各种外汇折算 SDR 进行披露。但由于SDR 应用范围极其有限，在以美元汇总披露的同时，再以 SDR 进行汇总披露，实际意义不大，几乎没人关注，可以考虑取消。

（四）建立国家外汇储备向国务院、全国人大定期汇报制度与合适的公开披露制度

央行应该将外汇储备管理的基本规则，尤其是动用外汇储备进行股权投资需要坚持的基本原则、授权服务和核算规则等，报送国务院、全国人

大审核批准，并将国家外汇储备的增减变动、实际摆布和损益结果等情况，以及相关的情况说明，定期报送国务院和全国人大接受审查。

在准确详细核算与反映央行外汇储备和外汇占款的基础上，还应该建立合适的对外公开披露制度，明确哪些数据和相关情况说明需要对外披露。

五、2018 年宏观调控更需灵活性

2018 年全国"两会"审议通过，2018 年国内生产总值增长 6.5％左右，居民消费价格涨幅 3％左右；城镇新增就业 1100 万人以上，城镇调查失业率 5.5％以内，城镇登记失业率 4.5％以内，居民收入增长和经济增长基本同步；进出口稳中向好，国际收支基本平衡；单位国内生产总值能耗下降 3％以上，主要污染物排放量继续下降；供给侧结构性改革取得实质性进展，宏观杠杆率保持基本稳定，各类风险有序有效防控。上述目标得到全社会广泛认可，特别是经济增长从去年的 6.9％下调到 6.5％左右，应该是在综合各方面影响因素，推动经济从高速度发展转向高质量发展的合理安排。

但是，进入 2018 年之后，国际国内局势发生很多新的超出预期的变化，尽管一季度经济增长 6.9％，但纵观各种因素的变化态势，全年经济增长保持 6.5％的增长目标面临很大挑战：

1. 从国际局势来看，美国特朗普政府已经实施针对中国的贸易保护强硬举措，有可能带动很多西方国家跟随，这将对中国出口增长形成很大压力。主要国家财政货币政策取向调整，美元加息和货币收缩延续趋紧态势，对全球经济、贸易、投资、汇率和资本市场等都将产生深刻影响。

需要看到，2017 年中国经济增长明显好于预期，其中一个最重要的原因就是净出口的增长超出预期。2016 年我国货物与服务净出口对经济增长

的贡献度为－0.4 个百分点，2017 年则为 0.6 个百分点，同比增加了 1 个百分点。如果扣除净出口增长的贡献，国内因素的影响反而使 2017 年经济增长低于 2016 年。

2017 年净出口增长好于预期，一个重要影响因素是人民币汇率。其中，人民币对美元汇率 2016 年 4 月末为 6.4762，5 月开始进入贬值通道，12 月末为 6.9370，2017 年一季度略有升值、保持基本平稳，4 月开始进入升值通道。由于汇率变动对净出口存在滞后性，这一阶段人民币贬值对 2017 年净出口增长是重要利好。

但从 2017 年 4 月份人民币对美元汇率开始步入升值通道，12 月末为 6.5342，2018 年 2 月末为 6.3294，3 月份基本上维持在 6.3 以内。人民币升值将对净出口增长产生很大压力，形成与 2017 年有很大不同的局势，要维持"进出口稳中向好"难度大增，特别是在美国不断强化对华贸易战的情况下，2018 年净出口同比完全有可能再次出现明显负增长的结果。

2. 从国内情况看，2017 年我国基建投资逆势增长，房地产投资和销售表现不错，都超出年初的预期。这一方面与政府扩大基础设施投资有关，地方政府 PPP 和债务发行进一步扩大。另一方面，住户部门贷款大幅度上升，主要也是投入住房领域，也使住户部门负债率急速上升（见下表）。

2012 年以来住户部门本外币存贷款　　（单位：万亿元）

	2012	2013	2014	2015	2016	2017
住户存款	41.0201	46.5436	50.6890	55.1929	60.6522	65.1983
住户贷款	16.1382	19.8602	23.1510	27.0313	33.3729	40.5150
净存款	24.8819	26.6834	27.5380	28.1616	27.2793	24.6833

数据来源于中国人民银行官方网站

从 2012 年以来住户部门本外币存贷款相抵后的"净存款"余额看，2017 年不仅延续了 2016 年开始的下降态势，而且比 2016 年又大幅减少了 2.596 万亿元，甚至比 2012 年末的余额都小了，反映出住户部门的负债率增长迅猛。本人在 2016 年住户部门净存款出现下降后就发文指出，这是住户部门净存款若干年来首次出现负增长，而且其规模不仅比 2015 年小，甚至比 2014 年都小，这一态势值得高度关注，因为住户部门代表全社会的最终需求，如果住户部门净存款下降过快过多，将引发未来需求不足、经济下滑甚至人口出生率陡然下降等一系列问题。但这并没有引起宏观调控层面足够的重视，直到 2017 年住户部门净存款出现更大幅度减少后，这一问题才开始引起广泛而高度的重视。2018 年 1 月末，住户部门存款余额达到 66.0747 万亿元，贷款余额达到 41.4316 万亿元，净存款余额为 24.6431 万亿元，比上年末进一步收缩。但 2 月末住户部门存款余额达到 68.9638 万亿元，贷款余额达到 41.7077 万亿元，净存款大幅反弹到 27.2561 万亿元，几乎追平 2016 年末规模。这表明宏观层面从上年底开始严厉控制住房贷款、推动住户部门去杠杆的措施产生效果。这其中，2 月份住户部门存款余额比 1 月增加了近 3 万亿元，规模非常惊人，尽管存在春节期间企事业单位和国家机关发放工资奖金增加个人存款的合理因素，但近 3 万亿元规模还是超出一般规律，是否存在口径调整等特殊因素尚待进一步的分析。

2017 年底，党的十九大和经济工作会议都强调将"防范化解重大风险"作为当前工作三大攻坚战的首位，其中重点是防范化解系统性金融风险。为此，进一步强化地方政府债务控制，金融监管力度和范围进一步加大，特别是《关于规范金融机构资产管理业务的指导意见》（即"资管新规"）4 月份正式出台，影子银行、表外业务、资产管理、体内循环、房地产融资和住房贷款等明显收紧，推动金融机构和住户部门去杠杆，推动经济金融调结构。同时，伴随美元加息，人民币也存在加息的压力等，都有可能对房地产和基建投资等产生很大抑制。

2018 年 1－2 月份，全国固定资产投资（不含农户）增长 7.9%，增幅同比放缓 1 个百分点；基建投资增长 16.1%，增幅同比下降 11.2 个百分点。外商及港澳台投资同比下降超过 3%。从 2018 年 3 月末的宏观数字看，广义货币（M2）同比增长 8.2%，增速分别比上月末和上年同期低 0.6 和 1.9 个百分点。社会融资规模存量同比也只增长 10.5%，创下历史新低。按照全国"两会"审议通过的今年国内生产总值增长 6.5% 左右，居民消费物价涨幅 3% 左右的目标，按照以往惯例，广义货币或社会融资总量增长一般应该在二者之和的基础上再增加 3% 左右的调整系数，即应该保持 12.5% 左右的增长速度。相比之下，目前货币质量和社融总量的增长速度明显偏低，社会融资成本已经呈现抬高趋势，且近期股市持续下跌，中美贸易摩擦加剧，1－3 月全国固定资产投资增长 7.5%，增速比 1－2 月回落 0.4 个百分点，比上年同期下降 1.7 个百分点。其中，基建投资同比增长 13%，比 1－2 月下降 3.1 个百分点，更是大大低于去年全年平均 19% 的水平。2018 年 3 月份出口下降 2.7%，自 2017 年 2 月以来首次出现进出口逆差。种种迹象表明，尽管一季度经济增长 6.8%，但经济下行面临的挑战已经很大，急需前瞻性调整货币政策，适度扩大货币投放。因此，本人在 3 月 29 日即发文提示"2018 宏观调控更需灵活性"。

从社会融资存量规模的变化看，2017 年 11 月以来呈现快速下降的态势，从 2017 年 10 月的 13% 下降到 2018 年 5 月的 10.3%，下降了 2.7 个百分点（这其中，外汇贷款折合人民币的变动不大，可以忽略不计，变化大的是人民币融资）。特别是从 2018 年 5 月份社融增量变化看，变化

更加明显：5月份社会融资规模增量为7608亿元，比上年同期少3023亿元，比上月更是下降8000多亿元。其中，当月对实体经济发放的人民币贷款增加1.14万亿元，同比少增384亿元；对实体经济发放的外币贷款折合人民币减少228亿元，同比多减129亿元；委托贷款减少1570亿元，同比多减1292亿元；信托贷款减少904亿元，同比多减2716亿元；未贴现的银行承兑汇票减少1741亿元，同比多减496亿元；企业债券融资净减少434亿元，同比少减2054亿元；非金融企业境内股票融资438亿元，同比少20亿元。这一结果还是在央行4月25日正式实施结构性降准的情况下发生的。这一变化确实超出预期，而且这还是在政府债券、私募基金等实际构成社会融资的部分没有纳入社融规模（但却把尚未引起真正的资金融通的"未贴现承兑汇票"纳入），说明"社会融资规模"的统计口径亟待调整完善的情况下，政府债券2017年末达到28.15万亿元，比上年末增加了5.58万亿元。2018年4月末为28.88万亿元，仅比上年末增加了0.73万亿元。私募基金2017年增加了1.8万亿元，2018年到4月末仅增加0.25万亿元。如果考虑到政府债券、私募基金等因素，则社融规模的变化更大。

到2018年6月末，M2同比增速进一步下降到8%，社融增速下降到9.8%，就更加值得特别关注、高度警惕！

2018年1—5月固定资产投资仅增长6.1%，比上年同期下滑了2.5个百分点，创下近20年来的新低。其中，房地产投资同比增长10.2%，增速比上年同期提高1.4个百分点，但这可能是在房地产政策调控持续收紧，开发商资金紧张的情况下被动加快开工和销售以回笼资金的表现，是否有可持续性值得怀疑。2018年以来社会消费品零售总额、进出口顺差也出现急剧下滑的态势，1—5月社会消费品零售总额同比增长9.5%，同比回落0.8个百分点，其中，5月同比增长仅为8.5%，比上年同期回落2.2个百分点；贸易顺差由上年同期的9421亿元，下降为6498亿元，下降幅度达31%。从目前中美贸易战进一步加剧，国际贸易环境有可能进一步恶化的情况看，贸易顺差还可能进一步收缩，6月份人民币贬值明显加快，股票市场大幅下跌。这都将使得接下来经济下行压力进一步加大。

这种情况下，简单由央行扩大资金投放，可以扩充金融领域的流动性，所以银行间市场利率保持平稳，并没有出现大幅反弹的局面，银行间市场利率中枢较2017年末有所回落，这也是货币政策和金融监管等部门和人士认为当前流动性并非紧张，而是比较充裕的主要依据。

但现在的问题是，在各种因素的影响下，资金传导不畅，央行释放的流动性主要滞留在金融体系内，或者用于偿还央行拆借资金，而不能充分传导到实体经济上，解决不了社会上流动性紧张的问题，这才是特别需要高度关注的重点！

因此，尽管2018年1—5月宏观数据总体比较平稳，但已经暴露不少风险隐患。需要看到的是，尽管2018年经济增长目标是6.5%左右，允许有一定的浮动区间，但考虑到2020年要实现经济总量比2010年翻一番的既定目标，接下来三年的经济平均增长速度基本上需要保持6.3%，实际上2018年经济增长原则上不能低于6.3%，允许增速下降的空间是有限的。经济发展不追求高速增长，但也不能出现大幅下滑。所以必须对经济增速可能下滑的态势高度警惕，坚持稳中求进，加强宏观环境的预测分析，增强宏观政策，包括财政政策和货币政策的前瞻性、协调性和灵活性，准确把握防风险与稳增长的平衡点，防止宏观政策简单僵化和多方政策相互叠

加产生严重负面影响。

2018年4月17日晚间，中国人民银行（央行）发布公告称，为引导金融机构加大对小微企业的支持力度，增加银行体系资金的稳定性，优化流动性结构，中国人民银行决定，从2018年4月25日起，下调大型商业银行、股份制商业银行、城市商业银行、非县域农村商业银行、外资银行人民币存款准备金率1个百分点；同日，上述银行将各自按照"先借先还"的顺序，使用降准释放的资金偿还其所借央行的中期借贷便利（MLF）。

此次降准适用范围比较大，几乎可以说是一次普遍降准。同时，此次降准主要是与收回央行借贷便利配套进行的，可以说是央行资金供给侧的结构性举措，是"结构性降准"。

央行解释：此次降准的几类银行目前存款准备金率的基准档次为相对较高的17%或15%，借用MLF的机构也都在这几类银行之中。降准释放的资金略多于需要偿还的MLF。以2018年一季度末数据估算，降准可能释放的资金约13000亿元，操作当日偿还MLF约9000亿元，同时释放增量资金约4000亿元，大部分增量资金释放给城商行和非县域农商行。人民银行将要求相关金融机构把新增资金主要用于小微企业贷款投放，并适当降低小微企业融资成本，改善对小微企业的金融服务，上述要求将纳入宏观审慎评估（MPA）考核。余下的小部分资金则与4月中下旬的税期形成对冲。因此，此次结构性降准，在优化流动性结构的同时，银行体系流动性的总量基本没有变化，稳健中性的货币政策取向保持不变，但可以适当增加商业银行长期资金供应，减少法定存款准备金利率低于MLF年化利率给商业银行增加的成本压力，进而有利于降低社会融资成本。

6月24日晚间，央行再次发布公告称，对国有银行、股份银行、邮储银行、城商银行、非县域农商银行、外资银行等定向降准 50bp①，其中，针对国有银行和股份银行降准释放 5000 亿元，支持市场化法治化"债转股"项目；针对其他银行降准释放 2000 亿元，用于促进小微企业信贷投放。这进一步反映出央行货币政策的灵活性。

毫无疑问，央行实施降准非常必要，是货币政策工具运用的重大举措，也符合本人从 2017 年以来一直的呼吁。在这方面继续调整的空间依然很大，理应做好预案。

必须明确，纵观国际国内宏观局势，2017－2019 年是中国经济社会发展非常重要的换档转型调整期，2018 年是十九大确定新时代、新思想、新方略之后非常关键的起步之年，面对诸多不确定因素和严峻挑战，必须非常准确地把握和坚持"稳中求进"，做好应对超预期变化的政策准备，宏观调控不能僵化，而更需前瞻性、灵活性。

① bp 即基点，是 Basis point 的编写，指债券和票据利率改变量的度量单位。一个基点等于 0.01 个百分点。

第四章　新时代我国金融战略选择

::: 想 一 想

如何围绕到本世纪中叶国家综合实力和国际影响力世界领先的战略目标加快规划和实施国家金融战略？金融的综合实力、国际影响力是指什么？如何保证在推动金融创新发展的同时，有效控制和防范化解重大金融风险？为什么要将国际金融中心建设和人民币国际化作为增强金融国际影响力的重点？如何理解上海原油期货市场的重要意义？金融改革开放的重点何在？如何看待放宽金融机构的外资股比限制？金融指标核算和披露口径方面存在哪些需要关注的地方？

一、高度重视国家金融战略的规划和实施

无谋不遂，尤其是步入新时代新征程，需高度重视国家金融战略的规划和实施。

党的十九大明确提出，中国特色社会主义已进入新时代，提出了中国特色社会主义的新思想和到本世纪中叶经济社会的发展目标和新方略，由此开启了中国特色社会主义现代化强国建设的新征程。

十九大强调，当前要推动经济增长从高速度增长阶段转向高质量发展阶段，现在正处在转变发展方式、优化经济结构、转变增长动能的攻关期，必须坚持稳中求进的工作总基调，坚持质量第一、效率优先，以供给侧结构性改革为主线，着力建设现代化经济体系，紧跟我国社会主要矛盾变化，及时调整战略部署，按照高质量发展要求开展各项工作，增强国家治理体系和治理能力的现代化，确保打赢防范化解重大风险、精准扶贫、污染防治"三大攻坚战"，到本世纪中叶，国家综合实力和国际影响力要实现世界领先，全面建成中国特色社会主义现代化强国。

金融是国家重要的核心竞争力，金融安全是国家安全的重要组成部分，金融制度是经济社会发展中重要的基础性制度，党的十九大提出的新时代、新思想、新方略，就对金融提出了新的更高的要求，金融必须按照十九大的战略部署，特别是到本世纪中叶实现国家综合实力和国际影响力世界领先的战略目标，尽快明确和有效实施新时代国家金融战略。

国家综合实力和国际影响力包括很多内容，其中经济、金融、军事是不可或缺的三大核心支柱。军事必须强大，但军事需要强大的经济基础作为支撑，强大的军事、毁灭性的武器，更多的是用于震慑，力求不战而屈人之兵，要做好打大仗、打胜仗的充分准备，甚至可能需要在联合国维和、反恐斗争和局部战争中展示军事实力，但大国与大国之间的直接战争应该尽可能避免。但经济、金融活动是日常进行的，贸易战、金融战是没有硝烟的战争，同样需要高度重视。一个国家金融的广度、深度和效率，金融体系的健康和稳定，货币及其清算体系的国际影响力，金融市场的开放和国际影响力等，是国家综合实力与国际影响力的重要组成部分，可能在不发生军事战争的情况下，推动经济社会局势，乃至国际地位和世界格局发生深刻变化。由此，对金融作为国家重要的核心竞争力及其对国家安全的

深刻影响，必须保持足够的重视，甚至需要像重视军事一样，高度重视金融；像有国家军事委员会一样，成立国家金融委员会，超脱于具体的职能部门之上，减少部门利益的影响，统筹规划国家金融战略并推动战略实施。

服从于、服务于新时代国家整体战略要求，国家金融战略不仅要努力增强服务实体经济和控制金融风险的综合实力，更要立足于、聚焦于早日实现国际影响力世界领先的要求，提升和明确国家金融战略目标。

跨入新时代，建设新金融，千载良机，时不我待。

二、围绕增强综合实力，着力建设现代金融体系

围绕国家建设现代化经济体系，更好顺应现代化发展潮流和赢得国际竞争力，为其他领域现代化提供有力支撑，实现"两个一百年"奋斗目标，全面建设社会主义现代化强国的战略部署和基本要求，着力建设现代化金融体系。实现实体经济、科技创新、现代金融、人力资源协同发展，使科技创新在实体经济发展中的贡献份额不断提高，现代金融服务实体经济的能力不断增强，人力资源支撑实体经济发展的作用不断优化，建设统一开放、竞争有序的金融市场体系和多元平衡、安全高效、全面开放的金融体系。

（一）准确把握金融的基本定位与宗旨

2017 年全国金融工作会议和党的十九大都一再强调，金融必须回归本源，坚持服务实体经济的宗旨，这是我国多年来金融发展在定位和方向上的一个重大调整。

货币金融原本就是基于交换和经济社会发展的需要而产生和发展的，

其本质要求就是为交换以及经济社会交往提供比较稳定的价值尺度、交换媒介和价值储藏手段，并在此基础上，通过高效安全的金融运作，将社会闲置资源配置到需要的地方，促进社会资源的充分有效利用并创造出更大的社会价值或财富。金融从新增的社会价值或财富中获得约定的合理回报，这也是金融存在和发展合理性、合法性的根本所在。金融只能通过提高效率、降低成本、更好地配置社会资源，从新增的社会财富中分得一部分合理所得，而不能只是想方设法从现有的社会财富中去瓜分或抢夺，更不能把社会资源配置到错误的地方，不仅没有创造更大的财富，反而损害了现有财富。这也是"好金融"与"坏金融"的重大分界。所以，服务实体经济，支持实体经济发展，是金融发展必须始终坚持的宗旨和本源。

（二）要不断促进金融创新发展，提高效率、降低成本、严密风控

金融要服务和支持实体经济发展，增强自身综合实力，充分发挥金融的积极作用，建设现代金融体系，就必须不断促进创新和发展。

1. 要积极推动金融从"货币金融"到"资本金融"再到"交易金融"的提升和发展。改革开放以来，我国金融发生了翻天覆地的变化，在货币印制、货币支付清算，特别是移动支付，以及间接融资、互联网金融应用等方面，已经走在世界前列，但在交易金融、金融监管、金融风险控制等方面，与发达金融体相比，与现代金融体系建设的要求相比，还存在很大差距，需要金融的创新和升级发展，推动社会资源的货币化、证券化、交易化、普惠化；通过广泛而活跃、便捷的金融交易，构建多层次、开放包容的金融交易市场，更加灵活高效地促进社会资源配置，满足社会投融资需求，分散和化解社会金融风险，更多地实现直接融资，优化社会融资结构，健全金融市场机制，充分发挥市场在资源配置中的决定性作用。

2. 积极应用新科技，推动金融创新发展。随着宽带传输、移动互联、云计算、大数据、区块链、人工智能、生物识别等相关技术发展和广泛应用，互联网进入万事万物互联、随时随地互联的新时代，互联网"互联互通、跨界融合、跨境发展"的特性，正在深刻改变人类社会的组织形态和运行模式。金融作为现代经济的血脉和资源配置的枢纽，也必然会受到互联网发展的巨大冲击，迎来转变发展模式和运行方式的重大历史机遇，金融必须积极拥抱互联网，紧跟互联网发展新步伐，积极应用新科技，推动自身加快创新发展。

3. 增强识别风险、控制风险的能力，保证金融健康稳定发展。风险是与货币金融的产生和发展紧密相连、相生相伴、共同发展的，促进金融创新发展，不能违反货币金融的本质和发展逻辑，不能忽视和放松金融风险的识别和控制。

新中国成立以来，随着计划经济的不断强化，货币金融受到极大抑制，作用的发挥相当有限。改革开放之后，随着市场经济的发展，货币总量高速扩张，金融迅猛发展，经济社会环境深刻变化，在支持经济社会发展的同时，也积累了不少基础性、深层次问题。特别是在全球金融危机爆发之后，一方面要服从国家宏观政策，加大货币金融对经济增长的支持力度，另一方面又受到危机之后国际上普遍加强金融监管，各种金融监管指标更趋丰富和严格的约束，催生出很多规避监管的"金融创新"。我国现行的国家管理体制下，政府不是只管公共服务的"小政府"，而是掌控和管理大量国有资源的"大政府"，中央银行也不是主要负责货币政策目标制定和实施，只是作为"最后贷款人"的"小央行"，而是成为最主要的资金供应商（做市商）的"大央行"，实际上存在"央行、大型银行、中小银行、非银行金融机构、非金融机构单位"，以及"政府平台、大型国有企业、中小国有企业与大型民营企业、中小民营企业、居民个人"非常明显的社会资金供应和融资能力等级体系，间接融资发达而直接融资不足，形成了资金多层流动、层层剥皮，加重最底层社会融资难度和成本的现象。再加上1998年金融体制改革之后，我国不断强化"分业经营、分业监管"，但实践中，由于种种原因，分业监管不是强化分业的专业化监管，而是逐步演化成"牌照审批、机构监管"，一家金融机构由谁审批成立，其业务开展就全部由谁负责监管，其他监管机构无权进行监管，哪怕该金融机构开展的业务已经涉及其他监管部门的监管范围。随着互联网等信息技术的发展和广泛应用，随着金融创新和多元化综合经营的发展，很多业务已经突破原有边界，甚至出现不同业务相互连接，多种产品层层嵌套，多种金融机构共同参与，各环节纷纷加杠杆，系统性风险隐患非常突出的现实局面。

再比如，从2017年开始，"一行三会"等多部委经过长时间共同研究和反复磋商，出台了准备在2018年实施统一监管办法的"大资管"业务，就存在各种金融机构都从事"资产管理"业务，但审批和主管部门不同，监管规则标准不一，监管不协调、不严格，甚至出现监管部门画地为牢、争抢地盘、放松监管的状况，缺乏金融监管统筹和整体的宏观审慎监管。加之在"一行三会"之外，近年来地方政府大力支持金融发展，竞相放松标准、降低门槛，批准设立了很多新型金融牌照或准金融牌照，但监管明显跟不上，甚至放任不管。这些新型金融机构或准金融机构又和传统金融机构相互勾连，相互配合，影子银行、表外业务泛滥，形成了更加复杂的局面，积累了非常突出的金融风险。金融加快发展、员工薪酬和资本回报率远高于实体经济一般水平的局面，又进一步吸引越来越多的人才和资金投入金融领域，推动整个社会"脱实向虚"，经济社会发展的基础和价值观受到冲击。

现在，中国金融领域存在的问题很多很尖锐，很多问题表现在金融上，但根源在管理的体制机制上，突出体现在全球金融危机以来，全社会负债水平急剧提高，特别是地方政府、国有企业和居民个人负债率变化尤其值得关注。

2017年末，我国住户部门本外币存款余额为65.20万亿元，本外币贷款余额为40.52万亿元，存款减去贷款的"净存款"余额为24.68万亿元。这一指标的规模在2016年末为27.28万亿元，2015年末为28.16万亿元，2014年末为27.54万亿元，2013年末为26.68万亿元，2012年末为24.88万亿元。住户部门"净存款"在2015年之后快速下降，特别是2017年大幅度下降，规模甚至比2012年都减少了，而且这一趋势在2018年仍在持续，2018年1月末住户部门本外币"净存款"余额进一步下降为24.64万亿元，这种变化趋势值得高度关注。

现在越来越多的人，特别是许多80后的年轻人，扣除其固定资产后，已经是"负翁"，完全依靠借贷维持生活；房地产过度投资化、金融化，房地产价格快速大幅上涨，人均住房面积和房产在居民财富中的比重快速成长为世界前列，房地产价格较大波动可能对经济金融乃至社会稳定产生深刻影响；一旦经济金融出现大的波动，人民币汇率预期发生大的逆转，资本就可能快速外流，外汇储备大幅收缩，从而可能对货币金融乃至社会稳定带来巨大冲击等。各种问题又在很大程度上相互交集、交叉影响，局面非常复杂。

由此，党的十九大列出的今后三年"三大攻坚战"中，位列首位的就是"防范化解重大风险"，其中，首要的就是"防范化解金融风险，坚决守住不发生系统性金融风险的底线"。同时，强调实体经济是一国经济的立身之本，是财富创造的根本源泉，是国家强盛的重要支柱，要大力发展实体经济，筑牢现代化经济体系的坚实基础。金融必须回归本源，坚持服务实体经济的宗旨，不断增强服务实体经济的能力。并开始推动一系列金融发展战略和政策上的调整，包括推动货币政策与宏观审慎"双支柱"监管体系建设，压缩金融不合理的高杠杆、抑制影子银行和资金体内空转，推动金融脱虚向实，协调金融监管，补齐监管短板，深化监管体系改革等。

三、围绕增强国际影响力，切实推进国际金融中心建设

一国金融的国际影响力，主要体现在该国金融参与国际金融资源的整合与配置的能力，以及参与国际金融规则和制度的制定，对国际金融及大宗商品定价等方面的影响力。

从这一角度来看，一国金融的国际影响力，首先取决于国家整体的国际影响力，金融不能脱离国家综合实力而单独形成较强的国际影响力。同时，金融又是国家重要的核心竞争力，金融必须增强国际影响力，才能最大程度增强整个国家的国际影响力。其中，要求金融必须对外开放，不仅要鼓励金融机构走出去、引进来，扩大双向开放，更重要的是建设国际金融和大宗商品交易中心，通过对外开放、广泛连接、交易活跃的金融市场，吸引国际金融资源广泛参与，形成具有国际影响力的顶级国际金融中心，并积极推动以本国货币作为金融交易的计价和清算货币，推动货币国际化与国际金融中心建设相互促进、相辅相成，共同增强金融的国际影响力。

必须看到，国际化金融交易中心建设并推动金融交易更多地使用本国货币计价清算，其发展空间和国际影响力远比双向开放增设金融机构要大得多。国际金融和大宗商品每天的交易规模，远比实际的贸易和投资规模

大得多，没有国际化金融市场的发展和与之相关联的人民币计价清算的广泛应用，人民币国际化和中国金融的国际影响力难以得到增强。金融市场不开放，仅仅局限于一国境内发展，即使规模再大，也难以形成强大的国际影响力，难以发展成为真正的国际金融中心。

而要切实推进国际金融和大宗商品交易市场的发展，就需要切实加深对金融交易，特别是各种金融衍生品的认知和准确把握，在准确把握其基础产品、全部过程（穿透式）、相关环节、影响因素、重点风险、风险底线等因素的前提下，建立健全相应的监管规则，控制底线，促进创新，正本清源，趋利避害。对金融衍生品及其国际化交易，不能因为业务结构复杂、风险隐患大就敬而远之，一味规避，因噎废食。同时，金融交易市场要开放、要形成国际影响力，还必须增强监管规则的国际化及其国际监管协调。

现在，中国已经具有建设国际金融中心极其难得的基础条件和历史机遇。

从国际金融交易的实际运行情况看，已经形成全球 24 小时不间断连续进行的局面，其中，英国（伦敦）在欧洲，美国（纽约、芝加哥）在美洲，已经成为绝对的国际金融中心，从地理分布上，非常需要在亚太地区形成一个新的可以与英美并列的国际金融中心，从而形成全球每隔大约 8 小时左右国际金融中心相互衔接滚动运行的完美格局。在欧洲、美洲之后，世界经济中心开始转向亚太地区，亚太地区经济贸易和投资在全球的影响力大大增强，具备支持建造这一地区国际金融中心的重要条件。

在亚太地区，在日本快速成长为世界第二大经济体的过程中，东京在国际金融领域的影响力明显增强，一度成为亚太翘楚，日元的国际化水平也大幅提升。但随之日本经济陷入低迷，东京在国际金融领域的影响力也随之减弱，中国香港、新加坡依靠其国际化都市的地位，其金融的国际影响力增强。进而亚太很多国家都在推动自己的国际金融中心建设，包括中国早在 2009 年就提出要把上海打造成为国际金融中心，目前这方面的竞争十分激烈。

但要成为国际金融中心是需要很多条件的，要具备不同于竞争对手的比较优势，其中，国家整体实力和国际影响力至关重要。从这一点上讲，中国无疑是最具备打造国际金融中心基础条件的国家：中国已经取代和甩开日本成为世界第二大经济体，并依然保持主要经济体中较高的发展速度；拥有世界最大规模的外汇储备；成为很多大宗商品全球最大的贸易国、进口国；已经具备工业化、城市化、信息化发展非常重要的完整的基础体系等，综合实力和国际影响力不断增强，可以说，中国已经具备打造国际金融中心天时地利人和这样极其重要和难得的基础条件与历史机遇。

形成基础设施和市场运行的管理在中国，对外开放、广泛参与，越来越多地以人民币计价和清算，可以与伦敦、纽约相提并论的上海国际金融中心，不仅有利于中国并代表亚太更多地参与大宗商品和金融因素交易规则的制定、价格选择和利益保护，而且有利于人民币更加广泛和活跃使用，更好地促进人民币国际化发展。特别是在采用记账清算，而非现金清算的情况下，人民币走出去，实际上是人民币所有权走出去（为境外所拥有），而人民币现金并没有真正流出去，这样，境外拥有的人民币越多，中国的人民币外债就会越大，境内金融机构由此获得的清算沉淀资金就越多，资金实力就越强，中国就越有条件建设人民币全球清算和交易的"总中心"，这又将反过来有力地推动中国国际金融中心的建设。

在此基础上，围绕"一带一路"新型国际化发展模式的探索和推广，围绕"共建人类命运共同体"的伟大倡议，发挥人民币国际化和国际金融中心的引领作用，积极探索和推动新的国家货币与金融体系建设，包括推

动亚洲基础设施投资银行（亚投行）、丝路基金、金砖国家开发银行、跨国贸易人民币计价和相应的人民币全球清算体系建设等，推动国际货币和金融体系的深刻变革，形成中国金融世界领先的强大国际影响力。需要明确的是，全球金融危机的爆发已经充分证明，现有的国际货币和金融体系存在很大问题，急需深刻变革。中国人民币和金融国际化发展，如果完全依附现有的国家货币和金融体系，是难以充分发挥作用，难以形成世界领先国际影响力的。

四、上海原油期货的推出意义重大

2018 年 2 月 9 日，中国证监会发布公告称：经过周密准备，原油期货上市的各项工作已经基本完成。综合考虑各方因素，原油期货将于 2018 年 3 月 26 日，在上海期货交易所子公司——上海国际能源交易中心挂牌交易。这不仅是中国期货界的一项重大举措，也是中国金融界乃至亚太地区石油相关领域的一件大事，是国际金融中心建设的重大举措，意义重大而深远！

（一）中国原油期货标准合约基本内容

交易品种	中质含硫原油
交易单位	1000 桶/手
报价单位	元（人民币）/桶（交易报价为不含税价格）
最小变动价位	0.1 元（人民币）/桶
每日价格波动限制	不超过上一交易日结算价±4%
合约交割月份	36 个月以内，其中最近 1—12 个月为连续月份合约，12 个月以后为季月合约

续表

交易时间	上午 9：00－11：30，下午 1：30－3：00 和上海国际能源交易中心规定的其他交易时间
最后交易日	交割月份前一月份的最后一个交易日；上海国际能源交易中心有权根据国家法定节假日调整最后交易日
交割日期	最后交易日后连续 5 个工作日
交割品级	中质含硫原油，基准品质为 API 度 32.0，含硫量 1.5％，具体可交割油种及升贴水由上海国际能源交易中心另行规定
交割地点	上海国际能源交易中心指定交割仓库
最低交易保证金	合约价值的 5％
交割方式	实物交割
交易代码	SC
上市交易所	上海国际能源交易中心

资料来源于上海国际能源交易中心

中国的原油期货合约的标的物是中质含硫原油，基准品质为 API 度 32.0，硫含量 1.5％，具体可交割油种及升贴水由上海国际能源交易中心另行规定，上海国际能源交易中心可根据市场发展情况对交割油种及升贴水进行调整。

合约中所称的原油，是指从地下天然油藏直接开采得到的液态碳氢化合物或其天然形式的混合物。

（二）上海原油期货的特点

上海原油期货，是我国第一个对外开放的期货品种，定位为"国际平台、净价交易、保税交割、人民币计价"。

国际平台：指上海原油期货从一开始就要面向国外开放，与国际规则衔接，与国际清算网络对接，实现交易参与者国际化、交割和清算规则国

际化，形成反映中国和亚太地区原油市场供求关系的基准价格，并对国际原油价格形成影响力，增强话语权。

净价交易：指原油期货的报价，是不含关税、增值税等在内的净价。这区别于目前国内大宗商品期货交易报价均为含税价格的现状，更多地与国际市场的做法接轨，便于跟国际市场价格直接对比，避免税收政策对交易报价的影响。

保税交割：指依托保税仓储油库进行实物交割。这主要是考虑保税现货交易的计价是不含税的净价，便于与净价交易衔接。同时，保税贸易对参与者的限制少，方便国际原油期货交易参与者的实物交割。

人民币计价：就是采用人民币报价、交易和交割。但接受以美元等国际主要货币资金作为交易保证金。

与目前国际上最重要的两大原油期货交易产品——纽约 WTI（West Texas Intermediate）轻质原油期货、伦敦布伦特原油（Brent Crude）期货相比，上海原油期货具备以下几方面特点：

1. 期货合约标的物选择了中质含硫原油，有别于纽约 WTI 原油（美国西德克萨斯中间基原油，是一种轻质低硫原油）和伦敦布伦特原油（是出产于北大西洋北海布伦特和尼尼安油田的轻质低硫原油）。不同油种之间的品质如比重、含硫量等指标差别比较大，一般轻质低硫的原油价格较高，重质高硫的原油价格较低。

原油期货合约标的确定为中质含硫原油主要是考虑：（1）中质含硫原油资源相对丰富，其产量份额约占全球原油产量的44％。（2）中质含硫原油的供需关系与轻质低硫原油并不完全相同，而目前国际市场还缺乏一个权威的中质含硫原油的价格基准。（3）中质含硫原油是我国及周边国家进口原油的主要品种。形成中质含硫原油的基准价格有利于促进国际原油贸易的发展。可交割油种包括阿联酋迪拜原油和上扎库姆原油、阿曼原油、卡塔尔海洋油、也门马西拉原油、伊拉克巴士拉轻油，以及中国胜利原油等。

2. 计价和清算货币为人民币，有别于 WTI 和布伦特原油交易以美元计价和清算。

3. 立足于亚太，面向全球。近年来，亚洲石油生产和消费的国际影响力不断增强，全球石油贸易的中心加速东移，2017 年中国更是超过美国成为世界最大原油进口国，但是，WTI 和布伦特原油期货交易更多的是反映美国和欧洲地区的石油供求情况，而不能充分体现亚太地区的供求情况，亚太地区急需建立一个成熟的原油期货交易市场。

目前，亚太地区已经有东京、迪拜、孟买、新加坡原油期货市场，但都没有形成足够的影响力，因为其自身都不具备打造有影响力的原油期货市场的基本条件，如本国石油贸易规模、重要的交通枢纽地位、配套的炼油和仓储能力、国际金融交易与清算能力等。在亚太地区，中国上海无疑是最具条件的。现在推出上海原油期货交易，可谓是天时、地利、人和，能够形成差别优势，形成与纽约和伦敦在时区分布上 24 小时不间断连续交易机制。

（三）上海原油期货交易推出的意义

首先，这有利于形成亚太地区原油基准价，增强亚太地区原油价格的国际影响力和话语权。这也将成为上海国际金融中心建设的重要内容，增强上海国际金融中心的影响力。

其次，以人民币计价和清算（"石油人民币"），有利于扩大人民币的国际化应用，化解与中国大量交易中的汇率风险，推动人民币国际化发展。

这具有非常重要的示范和推广价值，对中国国际金融中心建设和金融市场对外开放将产生重大推动力。

一旦以人民币计价和清算的原油期货上市成功运行，还可以将其模式复制推广到其他大宗商品上，如铁矿石、天然气、大豆等，进一步推动中国金融的改革开放，推动金融衍生品的创新繁荣，推动国际金融中心建设和人民币国际化加快发展，从而有力地推动中国金融综合实力和国际影响力的提升，满足到本世纪中叶我国综合实力和国际影响力世界领先的战略要求。

再次，上海原油期货的上市发展，周边地区配套产业，包括石油生产、运输、炼化、仓储及保税原油交易、市场分析、投资咨询等的发展，形成一个现货与期货互动的产业链和生态圈。

当然，原油期货的推出，涉及的内容很广，国际影响深刻，特别是首次完全对外开放，需要一系列的配套基础设施和协调管理规则，其推出非常不容易，所以，从提出到推出，经历了漫长的研究和准备时间。

2018年3月26日，上海原油期货已经如期正式推出，但要高效稳定运行，扩大和活跃交易，形成预期的国际影响力，还面临很多挑战和竞争，也可能需要更长时间，甚至还需要原油现货交易人民币计价的配合，不可能一蹴而就、一帆风顺。但是，"好的开始是成功的一半"。无论如何，上海原油期货的推出对国际金融中心建设和人民币国际化都具有重大而深远的意义，值得积极探索和大力扶持，不断完善规则和基础设施，推动其加快发展，发挥越来越大的国际影响力。在总结完善的基础上，积极将这种对外开放的模式拓展到其他大宗商品的期货交易上。

2018年4月13日，中国证监会新闻发布会宣布：经过周密准备，铁矿石期货引入境外交易者参与交易的各项准备工作已经完成。综合考虑各方因素，铁矿石期货于 2018 年 5 月 4 日正式引入境外交易者业务。这成为中国大宗商品期货交易市场对外开放的又一重要举措，也是中国打造国际金融中心的重要举措。中国建设对外开放的、以人民币计价清算的大宗商品和金融交易市场，加快了国际金融中心建设的进程。

五、深化金融改革、扩大金融开放

增强中国金融的综合实力和国际影响力，打造国际金融中心和推进人民币国际化，有效控制和防范化解重大金融风险，都必须切实深化金融改革、扩大金融开放。

党的十九大提出："深化金融体制改革，增强金融服务实体经济能力，提高直接融资比重，促进多层次资本市场健康发展。健全货币政策和宏观审慎政策双支柱调控框架，深化利率和汇率市场化改革。健全金融监管体系，守住不发生系统性金融风险的底线。"这充分体现了中央"稳中求进"关注总基调的要求。金融工作要围绕"到本世纪中叶，综合实力和国际影响力世界领先"的战略目标，坚持服务实体经济的宗旨，在有效控制风险、保持基本稳定的基础上，转变发展方式、推动结构优化，提高效率、降低成本，实现高质量创新发展。所以，要把握好、坚持好"稳中求进"的工作总基调："稳"是基础，"进"（创新和发展）是追求，改革开放是保障。要积极推进金融机构公司治理的改进和对大股东关联行为的约束，积极推进现代化经济金融体系建设，既要借鉴发达国家有益做法，积极与国际金融体系接轨，更要符合中国国情，具有中国特色，突出时代特征。

（一）金融改革开放，当前最重要的是加快推进监管体系改革

1. 要推动金融机构由"以牌照审批和机构监管为主"，转向"以业务和行为监管为主"。按照同类业务归口管理、全程打通、穿透式监管的要求，强化"分业监管、专业监管"，切实统一业务规则和监管标准，最大程度堵塞监管套利空间和漏洞，在顺应金融机构混业经营、互联网跨界融合发展潮流的同时，强化各类业务的专业监管，明确和严守风险底线，推进金融交易市场的专业化、统一化、开放化。

2017年底有权威人士提出：近年来中国日益发展的金融混业经营、跨界发展，扰乱了"分业经营、分业监管"的管理体系，成为诸多金融乱象的重要根源，应该尽快避乱反正，回归"分业经营、分业监管"模式。这引起很大社会反响，但这种看法和建议是不切实际的。

金融机构的发展同样要不断强化资源整合与共享，提高效率、降低成本，而围绕客户需求，运用互联网等信息科技手段，发展金融混业经营、跨界融合发展，正是金融业发展的必然方向。国际上，发达经济金融体国家，基本上都是混业经营的，不代表混业经营就一定会产生金融乱象。实际上，我们的问题不是金融机构的混业经营，而是金融监管没有跟上金融发展，特别是将"分业监管"发展成为"分机构监管"，实行的是谁批准成立的机构由谁监管，即所谓的"谁家孩子谁监护"，而不是真正的"分业务监管"，没有对所有金融业务进行全面统筹基础上的专业分类，在科学分类基础上明确金融监管部门的业务分工，强化各类业务金融监管的专业性、系统性、完整性、严肃性，即"分业监管、专业监管"。因此，现在急需切实加快金融监管体系的改革，回归"分业监管"本源，而不是倒退回去，继续推行严格按金融机构划分的"分业经营"。

2. 要明确金融监管机构本身的职责定位，优化金融监管组织架构。金融监管最重要的职责是识别、度量和严格控制金融风险，坚决守住不发生系统性金融风险的底线，同时坚持原则、公平监管，营造公平竞争的营商环境，而不是致力于促进所监管领域的发展和争夺监管地盘。这就需要对各类金融业务的性质、特点和风险影响程度等有准确的认知和把握，特别是要严格区分存款性业务和非存款性业务、公开募集资金（公募）与私下募集资金（私募）等，对面向社会大众吸收存款的业务和机构，一般需要承诺兑付本金和约定的利息，因此，对其资金运用和风险管理等应有严格约束，特别是对其股权投资、高风险运用等需要严格控制。对非存款性业务，则严禁承诺保本保收益，严格控制刚性兑付。否则，非存款性业务就会演变成变相吸收存款或非法集资，并对存款性机构构成冲击和威胁，甚至推动存款性机构突破约束从事非存款性业务。我国近年来急速发展，突破百万亿元规模，所有金融机构都在开展，造成监管套利和监管虚置，形成突出金融系统性风险的"资管"业务就是这种状况的真实写照，必须尽快扭转这种局面。

在此基础上，要合理设置监管机构，划分监管范围、明确职责、理顺关系，强化违规处罚，增强金融监管的完整性、科学性、严密性、严肃性。同时，要打破国家支持的金融机构刚性兑付，允许金融机构破产倒闭，形成合理的退出机制。

3. 要理清央行的职责范围、优化央行资产负债结构，强化国家金融稳定发展委员会的功能。目前我国中央银行不仅负责货币政策目标的确定和实施，而且负责巨额国家外汇储备的管理和经营（外汇管理局），同时还是银行间市场最主要的做市商和管理者；在冻结存款性机构大规模的法定存款准备金的同时，又向金融机构提供 10 万亿元左右的资金拆出，维持 35

万亿元以上庞大的资产负债规模；承担国库管理职责，还担负着宏观审慎监管的职责，作为国家金融稳定发展委员会办公室等，任务非常繁重，很多货币政策工具的应用，过多强调定向调节，很大程度上承担了财政政策的功能，与财政部的职责存在很多交叉。因此，其职责急需尽快理清和明确。其资产负债结构以及外汇储备核算与反映等方面存在很大优化调整空间，急需推进社会资金供应从货币投放源头上的供给侧结构性改革。

现在，国家已明确要成立国家金融稳定发展委员会，需要明确职责，充实力量，发挥作用。其中尤其是需要超脱于具体部门的利益之上，聚焦于国家金融战略的制定和实施，重大金融政策的把关，重大问题的发现和应急处理，中央银行、金融监管部门和财政部等相关部门的统筹协调等。

没有科学规范、高效严密的金融监管，中国金融的创新与开放必然受到严重束缚，很难避免"一放就乱、一收就死"的尴尬局面。

（二）放宽金融机构外资股权控制已是水到渠成

2017 年 11 月 10 日，财政部副部长朱光耀在国新办吹风会上表示，中方决定将单个或多个外国投资者直接或间接投资证券、基金管理、期货公司的投资比例限制放宽至 51％，上述措施实施三年后，投资比例不受限制；将取消对中资银行和金融资产管理公司的外资单一持股不超过 20％、合计持股不超过 25％的持股比例限制，实施内外一致的银行业股权投资比例规则；三年后将单个或多个外国投资者投资设立经营人身保险业务的保险公司的投资比例放宽至 51％，五年后投资比例不受限制。

这一消息一经发出，在社会上引起较大反响，也有人对此提出严重质疑。

2018 年 3 月召开的全国两会的政府工作报告再次提出上述建议，很快传出有代表批评这一说法，认为"这实属出卖国家金融主权的行为，是要让外资全面控制我国的金融命脉，国家危亡在即！"

网上也有人发出博文："请问周小川同志：倘若华为控股花旗银行，美国会批准吗？"文中写道："银行、证券、基金管理、期货、金融资产管理公司相对于一个国家，犹如一个家庭的钱袋子，其重要性毋庸多言，钱袋子掌握在自己手里是起码的常识，地球人都明白，是什么原因让有些部门丧失常识，向全国人大提出放开其股权控制的方案，开门揖盗，堂而皇之？"

这些说法实在是危言耸听，其广泛传播，容易造成认识混乱，误导决策和行动，必须加以澄清。①

首先，政府放宽甚至取消金融机构的外资股比限制，不代表外资就真能完全控制中国的金融机构和金融命脉！

必须清楚，政府监管确定的是控制底线或高限，政府不放开，金融机构要突破限制是不可能的。但政府放宽甚至取消限制，并不代表就一定会出现外资纷纷控股中国金融机构的情况，因为股权投资是一种严肃的商业行为，还需要投融资各方达成共识。一方面取决于融资方的需求，包括释放股权的金融机构的资本需求、老股东是否愿意放弃控股地位、新入资的条件和价格等。另一方面还取决于投资人的判断和意愿。如果现有金融机构不需要增加资本金，或者其老股东不愿意引入新的股东或放弃控股权，或者想引进新股东，但条件达不到投资人的要求，没有人愿意进入，从而让外资进入或控股的想法都实现不了。

---

① 改革开放初期，对是否需要面向境外招商引资就充满争议，但实际上没有开放，改革发展必然受到极大束缚。在是否应该加入 WTO 问题上，同样充满争议，但事实证明，不加入 WTO，中国就会失去极其难得的全球化大机遇。

所以，大可不必一说放宽或取消外资在金融机构中的股比，就吓得不行。实际上，政府规则调整、放宽限制，只是政府管制的放松，是政府的一种姿态，也有利于中国金融机构走出去，实现对等开放，并不代表就是政府要求金融机构必须达到规定的标准。

从国际上看，那些完全放开金融机构外资股比控制的国家，不代表就不需要对外资股东的资质进行审查和控制，中国在美国设置金融机构，或者投资乃至控股现有金融机构，都要接受美国金融监管乃至国家安全部门的严格审查。所以，让华为控股花旗银行，还真可能得不到美国的批准！

其次，我国改革开放40年，金融实力以及金融监管、国家综合实力和法制建设等已经有了巨大进步，具备扩大开放的基本条件，而且非常明确的是，中国特色社会主义仍要坚持公有制为主体，金融作为国家重要的核心竞争力，以及国家安全的重要组成部分，国家不可能轻易放弃对金融命脉的控制，在各个金融领域中，重要的金融机构也必然会继续坚持国家绝对控股，不可能盲目地全部放开。即使放宽外资股比限制，也会保持严格的股东资质审查。

同时，中国特色社会主义新时代的发展，必然要求实现更高层次的对外开放，包括金融机构走出去、引进来的双向开放，而且不仅是金融机构的股权开放，更重要的是，要加快国际金融中心建设和人民币国际化进程，扩大多层次金融市场的对外开放，通过扩大开放，积极参与国际金融资源的整合与配置，参与国际金融规则制定和体制改革，增强中国金融的综合实力和国际影响力，我们也有条件、有自信在进一步扩大对外开放的过程中，保持金融和经济社会的稳定。

可以说，在政策层面放宽金融机构外资股比控制已经水到渠成，丝毫不用怀疑和犹豫！

（三）高度重视防范金融风险与金融危机

改革开放以来，特别是全球金融危机爆发以来，中国金融逆势迅猛增长，与改革开放之前相比，发生了翻天覆地的变化，主要金融机构的国际排名大大提升，四大国有银行均进入世界前十行列，成为全球系统重要性银行，金融资产规模，包括央行资产规模，以及金融附加值占 GDP 的比重，位列世界第一。但与此同时，金融领域积累的矛盾与风险也十分惊人，特别是随着国际国内形势剧烈而复杂的变化，当前防范化解重大金融风险已经成为国家三大攻坚战之首，形势相当严峻。

但是，改革开放以来，甚至是新中国成立以来，中国本土没有经历过严重的金融危机的冲击和洗礼，1997 年东南亚金融危机、2008 年全球金融危机，都属于外部危机，绝大部分中国金融机构并没有切身感受，近 30 年时间内，中国几乎没有一家银行破产倒闭并产生连锁反应，中国的金融机构、金融监管乃至各级政府，严重缺乏金融危机的意识和应对经验与能力，2013 年爆发的"钱荒"、2015 年爆发的"股债"，以及中国房地产价格持续大幅度上涨、所有金融机构参与推动快速发展规模超过百万亿元的资管业务等所暴露出来的问题，都说明我们并没有真正吸取美国次贷危机、全球金融危机的教训，没有形成完善的危机应对机制和储备足够的应对实力（主要是人才），这是值得高度警惕的。

推动去杠杆、调结构，推动经济发展从高增长转向高质量，势必将有一批高负债、高杠杆、没有实体经济基础的企业被淘汰，也将有一些金融机构遭遇困难甚至退出，这将对金融稳定带来深刻影响和巨大挑战。

2018 年恰好是中国改革开放 40 周年、全球金融危机 10 周年交会的特殊时点，非常值得认真反思和深刻总结中国货币金融发展以及全球金融危

机的经验教训，切实增强金融风险和危机意识，增强防范化解金融风险和应对金融危机的能力。

六、重视金融重要指标的变化及其核算与统计

中国人民银行披露的 2017 年金融数据显示出很多打破惯例、非常特殊的变化，特别值得关注和仔细探析。这主要包括：

（一）货币总量指标的变动打破惯例

2017 年货币总量 M2 仅增长 8.2%，不仅创下中国人民银行有统计以来的历史最低增速，而且也罕见地出现其增速低于 GDP 实际增速（6.9%）及 CPI 实际增速（1.6%）之和（8.5%）的结果。进入 2018 年，这种格局基本上保持着。

历史上，我国 M2 的预期增长目标，一般都是按照"GDP 增长预期目标＋CPI 预期增长目标＋调整系数"确定的，而调整系数一般保持在 3% 左右（大部分时间都在 3% 之上）。2017 年 M2 增速不仅低于年初 12% 左右的安排，而且低于 GDP 和 CPI 增速之和。有关方面解释，这主要是金融去杠杆取得了重大成果，但这种说法恐怕还难以说明 M2 增速低于 GDP 与 CPI 增速之和的全部原因。

（二）2017 年人民币贷款新增额与人民币存款新增额发生很大偏离

2017 年，人民币贷款新增 13.53 万亿元，同比多增 8782 亿元；人民币存款新增 13.51 万亿元，同比少增 1.36 万亿元。这就出现了少有的存款新

增规模小于贷款新增规模，贷款同比增加，但存款同比大规模收缩的现象。

一般情况下，银行贷款会全部转化为存款，而且除贷款之外，还会有其他一些因素，如银行办理结售汇过程中净投放人民币，增加存款等，因此，一般都是当年新增存款规模大于贷款新增规模。当然，如果当年银行结售汇出现净回笼人民币的情况，包括企业单位用人民币购买外汇归还到期外汇贷款或债券等，也会使人民币存款减少。从2017年央行外汇占款的变化看，确实比上年末减少了4637亿元，这可能是当年存款新增规模小于贷款新增规模的一个重要原因。

（三）社会融资规模增速与货币总量增速发生很大偏离

2017年社会融资存量达到174.64万亿元，同比增长12%。人民币货币总量余额167.68万亿元，同比增长8.2%。二者出现很大偏离，说明二者并不是原来所解释的：一个注重从资金来源结构和规模进行反映，另一个从货币存放或表现形态角度进行反映，"二者是一个硬币的两个面，总规模是基本对应的"，而是存在很大差别的。最重要的差别就是：货币总量的统计，只是人民币的货币总量，其中不含外汇存款部分。但社会融资总量中却包含了"对实体经济发放的外币贷款折合人民币"的部分。

另外，社会融资规模指标一方面包含了并未实际引起资金转移的"未贴现承兑汇票"部分，另一方面却又未将政府债券、私募基金等实实在在的融资部分包含在内。因此，社会融资规模指标的统计口径亟待优化改进。

上述情况显示，一些重要指标发生了不同于历史一般规律的重大变化，但尚未得到充分的解释说明，也容易引发误解和认知上的混乱，以及对货币政策运用的准确把握。随着金融产品的创新、金融市场的发展，很多新事物新情况的出现，特别是各种理财或资管产品的发展，人民币国际化的

发展等，也会影响金融指标设置和统计的准确性、科学性，因此需要不断改进和完善。

比如，2018 年 1 月的金融数据统计中，央行对存款指标口径做了一定的调整：用非存款机构部门持有的货币市场基金取代货币市场基金存款（含存单）。完善后，1 月末 M2 余额扩大 1.15 万亿元，比去年同期 M2 余额扩大 8249 亿元；1 月末 M2 余额同比增长 8.6%，2017 年末 M2 余额同比增长 8.1%。按完善前方法统计，2018 年 1 月末 M2 增速为 8.5%。这就是完善金融指标统计口径的一个具体表现。

为便于理解和分析央行所披露的主要金融指标的含义与变化原因，建议央行应该在其官方网站上公开发布"主要金融指标统计口径说明"，以便于读者随时查阅。

小结　中国货币金融之谜

改革开放以来，随着计划经济向市场经济转化，资源的货币化、经济的金融化快速发展，中国的货币总量迅猛攀升；对外开放、经济发展，吸引大量国际资本流入，贸易顺差持续扩大，外汇储备世界第一，金融规模、金融实力和国际影响力发生巨大变化。在这一过程中，成功穿越了每十年一次的三轮重大冲击，保持了货币金融的基本稳定，可以说是超出人们想象的成果。中国奇迹具有深刻的奥秘，值得深入探索和认真总结。

货币金融的发展离不开经济社会的发展，改革开放以来中国货币金融的巨大发展，也同样离不开国家改革开放总体发展稳定的支持，而货币金融的发展又在推动经济社会发展稳定中发挥了重要作用。

改革开放 40 年之后，中国不仅稳居世界第二大经济体，即将取得全面建成小康社会伟大胜利，而且开启了全面建设社会主义现代化强国的新征程，中国特色社会主义道路或模式已经成为有别于"苏联模式"和"美国模式"之外的新的模式或道路，可以说是 21 世纪人类社会发展的"第三条路"，具有重要的社会价值和国际意义。

从新中国成立以来每 30 年一个阶段的发展历程以及改革开放以来不断向好的发展态势，党的十九大确定的"新时代、新思想、新方略"和世界格局的深刻变化态势看，中国特色社会主义正在推动中国综合实力和国际影响力不断增强，完全可能在 2039 年之前成为世界第一大经济体，在 2069 年之前成为综合实力和国际影响力世界领先的现代化强国。

当然，越是在中国崛起、国内经济换档转型、世界格局深刻变化的时期，国际国内矛盾也会更加突出、更加尖锐、更加复杂，甚至有可能引发激烈的社会冲突与国际战争（20世纪上半叶两次世界大战、中间一次世界性经济金融大危机，都与美国的快速崛起，造成世界格局剧烈变化有关），对此必须高度警惕、有效应对、趋利避害、稳中求进，既要顺应潮流、抓住机遇、加快发展，勇于承担国际责任，又要防止狂妄自大、自私自利，要致力于形成新的"平等互利、开放包容、共商共建共享"的全球化发展和全球治理新理念、新模式，积极推动世界和平发展，推动人类命运共同体建设，为全世界的和平发展做出贡献。

围绕国家到21世纪中叶综合实力和国际影响力世界领先的战略目标和战略部署，必须加快形成与之相适应的国家金融战略，聚焦到21世纪中叶，中国金融的综合实力和国际影响力世界领先，切实推进金融改革开放，既要积极促进创新发展，推动中国金融从货币金融、资本金融阶段加快向交易金融推进，加快国际金融中心建设和人民币国际化发展，又要增强金融风险识别和控制的能力，完善金融机构公司治理体系，切实加快金融监管体制改革，增强金融监管的专业性、科学性、完整性、严密性、严肃性，坚决把住不发生系统性金融风险的底线。

中国积累了应对外汇大量流入、国家外汇储备大规模扩张，以及外汇大规模流出、国家外汇储备快速收缩的宝贵经验，突破了传统金融经典理论，形成了全新的成功实践，非常值得认真研究和准确把握。其中包括对国家外汇储备合理规模的把握；"一篮子"（而非只盯住美元这一单一货币）有管理（而非完全放任不管）的浮动汇率制度运行；央行外汇储备和基础货币大幅扩张和收缩情况下货币总量的有效控制；法定存款准备金制度、央行资金拆借（公开市场操作）、存款保险制度等货币政策工具的相互配合和有效运用；围绕"一带一路"新型全球化发展模式推动配套的金融体系建设等多方面重要内容。

当然，中国货币金融的发展也还存在不少问题，特别是在经济金融高速发展十多年之后进入重大转型调整时期，在世界格局深刻而剧烈调整时期，面临很多新情况新问题新挑战，还必须进一步深化改革、扩大开放，不断优化金融的战略规划、组织体系、市场体系、监管体系等，切实增强金融风险识别和防控能力，加快中国特色社会主义现代化金融体系建设，不断增强中国金融的综合实力和国际影响力。

第四部分
货币金融未来发展探析

未来已来，思忖货币金融未来之路首先需着眼互联网发展之深刻影响。但前提是既要积极探索，又要保持理性，规避错误，准确把握互联网以及互联网金融的发展方向和基本逻辑。

　　基于对比特币及其区块链的剖析，区块链"去中心、高效率、安全性"不可能三角的提出，可以明确：区块链的发展应跳出比特币既定"范式"；像比特币这类模仿黄金，总量和阶段性产量提前设定、不可调节的网络"加密货币"，违反了货币发展的逻辑与规律，不可能成为真正的货币。

　　更需要看到的是，当今世界正进入深刻变革关键时期，世界中心或生变，深层次矛盾加快暴露；此过程中，中国已成为世界变革中的关键角色，挑战与机遇并存，这要求中国以全球视野，准确把握发展方向和时代变迁脉搏，抓住难得的历史机遇，坚定推进改革开放，包括深化金融改革开放，推进国际货币金融体系变革。

第一章　互联网发展与社会巨变

::: 想 一 想

> 　　互联网的发展会对人类社会产生什么样的影响？如何看待和实现计算机联网，以及信息互联网、计算机联网、实物互联网的相互融合？如何准确把握和有效利用互联网？

一、互联网发展产生的影响

　　互联网技术从 20 世纪 60 年代开始起步，不断发展改进，特别是进入 21 世纪之后，随着宽带传输即将迎来 5G 时代、量子通信、可见光通信、移动互联、云计算、大数据等技术的不断突破和广泛应用，随着二维码、感应器、影像识别、生物识别、全球定位等信息采集和印证技术不断进步，人工智能、智能合约、分布式处理、区块链、网络加密代币等技术的出现和应用，互联网已经从信息互联网，发展成为包括信息互联网、计算机联网、物联网等在内的，万事万物互联、随时随地互联的新时代，其覆盖面越来越广、渗透率不断提高，对人类社会的组合模式、行为方式，以及经济活动的组织模式和运行方式等，正在产生极其深刻的影响。

（一）互联网的发展大大促进经济社会信息化的发展

随着互联网的不断发展，供需双方信息交互越来越便捷畅通，信息采集、传输、汇集、大数据分析的效率不断提高、成本不断降低，原来因信息不对称、不充分而产生的社会分工，包括产业上下游各相关环节和中介组织的存在与运行、相关制度或规则的制定和监管，以及相应的组织方式、运行流程等，正在发生深刻变化，将大大拉近供需双方信息交互的距离，更大程度地实现按需生产、定向配送，减少不必要的中间环节，减少物资仓储沉淀和多环节装卸转运，降低仓储物流成本，减少物资损耗或损失。

（二）信息化发展推动经济组织和社会资源更加开放，形成更大范围、更高层次的社会分工与合作模式

随着信息化的发展，企业等经济组织，可以不再是一个个从产品设计到原材料采购和仓储、产品加工生产、产品销售和收款、财务核算和经营管理等完全自主独立运行的单元，而转化为产品购销信息交互和网络运行平台、产品设计、产品生产、物流配送、结算清算、远程数据处理（云计算、大数据应用）等相互独立、专业化发展又紧密结合、相互配合的，产业链垂直整合、横向开放、生态化、系统化发展的新的生态型经济运行模式，推动共享经济加快发展；社会资源的使用由原来以所有权为主导（需要获得所有权才能自由使用），转变为以使用权为主导，可以根据需要随时租赁使用。这样可以大大降低社会资源的获取成本，提高其利用效率，减少资源的闲置浪费。

（三）信息社会的发展，对信息采集、传输、加工的准确性、完整性、便捷性、安全性等要求越来越高，信息资源价值越来越重要

要增强信息的有用性，仅仅归集和加工本单位所产生的信息是远远不够的，必须与外部连接和共享，更多、更完整地获取用户和市场的信息，形成更为集中的大数据存储和处理中心，更加充分地反映全社会及其细分领域的完整信息，并能够据以分析和把握其发展规律，进而指导经济社会活动才行。这样，信息采集、传输、存储、加工就成为重要的基础环节，需要不断改进技术、普及信息采集点，并保证所采集信息的真实性、准确性、及时性等。大量的生产工具、日用设备，如手机、电视机、电冰箱、机动车等都将成为互联网的终端和入口，甚至各种人体穿戴式乃至植入式感应设备可以 24 小时不间断地对人体进行监控和进行信息采集与传递，从而实现从人到家居、到交通、到社会方方面面的信息化和互联网。信息的传输和存储，还必须保证高效、安全、便捷，不能丢失、被盗、被篡改等。

在这种情况下，打造具备规模效应的信息平台，其系统开发、平台运行的投入和维护成本是一般的企业、单位难以承受的，而且，每个单位都要投入和运行信息平台并做数据归集和分析，也是违反互联网互联互通、跨界融合、合作共享的发展方向的，因此，互联网信息运行平台和大数据处理与分析等，只能是少数资金和技术实力雄厚的大型企业单位或国家直接投资才能从事，并要向全社会开放，实现全社会更高层次的专业分工、合作共享。从事互联网信息平台运行和大数据处理与分析的电信公司，也不应该形成大而全，包揽所有相关业务的经济垄断帝国，必须坚持开放融合、合作共享，遵循公平竞争、充分保护消费者利益的现代市场原则。

由此，互联网将通过有线和无线通信网络将社会重新连接起来，形成

不同于工业社会的组织形态和运行模式，其互联互通、跨界融合、跨境发展的特性日益显现，形成不同于现实世界的新的网络世界，不同的网络平台组织就成为网络世界的组成部分，网络协议成为网络平台乃至网络世界的规则或法律。

随着互联网的发展，各种经济活动的信息，以及活动主体的身份信息、行为信息、履约（信用）信息、生物（生命）信息等，就成为网络世界运行的主要内容，信息采集、传输、加工的准确性、完整性、便捷性、安全性等要求越来越高，信息对经济活动主体和整个世界越来越重要，人类社会在物质和文化财富之外，信息资产或数字资产就成为越来越重要的财富或资源。

现在，社会信息主要是由各种业务或事务的处理主体采集、归集、加工和拥有的，而不是以社会最基本的组成部分或行为主体——法人或个人为单位。法人或个人的信息是非常分散的、碎片化的，是被业务或事务处理单位所拥有的，很难得到全面归集和整合，因此，也就很难对其行为偏好、信用程度等进行全面有效的分析，很难作为重要的资产或财富加以有效保护。因此，未来社会信息的归集也必然转向以法人和个人为主体，利用云计算等远程服务技术，形成法人的外包财务（"财务大管家"）和个人的"空中钱包"，并从法律上明确和保护法人和个人对其信息（数据）库的所有权，未经其许可，提供信息库服务的机构无权私自使用这些信息。在此基础上，提供信息库服务的机构可以为信息所有者提供增值服务，如开展财务分析、提供征信评级和信用担保、开展资产管理和融资服务等，从而吸引信息所有者对其开放信息库，提高信息的利用率，充分挖掘信息的社会经济价值，促进智慧城市、智慧国家、诚信社会的发展。

二、互联网发展的方向

互联网及相关技术仍在不断发展和相互融合，区块链等新技术的广泛应用，有可能推动人类社会进入信息社会新时代。

20世纪末期，越来越多的人认识到，随着信息社会的发展，为满足海量信息的采集、存储、运算、利用等，全社会需要配备的电脑主机越来越多，其运算和存储能力要求越来越高，单单某个单位、机构甚至一个国家的力量都将难以胜任，而且每个单位的电脑主机都需要保留足够大的冗余与备份，考虑到每个单位白天与晚上对计算机运算和存储的要求差距很大，一年中高峰与低谷的差距更大，实际上就存在很大的计算及存储能力的浪费。放到全世界范围去看，这一问题就更加突出。于是科学家们开始探索将全球的计算机进行联网运行，从而推动在全球范围内实现计算机资源的共享，提高利用效率，更好地满足信息化发展的需要，并减少不必要的相关投入和资源浪费。

在这一过程中，人们进一步发现，如果能实现计算机联网，能否进一步实现物联网，并将二者融合，形成全球化、一体化信息与价值的互联网，使价值的转移就像信息互联网那样轻松自如，实现资产或价值网上点对点（Peer to Peer）的直接转移或交换，消除传统上价值的转移需要通过中介，需要支付很高的费用，且往往有很长的处理过程（在途时间）和相应的风险等。如果这种宏伟设想能够实现，必将促进商业和金融运行模式，乃至社会信任体系和运行秩序，社会生产关系与上层建筑等，发生划时代的变化，无疑更加令人激动和期待，是非常有意义和有吸引力的！

毫无疑问，这种宏伟设想的实现是极具挑战、极其艰难的。

要实现这种宏伟设想，至少需要解决以下问题：

首先，需要计算机运行系统的开放和统一，实现计算机运行系统从封闭到开放，使全球范围内的计算机可以通过互联网轻松而自由地免费下载和运行系统（这成为计算机联网能够快速扩展的重要基础条件）。

其次，需要预先明确（公开发布）运行规则（网络协议），并将规则内置于网络系统之中（编码即规则），由加盟运行的计算机共同运行和维护网络规则，确保未经大多数计算机节点同意，系统规则不能改变，从而实现系统规则和网络运行的去中心化，避免中心（主体）随意更改规则而损害加盟者的利益，进而实现所有加盟者的平等互利，网络平台的民主自治，外界，甚至是政府也不能强制网络平台更改规则。整个计算机联网或联盟体系非中心化运行，还需要有共识规则，形成网上交易公开、信息透明、便于核查，需要多重验证和存储，防止篡改造假，维护信息和系统安全的机制。不同所有者的计算机参与并共同运行和维护系统规则，成为区块链"去中心"最重要的基础条件。而"去中心"，保证计算机所有者的平等互利，则是实现计算机联网或加盟运行的重要基础条件。

再次，大量计算机利用公共互联网共同运行海量信息，就存在信息和网络的安全防范问题，如防范虚假信息，防范信息被篡改、系统被攻击、运行出事故、信息被盗取或毁坏等。为此，人们设想出为每个用户配置私钥和公钥，运用非对称加密方法防止信息篡改，按时间或信息量划分区间或区块（Block），每个区块相对独立并进行加密（包括区块标记和时间标记，以及上个区块的信息等）保护，多重或全网备份（互为备份），进行分布式验证、处理和存储，形成分布式账本，并将前后区块通过区块加密信息（区块代码及时间戳记等）相互链接，形成耦合式的区块链（Block-chain）或分布式账本体系。这样，加盟的计算机越多，积累的区块链越长，规则和信息的安全就越有保障。当然，这种模式在使安全问题得到保证的同时，也会使信息处理和存储的效率降低、成本加大，实际效果和效益面临很大挑战。

按照上述设想，就逐步演化出"区块链"基本的技术架构和运行模式。由此也可以看出，"区块链"并不是一种单一的、全新的技术，而更多的是一种在互联网基础上多重技术集成后再创新的技术（有人说："区块链的每一块'砖'都不是新的，但其搭建的建筑却是全新的"），其中涉及分布式架构、块链式数据验证和存储、点对点信息传递和网络协议、加密共识机制、智能合约、云计算等多种技术。

2016 年由工信部指导，"中国区块链技术和应用发展论坛"组织编写，本人的团队也参与其中的《中国区块链技术和应用发展白皮书 2016》指出："区块链是分布式数据存储、点对点传输、共识机制、加密算法等计算机技术在互联网时代的创新应用模式。""广义来讲，区块链技术是利用块链式数据结构来验证和存储数据、利用分布式节点共识算法来生成和更新数据、利用密码学的方式保证数据传输和访问的安全、利用由自动化脚本代码组成的智能合约来编程和操作数据的一种全新的分布式基础架构与计算范式。"

所以，不宜把区块链简单化、抽象化，不能简单地说"区块链就是一种去中心化的分布式账本数据库"，区块链不只是一种数据库技术或账本技术，"区块链"并不是已成定式、一成不变的技术，而是可以根据实际需要和实际条件，对不同技术进行灵活的组合与集成创新的技术，具有很大的创新和想象空间。

从理想的角度看，区块链的发展有可能带来人类社会极其深刻的变化：如果全球的计算机都加盟到统一的区块链网络平台共同运行，所有的人都

在同一个网络平台上注册，形成一个全球统一的网络世界，就会打破现有的国家或地区的行政管辖所带来的现实世界的管辖边界和行政分割，只要能从源头上确保资源（价值）的合法性以及其信息的真实性、准确性、完整性，就可以实现资源转移相关信息的点对点直接交互，而不再需要各种中介组织和相关的信息转换，从而极大地提高信息处理的效率，降低运行的成本，保护商业秘密和个人隐私。这让很多人充满期待和想象。

有人由此设想，这将完全可能形成一个网络上的"大一统的民主、平等的世界"，形成网络世界没有国度的"地球村"，实现"按需生产、直接配送，没有浪费的社会主义和计划经济"。有人提出，"区块链将成为引发第四次工业革命的关键性技术"；"将推动互联网从信息互联网上升到价值互联网，成为一种信任创造体系、秩序创造体系、民主创造体系，将深刻改造人类社会"；"区块链将重新定义互联网，成为信任的互联网、价值的互联网"；"区块链已超越宗教和社会契约，成为人类文明新的信任机制、新的生产信贷模式、新经济的供给侧结构性改革"，"区块链是当今时代最伟大的发明，将推动人类社会发生深刻变革。历史上每一次社会变革，都给抓住机遇的人带来巨大财富，现在不参与，你就会被变革所淘汰"，等等，让越来越多的人深受震撼，也使很多人深感焦虑。这也为其后"比特币"的产生和受到热烈推崇创造了重要条件，但这些说法却过于理想化，甚至是夸大其词，虚假宣传。

还有，也是非常重要的是，吸引不同所有者的计算机加盟运行需要有很好的激励机制。

实现计算机联网，共同运行、共享资源，并与信息互联网、实物互联网相互融合，这种设想是非常美好的，非常令人向往，但要落实却是非常困难的。它不仅需要网络规则的科学合理，网络系统的严密和安全高效

（需要整合多种技术），而且需要先进的信息传输技术，包括云计算、大数据等方面技术的提升和支持，更特别需要对不同的计算机拥有者有足够的吸引力，就是说要有吸引人的激励机制，推动其积极参与网络平台，共同运行、共享资源、共担风险，形成"计算机命运共同体"。这其实是极具挑战性的。因此，尽管相关设想从20世纪末期就已经开始，设计理念也不断成形，但由于技术条件的限制，特别是缺乏足够好的激励机制，这种设想一直难以落地。

直到2008年底，一个自称为"中本聪"的人和团队，利用美国2007年次贷危机和2008年全面金融危机，造成人们对现有法定货币体系严重不信任的机会，推出了网络内生加密"数字货币"——比特币，形成了极具诱惑力的激励机制之后，这种"数字货币"及其依托的"区块链"才受到越来越多的人的关注。特别是当大量资本炒作者涌入，甚至在2015年推出以"发新币募集主流币"为主要特征的"首次发币募资"（ICO，Initial Coin Offering），更多地进行"数字货币"特别是热点的比特币、以太币等的相互炒作之后，更是推动比特币等主要的"数字货币"在2017年急剧升值（对美元等法定货币），很多参与者创造了一夜暴富的奇迹和神话，推动区块链研究更多地聚焦于"数字货币"的开发和资本运作，很多人对区块链技术并不感兴趣，只是热衷于炒作概念、编造故事和内幕交易、投机倒把，以求快速变现和迅速暴富，而不是致力于真正解决现实世界的现实问题，形成区块链领域中火热的"币圈"（主要为发币而研究区块链）和冷清的"链圈"（推动区块链解决现实问题）的强烈反差，推动"数字货币"与"区块链"进入急剧膨胀的"非理性繁荣"状态。

三、对互联网要积极而理性

如前所述，随着相关技术的不断进步，互联网不断发展，真正对人类社会产生极其深刻的影响（目前才刚刚开始），我们必须积极拥抱互联网，不能视而不见、置之不理。但也必须保持理性，特别是理论研究和国家规划与监管部门，更是要深入研究、把握本质和发展方向，避免盲目跟风，犯严重错误。

其中，最重要的就是必须处理好网络世界与现实世界的相互关系。

必须承认，网络世界的出现和发展是不可阻挡的，其跨界融合、跨境发展的结果，必然突破很多国家主权或行政司法管辖的边界，形成组织模式和运行方式与现实世界存在诸多不同的新的网络世界。这样，完全按照现实世界的制度规则去管理网络世界显然并不合适，需要适应网络世界的要求，建立健全和不断完善相应的规则和制度。

比如，在现实世界中，不同国家存在不同的公民身份证件和相关信息（中国有中国的身份证、美国有美国的 ID 等），不同国家和地区有不同的法定货币和监管规则等，如果在网络平台上，每一笔交易都需要核对当事人不同规则下的身份信息，都要运行其本国法定货币，则多种身份信息和货币共同运行，将大大扩大其运行成本和相关风险。实际上，在网络平台上，完全可以在存储用户合法身份信息的基础上，重新按照网络平台统一的规则赋予其全新的网络身份（建立与法定身份信息一一对应的关系），并运行统一的网络"数字代币"，将用户的法定货币兑换成网络数字代币，可以由网络平台作为货币兑换的做市商，也可以连接外部独立的货币兑换交易平台，通过外部市场化运作保证兑换的公正性，并使网络平台规避汇率风险，从而在网络平台上只运行统一的网络身份和网络代币，其运行效率可以大大提高，成本和风险可以大大降低。

同时，也必须看到，网络世界是在现实世界的基础上发展出来的，不可能完全脱离现实世界而独立运行，而必须更好地解决现实世界的问题，满足世界各国法律和监管的需要，推动人类社会更加高效、安全、便捷地运行与和谐发展。在当今世界仍是以国家主权独立和自治为基础架构的情况下，设想或试图打造一个完全脱离现实世界的纯粹网络世界，不接受现有的国家和法律管理，形成完全"去中心""去监管""无政府"的网络世界，是不现实的"乌托邦"思想，想要超越时代现实，用这种理想化的网络世界颠覆或取代现实世界，只能是脱离实际的"空想主义"，设想越完美、越封闭，就越难以实现。

随着互联网的发展，人类社会将在非常长的时间内保持现实世界与网络世界既相对独立，又紧密相关、相互影响、相互促进、不断融合，最终趋于统一的"O2O"状态。互联网、区块链等各种新技术的发展，必须有利于解决现实世界的现实问题，否则，仅仅是打造一个脱离现实世界的完全封闭的网络环境，而不能解决现实问题，那就只是一种网络游戏，是不可能有太大的社会价值和经济价值的。

由此可见，区块链等新技术的应用，最具挑战性的，可能已经不是区块链技术本身，而是如何将区块链技术落地，解决现实世界的现实问题。也就是说，最重要的是解决 O2O 的连接环节，找到其具体应用的场景，并能保证线下用户身份信息和交易信息的真实性、准确性、完整性等。没有应用场景，不能保证线下资产或财富上线时源头上的真实性、准确性、完整性，如果送上线的就是虚假的、非法的、不准确的信息，则其后再完美的区块链技术，越是高度保密和不可篡改，就越不可能达到预期的效果，

甚至可能成为"以讹传讹"的推手。说区块链是"信任的互联网、价值的互联网、秩序的互联网"等，前提是价值传递从源头上必须是真实的、准确的、完整的！

从这一角度看，目前区块链实际运行比较成熟的是"币圈"（即以挖矿造币和运行链生币为核心的区块链群体），但完全属于系统内生（链生）的资产（需要"挖矿"产生的"数字货币"），只能在封闭的区块链体系内实现资产转让的区块链模式，实际上难以解决现实世界的价值转移问题，固守这种"币圈"封闭的模式，有可能葬送区块链的发展前途。而要将区块链技术应用到现实世界，真正解决现实问题，恐怕必须跳出"币圈"思维定式，不要盲目鼓吹其颠覆性，追求"高大全"，即追求功能齐全、覆盖面广、层次最高，而以解决现实问题为导向，重新梳理区块链技术，突出其具有实际功效的功能，尽快推动其落地运行，在实践的基础上，不断加以改进和完善。

第二章 网络加密货币探秘

::: 想 一 想

比特币运行的基本原理和规则是什么？比特币能成为真正的货币甚至是超主权世界货币吗？比特币为什么会广受欢迎、价格大涨？比特币区块链存在什么问题？区块链只能是"去中心"的吗？区块链必须进行"挖矿"产生类似比特币这样的网络加密数字币吗？什么是ICO，目前存在什么问题？央行数字货币是类似比特币这样的需要"挖矿"产生的网络内生币，还是法定货币体系下的货币数字化？如何看待委内瑞拉推出的国家数字货币"石油币"？

一、比特币的产生与发展

（一）比特币白皮书的发布

2008年美国当地时间10月31日下午2点10分，在一个名为"密码朋克邮件名单"（Cypherpunks mailing list）的群体（一个密码学讨论组织）中，几百个成员收到了一份发自"中本聪"（Satoshi Nakamoto）的电子邮件，其中写道："我一直在研究一个电子现金系统，这完全是点对点的，无

须任何可信任的第三方"，并提供了一个命名为"比特币"（Bitcoin）的白皮书——*Bitcoin：A Peer-to-Peer Electronic Cash System*，其发出邮件的邮箱地址是 Satoshi@gmx. com。

白皮书强调，"这是一种纯粹的点对点的电子现金系统，可以让在线支付信息直接从一方传送到另一方，而不必再通过一个金融机构"，不再需要一个可信的第三方来防止"双花"（double-spending）问题，而是采用一种点对点的建立在"哈希"（Hash）加密方法上的"工作量证明"（proof of work）体系，将每笔交易加盖"时间戳记"（timestamp），并分阶段将其收集到一个数据包或区块（Block），然后将区块放置于一个不断运行和延展的链条（chain）之中，使其先后连接、无法逆行、难以篡改，形成区块链（Blockchain）。

这种连续的区块链条不仅可以为交易提供证明，而且可以有效阻击外部攻击者（outphase attackers），链条越长，其安全性就越有保障。可以随意离开或重新加入，并通过其 CPU 接受或拒绝参与延展区块来表达意愿。

英文"bit"是二进制数学算法的最小单位，"coin"是钱币的意思。因此，"Bitcoin"就表明它是二进制算法的货币单位。

比特币白皮书介绍了全网广播以防止"双花""时间戳记"运行原理、"工作量证明"的应用、交易处理具体的操作步骤、"默克尔树"（Merkle Tree）与分叉技术、隐私保护、哈希计算等方面的内容。其列明的交易运行基本步骤是：

1）新的交易向所有节点发布；

2）每个节点将新的交易（验证后）收集到一个（数据）区块中；

3）每个节点进行运算以发现这一区块的工作量证明点（哈希计算的"特解"）；

4) 当一个节点发现了这个区块的工作量证明点（形成区块代码）时，它要将这一区块发布给所有的节点；

5) 只有当区块内所有交易都是有效的、没有过时的，各节点才会接受和记录这个区块；

6) 各节点通过创立下一个新的区块，并将这一区块的哈希值作为下一个区块的前置哈希值，不断延展区块链来表明其对区块的认可。

这里，中本聪首次提出了"区块链"的概念，将多种技术加以融合集成，形成了一个前后勾连、不可撤销、难以篡改、公开透明的，可以说是"完全封闭或闭环"的运行体系。

（二）比特币先行版本发布

2008 年 11 月 16 日，中本聪通过邮件发布了比特币开源代码的先行版本，公布了系统的基本规则，包括其使用的哈希算法为 SHA256，即任意长度的数据通过哈希运算都将转换成一组由 256 个二进制数字组成的数据；系统平均每 10 分钟形成一个区块或数据包，其中包含需要验证的交易信息，参与运算的计算机节点按照规则（工作量证明法）进行计算，谁最先算出一个系统设定当"特解"①，谁就可以获得规定数量的比特币激励，并参与到新的区块的创建。这一过程类似一种竞猜游戏，在找到答案的过程中，也给交易信息进行了验证和记录，并将获得规定的比特币奖励，这也成为比特币产生的唯一途径，因此，被形象地称为比特币"挖矿"（Minning）。

---

① 这里的特解指工作量证明法计算方程组所能得到无限个解中的符合规则的唯一的一组哈希函数，并将满足下一个区块哈希函数取值的特殊约定。

一个人在"挖矿"获得或者使用比特币的同时，也在维护比特币系统运行，并帮助比特币区块链的延伸和发展。

按照比特币区块链的运行原则，比照黄金总量有限和越往后越难挖的基本原理，比特币的总量被设定为2100万个。具体产出的规则是：每10分钟形成一个区块，每个区块可以获得激励的比特币数量由系统锁定——最早是每个区块50个比特币，满四年自动减半，每个区块奖励的比特币减少到25个，依此类推，最终到2140年全部结束。可见比特币的产生高度模仿黄金，即地球黄金储量是有限的，黄金需要挖矿才能获得，理论上越往后越难挖到，新的产量会越来越少并最终枯竭。每个比特币可以分割到小数点后8位，以便进行小额支付。

任何人都可以免费下载和运行比特币系统，成为比特币系统的自愿参与者和计算机节点，并且可以保留一份区块链副本。在下载和使用比特币系统软件时，所有人都不需要提供姓名、电子邮箱地址或其他个人信息，比特币系统无须了解参与者的个人身份，而只对其账户上拥有比特币的真实性进行管理。甲方如果想将其比特币转让给乙方时，实际上是将比特币从甲方账户地址转移到乙方账户地址，甲方会进行全网广播，但不需要提及任何人的身份。网络会证实甲方账户确实控制这部分比特币，之后把这部分比特币标为"未使用交易输出项"，并与乙方账户地址关联起来。只有得到乙方的认可，网络才会确认这部分比特币归乙方账户所有。

比特币参与者需要使用公钥基础设施（PKI）参与运行，用户拥有两个功能不同的密钥，一个用来加密（公钥），一个用来解密（私钥），二者是不对称的，以确保安全性；任何人都可以拥有多个公钥和私钥集，就像他们可以拥有多个设备和网络接入点以及不同化名的电子邮箱地址一样，可以增强隐私保护，增强比特币区块链去中心、高匿名的特征。

（三）比特币创世区块的推出

2009 年 1 月 3 日，中本聪在位于芬兰赫尔辛基的一个小型服务器上创设了比特币的第一个区块——创世区块（Genesis Block），并获得了首批挖矿的奖励——50 个比特币，由此开启了比特币区块链体系的运行和发展。

比特币版本和创世区块的推出，似乎为之前很多人一直努力地尝试运用密码学解决互联网的隐私性、安全性、包容性，实现像尼克·绍博在其题为"上帝协议"中所设想的，"所有参与者都将其信息和价值输入上帝的手中，上帝会可靠地决定执行的结果，并将结果输出到参与者的手中。在这个过程中，一切涉及隐私的信息都归上帝所有，没有参与方能够窥视与自己无关的信息"的目标提供了答案。这让很多技术极客非常振奋和激动，有人大喊："天啊，就是这个了，这就是我们一直在等待的重大突破，它把一切问题都解决了。"

由此吸引越来越多的人，特别是技术极客们参与到比特币网络运行和比特币交易之中，推动比特币不断升温，并在几年后开始在全世界产生影响力，进而在此基础上，基于提高运行效率或扩展应用功能等目的，吸引很多人参与探索，通过改进共识算法、增加智能合约、缩小验证节点、增加侧链运行等，催生出越来越多的派生或衍生的"加密货币（数字币）"和区块链体系，如以太坊、莱特币、EOS 等，甚至比特币本身也开始出现分叉，出现比特现金（BitCash）、比特黄金（BitGold）等。

当新生的"加密货币"可以与法定货币进行兑换并据以体现其价值时，又激发了越来越多的资本投资者的热情，进而催生了以发行新的"数字币"募集有影响力的热点"数字币"（如比特币、以太币、莱特币等），转而用

募集到的数字币兑换成法定货币或在"币圈"内直接用于购买设备或支付工资等募集资金方式——ICO。

这种 ICO 募资方式，不仅规避了 IPO 所面临的金融监管，可以为新的数字币的推出筹集资金，而且也扩大了比特币等基础"数字币"的需求，进一步推升其价格。比特币等"数字币"价格由此在 2016 年加快上涨，2017 年更是快速上涨，其中，比特币对美元比价从年初的 1000 美元左右，快速上升到 11 月份一度高达近 2 万美元。尽管之后出现很大回落，但仍比年初有很大上涨（到 2018 年 6 月维持在 7000 美元上下）。

ICO 使各种"数字币"相互纠结，形成利益相关体，已经进入并投资"数字币"的人，为追求更大利益，都会不遗余力地鼓吹"数字币"和区块链的宏伟前景和深刻意义，甚至形成相互炒作"数字币"的"币圈"，刻意推升其价格，大力宣传各种数字币的升值变化和一些人一夜暴富的神话，以期吸引更多的人和资本进入，不断推高数字币的价格，从中获取更大利益（"割韭菜"）。这就造成了数字币和区块链自 2017 年以来令人恐惧的"非理性繁荣"状态。

二、比特币与区块链探秘

通过对比特币的产生和区块链运行机理的分析，可以基本揭开其神秘的面纱，把握其基本逻辑，还原其真实的面貌：

（一）比特币区块链所运用的不是全新的技术，区块链是若干相关技术的集成创新

其实，中本聪所设计的比特币，最初就是设想建立一种有大量计算机

节点加入，实现计算机联网运行，形成一种不受人控制、完全由系统按照既定规则产生和运行的电子货币，以及没有中介、完全是点对点的支付体系和去中心化的网络运行体系。这种思想及其所运用的各项技术，并不是完全由中本聪自己创造出来的，而是早有理论和实践探索。在其白皮书最后的参考文献中，中本聪就列出了 W. Dai 的 "b-money"（比特货币）、A. Back 的 "Hashcash"（哈希现金）以及多部关于 "时间戳" "公钥保护" 等方面的论著。

回顾历史，1994 年美国 "第一虚拟公司"（First Virtue）成立，是最早利用互联网进行支付清算的中介组织，以支持网络购物或交易的款项清算。之所以需要中介，是因为在网络商品交易过程中，供需双方只有信息的交互，而没有当面交流和认知的机会，存在着卖方担心发了货却收不到钱，买方则担心付了款却收不到所认定的货的尴尬局面，双方缺乏足够的信任和风险控制，交易就难以完成，因此，必须解决由此带来的信任和纠纷处理问题，这需要有独立第三方作为信用和纠纷处理的中介。有了中介之后，还需要形成一套相应的运行规则和机制，例如，用户首先要拥有银行卡账户，然后在网络支付中介注册，开立网络清算备付金账户，并与银行卡信息保持一致，保持与银行卡账户的紧密勾连（即所谓的 "绑卡"），确保网络备付金账户的资金只能从绑定的银行卡账户转入或退回，以此来保证用户信息的真实性（银行卡为做到客户实名制，需要做大量信息收集和验证工作）。在此基础上，形成以网络支付中介为核心的商品买卖信息传递、确认、清算以及违约处理的完整的规则和机制，进行网络交易的支付清算。之后，美国的 Paypal、中国的支付宝（Alipay）等，都是在此基础上发展起来的，网络支付体系的产生和发展，有力地支持了网络交易的发展和繁荣。

但这种网络支付中介的存在和运行模式，需要用户提供信用卡账户及其全部的信息进行注册，需要必要的验证和开户手续以及之后实际使用时的清算费用，并且使用户信息容易被外方获得和利用，不能很好地保护个人隐私，不能像现金一样，完全由拥有者自由使用，有人认为这并不是一种理想的方式，并由此引发一些人开始研究"电子现金"或"数字货币""加密货币"，如"E-Gold""Ecash""eCoin""Digicash""CyberCoin""CyberGold""Cybercash""B-money"等，开始探讨具有全网共识机制，无须在中介公司注册的"安全电子交易协议"（Secure Electronic Transaction，简称SET），试图由联网进行交易信息的加密、传输和解密、处理等。而这又需要计算机软件和硬件等多方面的技术支持。特别重要的是，这种电子货币并不是人们习惯的法定货币，需要有很好的应用场景和效果，能够为人们广泛接受。但由于种种原因的限制，此前的各种探索基本上都没有形成预期的影响力，或者说基本上都失败了。

直到2009年比特币的推出，融合了用数字计算来控制新币产生和用时间戳、点对点直连、非对称加密等技术，形成完整的区块链体系之后，使这种"数字加密货币"形成了开源和开放的、"去中心化"的、高度匿名的、完整的运行和防伪体系，特别是形成了一个货币总量限定，基本上每四年产出量自动减半，带有明显紧缩机制和升值潜力的，容易吸引人们广泛参与并大力推崇的、带有经典"传销"机理的激励机制，使得比特币在推出后不断传播、升温，在不到十年时间内，就在全世界范围形成了巨大的影响力。

比特币及其区块链体系也因此成为网络加密数字币和区块链的鼻祖与范式（有人称之为区块链1.0），其他以"挖矿"产币和运行数字币为核心内容的区块链，如以太坊、莱特币等，基本上都是在比特币区块链基础上派生和演化出来的。以太坊在比特币基础上加入了"智能合约"等功能，并将共识算法由工作量证明法"POW"更改为权益证明法"POS"，其应用灵活性和效率有所提高，被称为区块链2.0。

所以，首先要明确的是，比特币区块链并不是一项单一的全新的技术，而是多种技术集成创新后形成的新的应用。因此，比特币所形成的区块链不应当成为区块链的唯一模式，各种技术完全可以通过不同组合形成不同的区块链模式。

当然，尽管比特币区块链所运用的很多技术早就存在，但其有机组合之后形成的集合创新仍是非常具有启蒙价值的。单纯从技术和商业模式而言，比特币及其应用的区块链技术是一项绝顶聪明、相当了不起的发明创造，其对相关技术的组合以及形成的完整的（封闭的）运行体系和独具特色的激励机制的确实现了一个巨大跨越，超出了一般人的想象，令人不得不佩服。

（二）比特币区块链过于追求"去中心"，结果走向了封闭

比特币的设计初衷，就是要摆脱现有的支付清算和相关的社会运行体系，依托各种相关技术打造一个全新的点对点直接交易和清算的体系，其中隐含的理念就是：由世界范围内不同的计算机共同参与（打破国家边界）运行，形成一个平等的、没有中心（无政府）和中介（不同于现有支付清算体系）的"自组织"网络世界；这个网络世界不同于长期以来由主权独立的国家和国家治理体系组成的现实世界，而形成幅员更加广阔，甚至没有边界的大一统的网络世界，因此，不会适用任何国家的法律或规则，而是会将法律或规则内置到网络系统之中，由参与运行的计算机共同维护和修改，将网络系统看作"上帝"，由上帝而非人或机构负责规则的执行，确保规则执行中的公正

与公平；不再适用任何国家的法定（主权）货币，防止人为控制货币投放，而是模仿黄金，运用哈希计算和加密技术等，通过"挖矿"产生全新的网络内生"数字货币"（而非像黄金那样的自然物质），其总量设定和每个阶段投放的数量等，完全由系统自动控制；在所有人都登录比特币网络体系，每一笔比特币的取得都会得到全网确认和分布式记录的基础上，其比特币资产的转移完全可以实现点对点直接进行，而无须再有任何中介参与。由此形成一个"去中心"（无政府）、去中介、民主公平，没有人为操控和腐败，没有税收和不当费用，难以造假和篡改，所有交易公开透明，能够防止外部攻击，维护网络系统安全稳定的"美好世界"。

可见，比特币网络体系的建立，并非只是简单地运用先进技术解决现实世界的问题，而是具有强烈的"反社会"思想倾向（对现实世界不满，致力于摆脱现有社会体制机制）和追求理想世界的世界观、价值观、人生观，甚至形成一种宗教信仰和组织体系，进而通过越来越多的人的加入（参与"挖矿"和运行），特别是越来越多法定货币用于兑换这种数字币，甚至推动 ICO 等资本运作方式，不断推高数字币的价格，创造炒币暴富的神话（比特币等数字币成为最重要的激励工具），进一步加强人们对比特币等网络世界和价值体系的迷信和崇拜，很多参与炒币的人都坚定地相信或极力鼓吹：区块链将重新打造人类社会的生产关系、组织形式和运行模式，比特币将颠覆和取代现有法定货币体系以及复式记账法，区块链将创造美好世界。[①]

但实际上，正因为比特币体系过于追求完美和"去中心"，致力于摆脱

[①] 这在目前有关鼓吹比特币和区块链的宣传中有越来越明显的体现，有人公开讲："区块链的底层架构是数学逻辑，中间层思想是哲学思考，最高层是神学信仰。"这可能也是比特币的发明者不愿公开自己真实身份，而采用化名"中本聪"的重要原因。

现有世界运行体系，反而使其陷入脱离现实、自我封闭的"乌托邦"思维，特别是通过"挖矿"方式产生完全脱离现实的网络内生（链生）加密数字货币，完全不同于现实世界的法定货币，就使得比特币区块链完全成为一个聚焦于比特币产生和体系内转让的自我封闭的资金汇划转账清算体系。这一体系如果不能与法定货币的汇划清算连接，比特币就难以实现其价值，就会成为一种不折不扣的"网络游戏"。只有与法定货币的汇划清算相连接，允许法定货币与比特币自由兑换，使比特币体系成为法定货币汇划清算的中介环节，才能产生实际的效果。但这样却又使得法定货币汇划清算整个过程中增加了新的中介，而不是减少或消除中介。同时，如果增加的比特币体系这样一个中介环节是完全规避监管的、高度匿名化的，那又会使得法定货币的汇划清算失去有效监管，难以充分满足反洗钱、反恐怖输送等方面的要求，势必产生极其严重的问题，这已被现实所证明。

从思维逻辑上看，越是追求完美和封闭式独立运行，就越难以解决现实世界的实际问题，就难有多少实际的价值，更别说能够改变世界、颠覆法定货币体系。

单纯从比特币区块链封闭的体系来看，它确实在其体系（"社区"）内实现了去中心、去信任、去中介，可以点对点自由转让比特币资产等，似乎形成了充分民主法治、平等自由，难以造假篡改、没有税收和不当费用，没有贪污腐败等的美好社会，形成了所谓的"信任的互联网、价值的互联网、秩序的互联网"。但关键的问题是，这种"美好的"比特币区块链体系，完全脱离现实世界。比特币如果不能与现实世界的法定货币兑换，就难以实现其价值，其在比特币社区内成员间实现交易应用的空间是非常有限的。

而要实现比特币区块链的"价值"，就必须与现实世界相连接，使比特

币区块链体系成为以法定货币代表的社会财富转移的一个中介环节或过渡阶段。这又需要解决其与现实世界连接的问题，现在唯一的出口就是将比特币兑换成法定货币。所以，比特币等数字币的网络交易平台成为其重要的基础设施（外挂系统）和关键环节。

在比特币必须与法定货币兑换，必须加入网络交易平台等辅助环节才能发挥更大功能的情况下，比特币区块链区去中心、去中介等特性很可能产生严重问题。因此，很多有关比特币、区块链巨大意义的说法实际上都难以成立。

1. 比特币区块链所谓的"去中心"，指的是在比特币区块链网络体系上，不再有特定的人或机构，更不会是政府作为网络系统的控制或管理的主体。但不代表这一体系真的完全没有主体、没有规则，而是将规则的制定，特别是规则执行的管理权交给了无形的"网络系统"，并视同交给了公平公正的"上帝"。网络系统的背后，仍需要有系统维护的核心团队，绝对去中心，完全充分自由的世界是不存在的。

2. 比特币区块链体系设想的是建立一个所有参与者平等民主的世界，但实际上却出现了编码维护的核心团队与参与"挖矿"和运行的主要力量发挥更大影响力这样一个不是那么平等民主的局面。受计算机运算能力的影响，比特币的"挖矿"和获得，并不是像宣传的那样人人都有平等的机会，竞争的结果，使得"挖矿"获得比特币的机会越来越集中到少数算力强大的矿池或节点上，而更多的节点尽管也参与"挖矿"，消耗了资源，却不一定能够获得比特币。这使比特币作为资产或财富，更多地被少数人所占有（有人认为，"比特大陆"一家的矿池算力已超过比特币全网的40%），并相应增强其对网络规则调整的话语权或影响力。

3. 所谓比特币区块链可以实现"去信任"的点对点交易（即交易双方

无须提供身份信息并得到足够权威的印证，即可进行直接的交易。比特币不是像银行以往的习惯做法，每个用户拥有一个账户及其相关的信息体系，以便于核对验证，而是可以每笔交易都随之更换账户，即每发生一笔交易，原有账户都可以清户，将余额转入重新开立的新账户），形成所谓的"信任的互联网、价值的互联网、秩序的互联网"，这都隐含了一个重要前提，就是所有的人都参与到同一个比特币区块链网络平台，平台上运行的只能是与比特币产生和转让相关的活动，而没有比特币以外的其他资产或价值的产生和运行。

由于比特币完全是网络系统内生的"资产"（链生资产），从其产生的源头上就受到网络体系非常严密的验证和分布式记录，难以造假或篡改账户记录，因此，比特币的转让，根本无须知道其持有人的真实身份，只需确保出让人账户内确实拥有足够的比特币即可。也正是在这种基础上，才无须任何中介参与，无须知道账户背后的户主是谁，完全由网络系统进行点对点的直接转账。

实际上，在当今社会，即使没有区块链支持，只要交易双方都在同一个银行或第三方支付机构开立账户，其相互之间的汇款，利用现有的网络通信技术，银行或第三方支付机构同样可以实现点对点的适时转账清算，而且，在实施中心化运行的情况下，由于不存在像比特币一样的全网广播、多层验证、分布式记账等复杂的过程，反而速度或效率远远高于比特币体系，目前比特币体系内转账，每秒只能处理七八笔业务，与银行每秒处理上万笔甚至数十万笔相比，效率难以达到要求。当然，银行或第三方支付机构需要索取客户的账户和交易信息并收取一定的费用。

4. 不能兑换成法定货币，比特币的价值难以实现。作为一种全新的纯粹的网络"数字币"，要被线下世界所接受，特别是要能够像法定货币那样

用于商品和劳务的交易计价和清算，不仅需要有一个被接受的过程，还需要配套的基础设施的支持，甚至会遭到法定货币当局的抵制，因此，最现实的选择，就是先把比特币说成是一种特殊的"虚拟商品"或"虚拟资产"，将其转让兑换成法定货币，通过法定货币实现其价值。而要实现比特币与法定货币的兑换，又需要配套的设施支持，如需要有交换平台和相应系统以及与比特币体系的连接、兑换的规则和交易处理等。现在所谓的比特币可以直接用于购物或在 ATM 上取现，实际上都需要实现联机兑换成法定货币后进行转账或提取法币现金。

随着比特币等网络数字币与法定货币兑换需求的扩大，出现了专门的网络数字货币交易平台（数字货币交易所），为数字货币兑换，特别是为那些不愿意参与"挖矿"，却愿意参与比特币等数字币收藏或炒作的人提供专业服务。这大大方便了比特币等数字币与法定货币的兑换和转移，为比特币的价值实现和价格提升、扩大影响提供了有力支持。

当然，这种与法定货币的兑换或交易系统，只是比特币区块链体系的外挂系统（有人称之为"侧链"），并不是比特币区块链体系的内部组织部分，其运行是相对独立的。因此，尽管比特币等数字币交易平台出现过被黑客攻击、比特币被盗窃，甚至交易平台倒闭或平台经营者"跑路"事件，但并不影响比特币区块链体系本身的安全运行。而且，尽管比特币区块链体系是去中心化的，但其专业化交易平台的经营管理却是中心化的，是连接比特币网络世界与现实世界法定货币的通道或桥梁，并没有完全受到比特币区块链体系的约束和保护，同时，迄今为止也没有得到所在国家金融监管部门足够的重视和监管，已经暴露出不少问题，包括交易数据造假、数字币被盗、系统被攻击等，因此，放在交易平台上的资产是存在风险的。

正因为比特币还难以像法定货币那样，直接用于商品或劳务交易的计价和清算，还必须兑换成法定货币才能实现其价值，因此，比特币将颠覆或取代法定货币，实际上是不可能的。

更重要的是，由于比特币区块链体系是一个非常封闭的体系，只能运行比特币，现实世界的资产或价值很难推送到比特币区块链体系上运行，即使能够推送上去，如果没有一套非常严密的线下印证体系，确保所推送资产的合法性、真实性、准确性，比特币区块链体系是难以像比特币一样，从源头上就严密验证和保证其真实性、准确性的，这样，一旦有虚假的东西推送到比特币区块链体系上，其运行体系再严密都无法逃避"以讹传讹"的结果，这时候，区块链所谓的"信任的互联网、价值的互联网、秩序的互联网"就成为无稽之谈。若不能很好地解决现实世界的实际问题，数字币、区块链的价值就必然会大打折扣。

5. 比特币难以成为真正的货币。原因如下：

第一，比特币高度模仿黄金的设计思路违反了货币的发展逻辑。比特币在设计思路上，高度模仿黄金，希望借助黄金曾经长期作为国际公认的货币或货币本位（储备物），至今人们仍对黄金保持很大的货币情节，增强比特币作为"数字黄金"的可信度，以便于让人们更容易接受比特币作为新的货币，比特币在设计上就要总量限定，而且挖矿越来越难，产量分阶段逐步减少，消除人为过多投放的可能性，并为比特币升值创造了巨大想象空间。但这种设计思路却恰恰忽视了为什么黄金会退出货币舞台的根本原因。

如前所述，货币作为商品交换的价值尺度、交换媒介、价值储藏手段的功能，其中价值尺度是最重要的功能，需要有价值支撑，并要努力保持相对稳定的价值（币值）。而要做到这一点，理论上就需要保证一国货币总量要与该国主权控制和法律保护的，可货币化、交易化的社会财富规模相

对应，即保证物价总指数的相对稳定。因此，当今世界各国的货币政策都有一个共同的中介目标——通货膨胀率（物价总指数），而且货币成为主权货币或法定货币。离开国家主权和法律保护，设想推行哈耶克"货币的非国家化"是不现实的。

黄金是一种自然物质，受到自然储量、挖掘和加工能力等因素的影响，一国的黄金产量非常容易与该国经济社会发展的实际水平及其对货币的需求发生严重偏离，造成严重的通货膨胀或通货紧缩，而且在其呈现升值态势时，也容易被更多地收藏并博取升值收益，严重影响其作为货币的功能的发挥，因此，最后必然被更容易得到调控，保持货币总量与经济社会发展水平基本适应、币值基本稳定（通货膨胀率控制在适当水平）的信用货币体系（主权货币或法定货币）所取代。事实已经充分证明，黄金退出货币舞台是历史的必然选择，黄金不可能再重新成为货币了。

比特币恰恰在模仿黄金，不仅总量严格限定，而且每十分钟一个时段所产生的比特币都严格限定，每四年产量自动缩减一半，根本没有任何数量调控的空间和可能，难以与经济社会的实际发展保持吻合。再加上其初期不值钱，没有引起足够重视和保护，很多比特币因失去私钥而成为"无主币"或"死亡币"（有人估计目前约有 380 万个），也就更加不能适应经济社会发展的实际需要。在比特币越来越受追捧的过程中，又有不少人将比特币作为收藏品，退出流通，使其实际供应量更加有限。其大幅度升值的可能，对炒作比特币的投机者有很强的吸引力，但却会严重影响比特币作为货币的功能的发挥（大幅升值也会带来大幅贬值的可能，币值将剧烈波动）。可以肯定地说，这种高度模仿黄金设计货币的思路，本身就是一种倒退，是对货币发展史的不了解。

第二，比特币不具备黄金那样的真实价值。黄金作为一种受人追捧的自然物质，其本身就是具有真实价值的，比如可以打造黄金饰物、仍有工业用途等。但比特币却纯粹是一串网络系统产生的数字或数码，并不是自然物质，连一种有物理载体的字画等工艺品都不是，一旦离开比特币体系，就没有任何价值，就会像空气一样烟消云散。

有人说，当今的货币其实就是一种纯粹的信用货币，就是一种信任，只要人们相信它、接受它，它就可以成为货币，就好像只要大家相信比特币，你给我一个比特币让我给你泡一杯茶，我再用这个比特币向他买一个苹果，他再用这个比特币向你买一个橘子，这样一个循环，我们付出劳动创造了财富，大家不需要信任对方，只需要信任比特币就可以。可见比特币区块链就是用来创造信用的，并不是创造实际财富的。它使很多人达成共识，创造出大家都相信和接受的东西，它就可以成为货币。

这种说法让很多人信以为真，广为传播，殊不知，这种说法仅仅只是看到货币的表象或结果，而根本没有看到货币的本质和内在逻辑。即使在当今的信用货币体系下，也不是随便什么人或机构，随便造出什么东西就能让人信任和接受成为货币的。货币当局投放货币，一般仍需要有一定规模的货币储备物（作为直接的价值支撑），并努力将货币乘数（派生货币规模）控制在一定范围之内，同时，要有国家法律保护，使货币作为国民财富中可以货币化财富的价值表示，从而保持货币币值的相对稳定（货币币值相对稳定已经成为货币最重要的基础功能，也是货币政策的首要目标）。货币之所以成为主权货币或法定货币，就是因为货币是以国家主权范围内可以控制的社会财富作为背书的，离开国家主权和法律保护，货币就难以得到与其赖以存在的社会财富相对应，也就难以证明其具备价值。正因如此，哈耶克著名的"货币的非国际化"的设想根本无法落实，以此作为"去中心化"的网络加密数字货币的理论依据同样是不成立的。

现在，比特币仅仅是比特币区块链体系所内生的数码或符号，比特币没有任何可以对应的归其比特币网络世界所有或控制的财富，这样，即使通过宣传或炒作，让一些人信任和接受比特币，价格出现大幅上涨，也只能是催生泡沫、聚集风险，也不可能具有真正的生命力，不可能成为真正的货币。

有人认为，比特币不同于法定货币，不能成为像法定货币那样流通的货币，但它可以成为一种数字资产，类似数字黄金，可以成为货币的价值储备物或锚定物，法定货币越是超发、越是贬值，比特币就会像黄金一样越是值钱。比特币模仿黄金，它的应用场景也就类似黄金，黄金能发挥的作用，比特币都能做到，正因为如此，近年来比特币的价格大幅度上升。

这种看法有一定道理，比特币可以被看成一种"虚拟商品"或收藏品、储值物，但它与黄金仍存在不同。不能因为短时间内比特币对法定货币的价格大幅度上涨，就认为它具备甚至远超过黄金的价值。价格还受到供求关系的影响。一方面在全球范围内广泛联网运行且很多人认为比特币有升值炒作空间时，就会吸引全球范围内大量资金进入，扩大比特币的需求。另一方面由于比特币总量有限，特别是现阶段实际产生的比特币，以及其中真正能拿出来转让的比特币数量不大，其中也不乏少数人相互炒作、推波助澜、哄抬价格的因素，势必造成比特币价格大幅攀升。这种价格大幅上升，不一定是其价值的真实体现，反而可能聚集大量泡沫和风险。而一旦失去人们的信任，比特币作为纯粹的一串数码，是难以具备黄金那样的基本价值的。

第三，网络加密数字货币容易仿造，难以实现总量控制。比特币属于开源系统，可以免费下载，在比特币不断升温的过程中，也催生出很多由其版本衍生的"山寨币"或"分叉币"（如 Bitcash、Bitgold），基本上只是在比特币的基础上以其倍数调整方式在总量和阶段性产出量上做一些变动，以提高运行速度，如将"币"的总量在比特币 2100 万个基础上，扩大到 4200 万个、8400 万个等，相应的，从每 10 分钟产出 1 个区块及其相应的比特币，提高到每 5 分钟、2.5 分钟等产出 1 个区块和相应的数字币等。也有的进行一些技术改造后形成有一定创新的网络数字币，如以太币（Ethereum），将比特币应用的"工作量证明法"（POW），改为"权益证明法"（Proof of Stakes，POS），改进了智能合约的应用等，而且以太币之后也在产生自己的"分叉币"（如 Ethereum Classic、EtherCash、EtherGold 等）。这样，就意味着将分化出无数的网络加密数字币体系和相应的币种（据统计，到 2017 年末，世界上已经有超过 1300 种网络数字币。有人认为，实际上更多，2018 年 6 月已经接近 2000 种了）。

为了规避冠以"货币"的字样而受到国家主权货币体系的排斥或各国法律的严格监管，现在又在"币"（coin）之外，派生出很多新的用词，最重要的是"token"（被译成"通证"或"通肯"），但其本质都是一样的。

这样，在网络世界中又会分化出无数个网络自治"国度"或"社区"（至少是远多于现实世界中国家的数量），如果其相互之间不能联通并保持规则的统一，必然造成网络世界的混乱，严重影响网络加密货币的信誉，而难以形成像很多人想象的那样，通过区块链就可以创造出一个美好的新世界。

据说，还有人正在尝试发行比特币实物现金，如比特币硬币或纸币，以期更加方便比特币的使用。这更是违反比特币自身逻辑，是难以实现的。因为要印制和发行比特币实物现金，必须明确执行的主体，实行中心化的严格管理，这是与比特币去中心化的设计理念和运行体系相悖的。所以，如果真的出现"比特币实物现金"，那也只能是比特币体系之外的另一种

"山寨币"，因为现金的流通和转移是难以实现全程、全网广播和验证与记录的。

可见，比特币等网络加密货币，只能是一种特定网络平台或社区的"社区代币"或"商圈币"，可以在一定的网络平台或社区范围使用，但不能流出既定范围随意流通，甚至挑战法定货币的地位。这种社区代币作为一种纪念品具有一定的收藏价值，但必须是其网络平台具有代表性，如比特币成为区块链 1.0 版本、以太坊成为区块链 2.0 版本等，其数字币才能有较好的收藏价值。没有代表性的山寨币、分叉币等，其收藏价值都会非常弱。

6. 比特币区块链过于强调"去中心"，反而使其运行效率和成本受到影响。比特币区块链体系要实现"去中心"，就需要大量外部计算机接入并共同运行（这成为"去中心"运行的基础条件，仅仅是由一个单位或个人自己的计算机集群来运行，是难以实现"去中心"的），这样，加入的计算机节点越多，比特币资产的获得与转让需要的共识算法和全网广播、验证、分布式处理等的难度就越大，其"挖矿"过程需要消耗越来越大量的能源，甚至会造成环境污染，而且很多计算机节点都是专门用于"挖矿"的，不能再用于其他用途，难以实现计算机联网共享算力和存储力的预期，反而需要投入大量计算机，占用大量的算力和存储空间，造成巨大资源占用乃至浪费。同时，多重验证和分布式处理程序繁杂、成本很高①效率很低②，而且抵制或规避国家监管，难以满足大规模高频率交易的处理要求和金融

① 在美国 Coinbase 交易所上买卖比特币，费率是 1.49%。交易所成为数字币繁荣的重要推动力和受益者。
② 比特币钱包初次安装时，会消耗大量时间下载历史交易数据块，处理一笔比特币交易需要约 6 个连续区块的确认，往往需要数天时间。

监管要求。

比特币区块链体系过于强调"去中心"，亦即追求无政府、无监管，其体系内无须验证用户身份，不可能做到"实名制"和金融监管所要求的 KYC（Know Your Customer），如果其外挂的交易平台或 ICO 平台也不能满足金融监管实名制、反洗钱、反恐怖输送等方面的要求，比特币区块链体系就可能成为犯罪分子的工具。也正因为如此，比特币也确实受到恐怖分子、毒品贩子、网络黑客、金融骗子等的青睐，常常被用于资金或资产转移，以逃避监管。

现在，越来越多的人开始认识到，类似比特币这样的区块链，存在着"去中心、高效率、安全性"形成的"不可能三角"，存在天然的局限。

因此，不能简单地以为比特币区块链能在体系内部做到让资产（比特币）的获得与转移公开透明、不可作假或难以篡改，相互之间的转让无须人的认知和信任，就认为其能够推而广之，就可以解决现实世界的信任和诚信问题，乃至认为任何一个缺乏信任的领域都可以用比特币区块链或类似的方法增加信任，推动整个社会，包括政府的运行公开透明，减少腐败和浪费，降低社会运行的成本。这种看法未免太过幼稚和想当然了。

7. 过度追求去中心和充分民主，是脱离现实、难以实现的。人类是地球上最具社会属性的动物，群居或集体生活，不仅可以形成更大的合力以抵御天敌、战胜困难，而且有利于增加繁衍的机会，增强学习交流，促进技能和脑力的开发，推动人类快速进化，在相对短暂的时间内就发展成为世界的主宰。在这一过程中，人类社会必然存在个别利益与公共利益的矛盾和统一，只有在公共利益最大化的情况下才能使个别利益最大化得到根本保障；要维持个人与组织的良好关系，必须形成良好的能被大多数人接受的规则，并需要有监督规则执行和违规惩罚的机制。于是，在社会组织

中形成有中心、有层级，而非完全平等、民主自由，可能是长期实践过程中的必然选择。尽管人们也不断设想建立一个人人平等、按需分配的乌托邦式美好社会，但都难以成功。在当今世界仍然是以各个国家主权独立和自治为基础架构，国家之间相差悬殊的情况下，设想建立一个"去中心"、无政府的网络世界，完全摆脱现实世界国家法律的约束，是不现实的。

当然，社会成员将某些权益让渡出来，交给集体，将权力集中到少数人手中，还需要加强对权力的约束和监管，防止权力寻租或执行偏差。特别是在形成制度或规则后，可以积极运用新的技术手段代替人工进行监督，以增强监督规则执行的严密性、严肃性。但这并不代表就是"去中心"化。

8. 缺乏有效监管的 ICO 存在更多问题，对于区块链的发展无异于饮鸩止渴。随着区块链及比特币、以太币等网络数字币的升温和价格上涨，也催生了很多区块链创业公司及其相应的山寨币或分叉币。这些区块链创业公司由于概念新、时间短、经营业绩难以达到 IPO 的条件，于是，在一些参与"炒币"的资本运作者的推动下，出现了专门以网络数字币首次发行并募集热点网络数字币（主要是比特币、以太币，而非法定货币，从而规避非法集资风险）为主要特征的 ICO 集资方式。

ICO 一经推出，进一步扩大了比特币、以太币等热点数字币的需求，使比特币、以太币等价格大幅度上涨，从而使得通过 ICO 募集数字币的人一夜暴富，进而吸引更多的人和资本涌入区块链、数字币领域，使 ICO 成为变相炒作比特币、以太币的通道。由于 ICO 没有受到监管部门的监管，其实际运行存在很多暗箱操作、内部炒作，虚假宣传、恶意传销的成分，比如，有的 ICO 项目所确定的"币"的总量根本没有什么依据和规则，完全是拍脑袋决定的；有的宣布将公开发行多少"币"，但实际上却只发行少数"币"，以防止发行太多而难以把价格炒上去；有很多 ICO 项目被极少数投资者垄断了，并在之后极力炒作，推高其价格，恶意操控市场，并择机变现获利后撤离，将风险甩给后来者或接盘者，这个过程俗称"割韭菜"。

很多年轻人在一些数字币炒家的鼓动下，怀着对区块链、数字币的盲目信仰，或者对一夜暴富的极度崇拜和追求，纷纷投入区块链开发和ICO运作，生活在比特币、以太币等数字币价格只会大涨而不会跌落的幻想中，根本没有想到完成ICO之后自己应该承担的责任，根本不考虑如果其区块链项目难以落地，无法产生实际的价值，或者所募集的比特币、以太币价格大幅度下跌，无法兑换到足够的法定货币以满足其创业的资金需求，区块链创业失败，自己应该怎么面对投资人。

不少投资人也同样存在对区块链、数字币的盲目信仰和数字币价格只会涨不会跌的幻想，只看到炒作数字币的通道，根本不考虑所投项目的可行性（不少ICO项目往往仅有文字有限、信息模糊的"白皮书"就能得到投资），以及在投资之后如何监管项目团队和项目进程，如何保护投资者权益，或者明知道其有很多风险，但却更愿意参与其中，共同忽悠和欺骗更多的人和资金进入，自己成为收割韭菜获利的人，而不是被割韭菜遭受损失的人。特别是对于一些比特币、以太币的炒作者而言，其通过推动其他项目的ICO，刺激比特币、以太币的需求，抬高其价格，可以通过比特币、以太币的溢价获益，以对冲投资ICO项目的风险，ICO的发展越火热，其收益就越丰厚。因此，这些比特币、以太币炒家成为ICO最主要的推动力量，也不断创造出关于区块链、数字币的神话。有人指出，到2017年底，"以比特币为代表的数字加密货币已构成第一次全球范围的资产泡沫"。

由此可见，ICO的出现，看似为区块链创业提供了新的融资方式和渠道，实则重点是用于炒作数字币，面向公众募集资金（而非私募），但严重缺乏必要的规则和监管，特别是对虚假宣传、主要投资者的责任（如劣后

级投资人的约束）、经营管理团队的约束等基本失控，很快就产生了严重问题。ICO 之后，无论是所募集的数字币，还是新发行的数字币，都可以马上在数字币交易平台上进行交易和套现，部分数字币交易平台甚至还为投资者提供杠杆融资，扭曲了区块链创业团队的激励机制，使很多人不再聚精会神地从事区块链项目的开发，而是更热衷于数字币的开发与炒作。这一点在中国尤其明显，社会上已经掀起数字币 ICO 的炒作热潮，并出现借助 ICO 和数字币交易转移资产、逃避外汇管制等行为，因此，中国政府也在全世界率先采取严厉行动，在 2017 年 9 月 4 日即全面叫停在中国大陆的 ICO，有效遏制了事态的急剧扩大与恶化，可以说是非常英明果断的。

这一严厉举措自然会引起利益攸关方的强烈反对，特别是在国外并没有采取类似行动，甚至美国的著名期货交易所都在积极推动比特币期货交易，并争取推出比特币 ETF 的情况下，更是面临很大压力。有人甚至强烈呼吁，此举将使中国丧失在区块链、数字币领域全球领先的大好机遇或优势，将犯下严重的历史性错误。这确实使监管当局承受了巨大压力。

但事实证明，这都纯属忽悠甚至是恐吓，如果有好的区块链项目，完全可以通过 VC 等私募方式向有项目识别和风险承受能力的人进行必要的资金募集，如果连 VC 都不能接受，就更不应直接向社会公众进行公开的资金募集。现在全世界的 ICO 项目已经开始大量暴露问题，据 Bitcoin.com 对 2017 年 ICO 项目进行的追踪，其 TokenData 跟踪的 902 个 ICO 项目中，有 142 个尚未开始筹资就已经告吹，有 276 个项目在筹资后仍以失败告终，总体项目失败率已达 46%。在余下的 ICO 项目中，还有 113 个处于"半失败"状态，它们要么是初创团队已消失不见，要么是区块链社区日渐萎缩，难以成活，综合以上数字，总体项目失败率将提升至 59%，而这还是在 2017 年下半年 ICO 的投资热潮才真正形成时。很多项目仅短短几个月就宣告失败，有些项目就是纯粹的骗局，公司创始人在筹资后卷款走人（"跑路"）。这使包括美国在内越来越多的国家，甚至是一直保持支持态度的日本等国，都开始强化对数字币和ICO的监管。2018年头两个月，美国证监会已向几十个参加ICO的机构和个人发出了调查传票，并驳回了很多机构发行比特币ETF的申请。新加坡则不允许本国公民参与ICO。可以肯定的是，随着监管趋严，ICO领域还将暴露出更多的问题。

无论如何，这种面向公众的公募集资活动，必须受到严厉的监管，要严厉打击欺诈行为，在没有合适的监管规则之前，完全叫停也是非常必要的，否则，ICO的发展有可能把区块链的发展引入歧途或死路，并可能造成严重的社会不稳定问题。

三、区块链发展应跳出"比特币区块链"范式

比特币是区块链最早，也是迄今为止最为成功、最安全的落地项目，已经成为公认的区块链鼻祖（1.0版本）和范式。但是，必须清楚地看到，比特币只是区块链应用的一个成果，而不是区块链的全部，"比特币不等于区块链"。而且更重要的是，必须清楚地看到，区块链是多种技术的集成，比特币只是区块链多种技术整合的一种形式，还可以有不同技术的多种组合形式。

比特币过于强调去中心、去监管，过于聚焦于"挖矿"产生和运行数字币，进而形成了一种完全封闭的运行体系，甚至刻意规避各国的法律和监管，逻辑上就很难解决现实世界的实际问题，反而使得区块链陷入困境难以自拔，至今难以发现能真正落地解决实际问题的区块链项目。因此，区块链的发展恐怕必须要跳出"比特币区块链"的思维定式，不必过于追

求"去中心",转而脚踏实地、实事求是,注重运用相关技术解决现实世界的实际问题,并在实践中不断改进和完善,才能促进区块链更好地发展和应用。

（一）比特币不等于区块链

1. "去中心"只是比特币等公有链的特点,并不代表所有的区块链都必须是去中心的。区块链的核心是数据的分区块、分布式存储,并保持区块之间存在严密的勾连关系和加密保护,形成多重备份和交叉验证,从而确保数据的安全,防止造假或篡改。去中心,并因此需要吸引大量外部计算机加入,形成世界范围计算机公有链共同运行,不一定是区块链的必要内容。区块链也可以运用比特币区块链中的其他技术进行组合,并在私有计算机群上中心化独立运行,或者吸引一定的合格参与者加盟,形成由加盟者计算机共同运行的半中心化"加盟链"运行体系。也就是说,区块链可以有公有链、私有链、加盟链等多种形式。

2. 比特币等网络内生"币",与区块链并不是密不可分的。如果不追求"去中心",就不一定需要像比特币这样的激励机制,就可以转变区块链的运行重心:从聚焦于"挖矿"产生完全无法伪造或随意投放的数字加密货币,以及这种数字资产的转让认证和记录上,而放弃对资产合法性、真实性、准确性,以及交易双方身份的真实性、准确性的验证上,形成完全脱离现实世界的网络封闭环境,转变为强化对资产合法性、真实性、准确性以及交易双方身份的真实性、准确性的验证,而不再需要开发和运行系统内生虚拟货币（虚拟资产）,进而将区块链融入到现实世界之中,真正解决现实世界的实际问题,同时,满足国家法律和监管要求,避免成为非法交易、恐怖输送等的工具和帮凶,真正规避合规风险。

实际上，比特币初衷就是利用互联网建立一套点对点直接汇划清算的"电子现金汇划清算体系"，但是由于其过于追求完美，过于追求"去中心"，其中加入了需要"挖矿"产生的网络数字货币及其运行，反而使其脱离现实，连一个资金汇划清算体系的功能都难以充分发挥，实际上沦为一种网络游戏。而在比特币体系的基础上，Ripple（瑞波）更聚焦于依托互联网，充分运用区块加密、分布式处理与存储、点对点转账清算等技术，建立一套效率提高、成本降低、安全便捷，能够满足监管要求的全球化资金汇划清算体系，尽管它也有自己专属的网络代币——瑞波币及其相应的管理规则，但这完全属于一种代币，不需要挖矿产生，而是要用法定货币兑换而来，需要有配套的反洗钱、反恐怖输送等满足监管要求的管理措施，因此，瑞波反而能够得到越来越广泛的实际运用。

必须看到，互联网只能解决信息，包括人的信息、物的信息、货币信息（文字的、数据的、影像的等）的传递，而不能解决实物，包括货币现金实物的传递，所以真正解决现实世界的实物资产转让问题，还需要物联网的配合。完全依靠区块链互联网来解决各种实物，包括各种实物凭证、档案等传递或运送过程中的跟踪、防伪、保质等，还是非常不容易的。因此，区块链不是万能的。区块链等互联网技术的应用，可以深刻影响世界，但要完全颠覆和重建世界还是很难的，认为区块链可以实现人与人点对点的直接交易，进而"形成自组织、去企业化的可编程数字经济"等，未免夸大其词。事实已经证明，在个人征信体系和法律环境不够健全的情况下，幻想通过互联网就可以发展"P2P"借贷、股权"众筹"，并颠覆传统金融的想法并不现实，同样，认为有了区块链就能解决信任问题，ICO 就可能成为"互联网金融深化的终局"，更是吓唬人的无稽之谈。

（二）各国央行要推出自己的数字货币，必须十分谨慎，不可模仿比特币或以太币等需要"挖矿"产生的加密数字货币体系

在比特币、以太币等网络加密数字货币产生并不断升温的情况下，从2014年开始，包括英格兰银行、加拿大央行在内，不少国家的中央银行也宣布开始研究和准备推出"央行数字货币"（CBDC，也称为"法定数字货币"，与非央行主导的"私人数字货币"相对应）。中国央行在2014年成立了专门的法定数字货币研究小组，论证其可行性，在前期开展研究的基础上，于2016年1月20日下午召开数字货币座谈会，会后随即发布公告，宣布要"争取早日推出央行主导的数字货币"。央行的这些举动，使"数字货币"的概念在社会上陡然升温。但对央行主导的数字货币到底是指什么，是现有法定货币体系下运用区块链等新技术实现的货币数字化、智能化（随着技术的进步，货币电子化、数字化也一直在推进），还是模仿比特币、以太币等网络加密数字货币形成另外一套全新的货币体系，却不甚清楚。

也正因为如此，央行的行动反而更加刺激了社会上对比特币、以太币等网络加密"数字货币"的热情，不少人坚定地认为，央行之所以急于推出自己主导的数字货币，就是因为新兴的网络加密"数字货币"已经对传统的法定货币构成了严重威胁，说明新兴的数字货币具有强大冲击力和价值，必须抢占难得的历史机遇或时代风口，积极投资比特币、以太币等网络数字货币，这推动了网络数字货币价格快速上涨。

实际上，有的中央银行也确实认为比特币、以太币等网络数字货币可能代表了网络世界的发展方向，必须紧跟潮流，抢占数字货币先机，在网络世界中形成影响力、争夺话语权，力争使自己的数字货币成为网络世界的国际中心数字货币，并且模仿比特币、以太币开始投入资源设计自己的数字货币。

但由于比特币、以太币等网络数字货币最大的特点是"去中心"，这与一个国家中央银行主导的"中心化"的数字货币本身存在根本性的冲突，在体制机制上很难协调。而且，即使央行能够模仿比特币、以太币等设计一套不同于法定货币的全新货币体系，这一货币体系也难以在一夜之间完全替代现有法定货币体系（至少现金在短时间内是无法完全取消的），这就意味着一个国家将要在很长时间内并行两套货币体系，从而使货币当局面临巨大挑战和风险，稍不小心就可能造成货币体系的混乱，引发金融运行乃至经济社会的剧烈动荡，这是非常危险的。

因此，央行主导的数字货币，不可能是模仿比特币、以太币等挖矿造币式的全新的货币体系，而只能是法定货币的数字化、智能化。

（三）货币数字化应注意的问题

即使不是完全模仿比特币、以太币推出一套全新的数字货币体系，而是运用区块链技术推进现有货币的数字化，也存在很多复杂问题需要搞清楚。

1. 数字货币如何安全高效推出，需要非常谨慎小心。央行主导的数字货币，实际上只能是以数字货币替代和减少央行印制和投放的现金（即M0），但采用什么样的技术，需要什么样的投入，可能达到什么样的效果，如何规避可能的风险，能否比现有的"电子货币"更具优势等，需要认真论证，确保安全高效。

2. 央行数字货币的运行模式选择是有条件的。数字货币实际上是在一定的网络平台上运行的货币数字，不再像现金一样有实物、有面额、有编码。央行要发行数字货币，还面临一个实际运作的模式问题，即是继续沿

用现行的"中央银行——商业银行——社会大众"的运行体系（所谓"二元模式"），还是改成"中央银行——社会大众"的运行体系（所谓"一元模式"）？

从道理上讲，只要央行数字货币的网络平台可以对社会开放，允许社会大众（包括法人和自然人）直接在央行网络平台上注册（开户），即可实施"一元模式"，从而减少货币投放和流通的中介环节，提高效率、降低成本，更加方便央行对货币流通的跟踪和监管。这在技术上是能够实现的。

但这却涉及一个重要的专业和体制问题，即央行能否直接面向社会大众进行提供贷款等货币的信用投放。如果央行可以直接面向社会大众进行提供贷款等信用货币投放，那么实施"一元模式"就完全没有问题。但是，如果允许央行直接面向社会大众提供货币的信用投放，那就需要面对一个老问题，即如何控制央行过度投放货币。

要知道，在货币进入信用货币体系之后，央行因为拥有发行货币的充分权力，而失去财务硬约束，如果允许央行直接面向社会提供信贷等信用货币投放，非常容易造成货币超发、滥发，因此，越来越多的国家以法律的形式区分中央银行与商业银行，将货币的印制以及货币政策的制定和实施交给中央银行，而将货币的信用投放交给商业银行，并相应加强对商业银行经营状况的监管，允许经营不善的商业银行破产倒闭，强化其财务硬约束，从而防止随意扩大货币的信用投放，维持货币体系的健康稳定。

如果推出央行数字货币后，允许央行直接面向社会提供贷款等信用投放，也就意味着未来不再需要商业银行，一个国家只需要一家发币银行就行了（不存在中央银行与商业银行之分，就像我国改革开放之前，全国只有"中国人民银行"一家银行一样），那么，如何加强发币银行的管理，包括没有竞争，如何提升其服务水平等，就成为需要解决的新的现实问题。

而且，这涉及整个货币金融体系的巨大变革，处理不好，可能引发剧烈的金融动荡乃至金融危机，对此，必须充分认识和高度警惕。

金融是现代经济的核心，是社会资源配置的枢纽，而货币则是金融的基础和灵魂，支付清算是货币金融运行的血脉与经络，货币体系的变革影响巨大且极其深刻，需要积极探索，勇于实验，但又必须非常小心谨慎，要广泛听取不同意见，在充分论证、具有较大把握的基础上才可以真正进行开发和实施，千万不可冲动和盲动，千万不能好大喜功，急于追求第一。需要注意的是，到目前为止，还没有证据显示，相比央行现有工具，数字货币可使央行更好地实施货币政策和进行金融监管。

因此，经过一段时间的论证和探索，目前世界各国中央银行对推出自己主导的数字货币已经明显趋于谨慎。在欧元区，德国央行一位董事会成员 2017 年 12 月表示，排除在欧元区出台官方数字货币的可能性。美国财政部长努钦在 2018 年 1 月表示，现在没有必要发行国家数字货币。自 2018 年 1 月以来，加拿大、瑞士、荷兰、韩国、日本等国的央行也先后表示，目前暂缓推出国家数字货币的计划。国际清算银行（BIS）在 2018 年 3 月 12 日发表的一份报告中也表示，各国央行在发行自家的加密数字货币前，应认真考虑潜在风险和溢出效应，BIS 市场委员会主席杰奎琳·洛（Jacqueline Loh）表示，推出央行数字货币"存在我们目前尚未充分了解的风险，迈向可能推出 CBDC 的每一步都应该要深思熟虑"。

3. 数字货币并不就是网络加密数字货币。中国央行也逐步明确，央行主导的数字货币不是比特币、以太币那种全新的网络加密数字货币，总体上仍是在现有法定货币及其运行体系（包括商业银行在内的"二元模式"）下，充分运用包括区块链在内的各种技术，进一步提升法定货币的数字化程度，主要是取代货币现金（M0），实现"可控匿名"，与人民币 1：1 完

全对应，不需要"挖矿"产生。

可见，完全拘泥于"比特币区块链"范式，是没有多大价值和发展空间的，区块链的发展必须跳出"比特币区块链"的思维和范式。区块链是多种技术的集成创新，是一种全新的探索，当前仍处于初创期、探索期，要积极研究和探索，但不能盲目崇拜、过度夸大、轻言颠覆，更不应打着区块链的旗号，从事金融诈骗活动。对技术必须保持客观理性的科学精神，避免理想主义、盲目追求完美。区块链底层技术的探索和完善需要一个很长的过程，需要大量的投入。现阶段在应用层面，要注重将现实世界的资产或价值，以及相应的各种票证、单据、影像等信息化推送到线上运行，并从源头上确保其合法性、真实性和准确性，进而利用区块链技术，对其全流程进行加密和分布式处理与存储等，确保其不可篡改和造假，以及系统与信息的安全稳定。可以对用户进行积分或代币方式的激励，但必须明确和严守规则，不应采取挖矿造币式的做法。尤其是在跨境运行的网络平台上，为减少因涉及多国身份信息和货币种类同时运行产生的成本、风险问题，可以在线下按照监管要求建立用户身份信息之后，一对一地赋予其线上新的专用网络身份（数码），并允许其用法定货币兑换成网络代币后参与网络运行，在网络平台上只运行一种身份和唯一的代币，从而大大提高运行效率、降低风险和成本。

对数字货币，必须谨慎对待，要充分把握货币发展演变的逻辑和规律，利用先进科技，积极推动货币的数字化及其投放和运行的效率提高、成本降低、严密风控，越来越充分地发挥金融的积极作用，促进经济社会健康发展，而不能随意创造货币，扰乱货币金融秩序，恶意骗取或盗窃社会财富，造成经济金融和社会发展出现严重问题。

四、委内瑞拉"数字石油币"

委内瑞拉政府 2018 年 1 月 31 日正式发布《石油币白皮书》，宣布将从 2 月 20 日起预售该国自行开发的加密数字货币"石油币（Petro）"。

根据石油币项目白皮书介绍，石油币是基于区块链技术，使用以太坊 ERC20 标准，公正透明，完全可以信任；石油币总量为 1 亿个，以委内瑞拉奥里诺科重油带阿亚库乔区块 1 号油田的 50 亿桶石油储量作为发行石油币的物质基础，石油币无须通过耗费计算机算力和大量电力进行"挖矿"产生，所有石油币都是被预先创建并由委内瑞拉政府直接出售，与股票在一级市场公开发行类似；指定的石油储量只是作为石油币的物质基础（石油储量与石油币的规模之比为 50：1），石油币不能直接兑换石油，但委内瑞拉政府承诺，接受石油币作为个人或机构缴纳税费和购买公共服务的支付方式；每个石油币与 1 桶石油等价，预售期单个石油币首次发售价为 60 美元。未来石油币的定价要根据石油实际的国际市场价和石油币当时的交易价来确定；石油币与委内瑞拉现有法定货币玻利瓦尔的汇率将由官方授权的虚拟货币交易所每日公布；4 月起，石油币将在委内瑞拉国内和国际上的加密数字货币交易平台进行二级市场交易（石油币使用以太坊 ERC20 标准，理论上可以立即兼容以太坊钱包和交易所）。

有关销售和使用的安排是：非公开预售阶段为 2 月 20 日至 3 月 19 日，计划售出 3840 万个石油币，投资者将根据认购时间先后获得可观的折扣，越早越优惠；3 月 20 日起，公开发行 4400 万个石油币，折扣也会根据购买时间先后逐步减少；剩余 1760 万个石油币将由委内瑞拉政府设立的数字加密货币管理总局（SUPCACVEN）持有。石油币的发行收入中，15％投入

科技研发，15％投入数字加密货币生态环境建设，15％投入石油币相关项目，其余55％进入国家主权基金。

委内瑞拉政府承诺，今后不会发行更多的石油币，但石油币网络拥有权益证明功能，该功能可使用户在持有石油币一段时间后获得额外的石油币奖励，类似银行利息，石油币总量也会在未来按照"利率"自然缓慢增加。这个功能初始是关闭的，但可以由委内瑞拉政府数字加密货币管理机构主动发起是否开启该功能的投票，并由全体石油币持有者投票决定。

从上述方案看，石油币采用了以太坊ERC20标准，除不需要"挖矿"产币之外，基本上都采用了以太坊的技术原理，而且其发售方案更是极具ICO的典型特征。

2018年2月20日，委内瑞拉总统马杜罗宣布正式开始国家数字货币石油币的预售。马杜罗强调，石油币是第一个由国家主权发行，并以石油资源作为支撑的加密数字货币，将用来进行国际支付，成为委内瑞拉在国际上融资的一种新方式。"石油币将成为委内瑞拉经济稳定和财政独立的工具，支持建立一个更自由、更平衡和更公平的国际金融体系的伟大的全球愿景。"

据委内瑞拉宣称，Petro预售首日即募集到7.35亿美元的预购订单，预售获得成功。这让很多热衷加密数字货币的人备感欣喜、深受鼓舞。

但委内瑞拉石油币从设计方案到预售结果都遭到很多人的质疑，主要是：（1）委内瑞拉确实是全世界石油储量非常丰富的国家之一，但近年来随着国际市场上石油价格的下降，委内瑞拉财政和金融状况非常糟糕，其法定货币玻利瓦尔在2017年更是严重贬值，国家信用严重恶化，在法定货币都难以维持的情况下，再以某一特定地块的石油储量作为基础，发行数字加密货币，其信用令人担忧；（2）如果其石油币能够成功发行和流通，那么其法定货币就将进一步受到伤害；（3）即使石油币成功发行和流通，也不可能很快取代其法定货币，那就意味着在委内瑞拉将流通两种货币体系，二者之间的汇率和协调完全由委内瑞拉政府主导，同样令人担忧；（4）石油币更像基于委内瑞拉原油的基金或者 ETF 投资组合，石油币相当于委内瑞拉的变相国债，而且要募集的是美元，而非本币，难度更大，等等。

委内瑞拉制宪国民议会宣布这个国家数字货币是对未来的透支，未经议会同意，是不合法的，"发行石油币绝对是无效的"。

另外，2018 年 2 月 22 日，美国发表严重声明，"石油币应被视为基于委内瑞拉政府信用的债券"，属于美国对委内瑞拉制裁的范围，严格禁止美国公民购买，任何参与石油币炒作的人，都将被列为制裁的对象。

国际社会对这种石油币预售的成功也表示严重怀疑。《华尔街日报》的评论称："这一数据无法被验证，就如同该政权各种经济政策一样神秘"，"非常令人疑惑的是，在文明世界谁会愿意买石油币呢？毕竟想要在石油上投机，已经有了很多可靠程度更高的途径。"

实际上，近年来不少国家，特别是遭受美国等西方国家严厉制裁，严重缺乏外汇来源，经济发展严重受阻，货币大幅贬值的国家，尤其是石油等特殊资源储藏丰富的国家，都出现了模仿网络加密数字货币的模式，以本国石油或其他资源储备作为基础，推出本国法定加密数字货币的冲动乃至行动。其中，除委内瑞拉外，伊朗、俄罗斯、波兰等国家，甚至连遭遇货币贬值困扰的瑞典，也启动开发数字货币"ekrona"的行动，有官员于 2017 年 11 月表示，计划两年内推出此加密货币。以色列央行消息人士透露，该国央行为创建一个更为快捷的支付系统和减少现金量，正考虑推出官方数字货币，并可能把该方案纳入 2019 年的预算和经济计划。还有报道说，日本正计划在 2020 年东京奥运会开幕以前推出自己的全国通用数字货

币"J Coin",这种数字货币将由瑞穗金融集团和日本邮政银行牵头的银行财团进行规划和推出,这两家银行都已获得日本央行和金融监管当局的支持。

但是,如前所述,目前人们对比特币、以太币等数字货币及其依托的区块链体系尚未完全掌握,网络加密数字货币作为一种全新的产物,与法定货币体系如何有效衔接和融合,还存在诸多重大问题有待明确,甚至难以设想在法定货币体系下再运行一套全新的数字加密货币体系。在法定货币都难以很好运行和维护的情况下,再推出一套新的货币体系,不仅货币对应物上难以区隔,法理上难以成立,而且更不容易同时维护好两套货币体系的运行。在这种情况下,急于争当第一,盲目崇尚和匆忙推出数字货币,是非常冒险、极其危险的,弄不好,将对现行货币体系,对金融乃至经济社会运行带来巨大冲击。

第三章　互联网金融发展

::: **想 一 想**

　　互联网金融是在什么背景下产生的？中国为什么会率先提出和领先发展互联网金融？为什么又要开展互联网金融专项整治？互联网金融与金融科技有何异同？互联网金融的发展需要把握哪些方向性趋势？为什么互联网金融会突出网络支付、网络交易和网络资管三大领域？为什么业务场景、获客能力和用户认知将成为金融竞争的焦点？为什么要发展"交易银行"模式？

　　金融本质上就是以货币为载体，通过各种金融活动，实现社会资源的有效配置，从而实现社会资源最大程度的保值增值。要充分发挥金融的作用，就要不断利用先进科技，提高货币金融的运行效率、强化金融监管与风险控制，降低风险和运行成本。

　　金融作为现代经济的核心和社会资源配置的枢纽，互联网的发展也必然给金融运行带来深刻冲击和巨大影响。

一、互联网金融野蛮生长

　　"互联网金融"概念甫一提出便开始野蛮生长。

阿里巴巴公司于 2003 年 5 月创立淘宝电商平台，推动互联网平台购物的发展，相应需要解决网上购销双方不见面、不相识而存在的信任问题和资金收付问题，于是配套推出了淘宝支付，于 2004 年更名为支付宝（Alipay），要求购物方要预先在"支付宝"上开立备付金（或保证金）存款账户，在网上下订单后，需要将款项全额打入备付金账户，接受支付宝的监管，卖家可以按照约定大胆发货，在约定时间内，如果买方没有提出异议，支付宝即将款项转入卖家账户，由此解决了买卖双方的信任和资金收付问题。

但这种可以开立备付金存款账户，吸收存款的非银行支付机构，一开始并没有得到相应的金融监管①，支付机构将获得的备付金存款视为己有，可以自己的名义存放银行甚至挪用，而且由于拥有支付和相应的备付金存款，已经具有类银行的功能和发展潜力，为其利用互联网新技术加快发展全面的金融业务奠定了极其重要的基础。

随着支付宝以及类似网络支付和预付费卡等支付机构的发展，以及相关问题的暴露，主管支付业务的中央银行开始加强监管，颁发了专门的第三方支付公司牌照，并要求加强备付金的托管与资金收付的监管规则落实等。

2013 年 6 月，在支付宝备付金账户受到越来越严格的监管，特别是监管要求其客户备付金需要实施银行托管的情况下，阿里集团所属的蚂蚁金服联合公募基金公司天弘基金（天弘基金是余额宝的基金管理人），推出了主要投资于银行间市场的货币基金，将客户支付宝的余额进行资金管理和增值服务的新型金融产品——余额宝。余额宝操作简便、门槛很低（1 元起步）、零手续费、可随取随用。除理财功能外，余额宝还可直接用于购

---

① 这在很多金融发达国家是不允许的，比如，美国电商交易的资金结算只能通过银行等合法的存款性机构进行，即使后来推出的 Apple Pay，也只是收付信息通道，而不能获取用户及其银行卡的真实信息。

物、转账、缴费还款等消费支付，是移动互联网时代全新的现金管理工具。余额宝的推出得到社会上的热烈响应，资金规模急剧扩张，到 2014 年底即达到 5898 亿元，并实现规模惊人的利润，仅仅半年时间，其资金和盈利规模就超过很多经营 20 年的城商银行、农商银行等的规模，进而又带动相关联的支付宝以及淘宝、天猫（阿里的电商平台）的注册用户增加，相应地将商业银行的活期存款转移出来，给商业银行的经营带来很大压力，在一定程度上引发了 2013 年 6 月银行间市场严重的"钱荒"（流动性严重紧张），在社会上产生了巨大的震动，引起了广泛关注。有人指出，余额宝这种与基金合作，运用互联网进行金融创新和跨界运作的做法，是互联网金融，这种互联网金融的发展，将给传统金融带来巨大冲击，甚至可能产生颠覆性的冲击。在 2013 年下半年，"互联网金融"的概念率先在中国出现并快速升温，2013 年成为中国互联网金融元年。

互联网金融概念产生和升温之后，在国家大力支持"互联网＋"应用发展，各地政府纷纷出台鼓励和扶持政策的情况下，互联网支付、网络贷款（P2P、小额贷款）、网络众筹、网络保险、网络基金销售、网络理财、网络信托、网络消费金融、网络征信等冠以"互联网"或"平台公司"名义发展的金融或类金融风起云涌，增长迅猛。

二、互联网金融的监管

在互联网金融野蛮生长的过程中，金融监管严重缺乏，很多互联网金融公司实际上是借用互联网金融的旗号，避开金融严苛的准入门槛和监管，更加自由地进入金融领域，开展金融活动，并没有真正把握金融的本质和

逻辑，有效利用互联网等信息技术提高效率、降低成本，实际上是低水平的迅猛扩张，再加上越来越活跃、规模迅速增大的资本推动，从 2014 年开始，互联网金融在中国发展热火朝天，各种相关的论坛、培训班、理论研究、文章书籍、学位课程等应运而生，有人极力鼓吹，在互联网时代，资金供需双方的信息可以直接交互，解决了信息不对称问题，因此，金融中介必然会被淘汰，P2P、众筹将成为金融的终极模式。

这种认识完全忽略了现实：互联网的发展有利于解决信息不充分不对称问题，但随着互联网的发展，信息传播的面越来越广、量越来越大，普通个人或小微企业很难准确甄别信息的真伪，更难以准确识别和有效控制项目风险，完全由其自己从事贷款投放或股权投资，是非常危险的，在中国社会征信体系刚刚起步、社会法律环境有待提高的情况下，更是如此。不顾现实，违反逻辑，盲目鼓励互联网金融野蛮发展，很快就开始产生和暴露问题，并不断积累形成严重的风险隐患。

在这种情况下，为鼓励金融创新，促进互联网金融健康发展，明确监管责任，规范市场秩序，经党中央、国务院同意，中国人民银行、工业和信息化部、公安部、财政部、国家工商总局、国务院法制办、中国银行业监督管理委员会、中国证券监督管理委员会、中国保险监督管理委员会、国家互联网信息办公室于 2015 年 7 月 18 日联合印发了《关于促进互联网金融健康发展的指导意见》（银发〔2015〕221 号，简称《指导意见》）。

《指导意见》强调，"互联网金融是传统金融机构与互联网企业（以下统称"从业机构"）利用互联网技术和信息通信技术实现资金融通、支付、投资和信息中介服务的新型金融业务模式。""互联网金融本质仍属于金融，没有改变金融风险隐蔽性、传染性、广泛性和突发性的特点。加强互联网金融监管，是促进互联网金融健康发展的内在要求。同时，互联网金融是新生事物和新兴业态，要制定适度宽松的监管政策，为互联网金融创新留有余地和空间。通过鼓励创新和加强监管相互支撑，促进互联网金融健康发展，更好地服务实体经济。"

《指导意见》鼓励银行、证券、保险、基金、信托和消费金融等金融机构依托互联网技术，实现传统金融业务与服务转型升级，积极开发基于互联网技术的新产品和新服务；支持有条件的金融机构建设创新型互联网平台，开展网络银行、网络证券、网络保险、网络基金销售和网络消费金融等业务；支持互联网企业依法合规设立互联网支付机构、网络借贷平台、股权众筹融资平台、网络金融产品销售平台，建立服务实体经济的多层次金融服务体系，更好地满足中小微企业和个人投融资需求，进一步拓展普惠金融的广度和深度；鼓励电子商务企业在符合金融法律法规规定的条件下自建和完善线上金融服务体系，有效拓展电商供应链业务。鼓励从业机构积极开展产品、服务、技术和管理创新，提升从业机构核心竞争力；支持各类金融机构与互联网企业开展合作，建立良好的互联网金融生态环境和产业链。

《指导意见》的出台，首次以政府法规的名义确立了"互联网金融"的概念与合法性，在总体上鼓励和支持互联网金融发展的同时，也开始将其纳入监管的范畴，开始逐步强化互联网金融的监管。

随着监管的加强，互联网金融领域存在的问题加快暴露，有关部门联合出手，打击处置了一批违法经营金额大、涉及面广、社会危害大的互联网金融风险案件。这项工作今后仍有待持续加强。

根据《指导意见》的要求，2015年12月31日，经国务院批准，民政部公告，中国互联网金融协会成立。2016年3月25日，中国互联网金融协会在上海黄浦区召开成立大会，正式宣告成立，成为由中国人民银行会同

银监会、证监会、保监会等国家有关部委牵头组织建立的国家级互联网金融行业自律组织。

三、互联网金融专项整治

为进一步整治互联网金融领域违法违规行为，切实防范风险，建立监管长效机制，促进互联网金融规范有序发展，2016 年 4 月开始，国务院启动为期一年的互联网金融专项整治活动。2016 年 10 月 13 日，在前期摸底排查和研究准备的基础上，国务院办公厅公布了《互联网金融风险专项整治工作实施方案》（国办发〔2016〕21 号，简称《实施方案》），对互联网金融风险专项整治工作进行了全面部署。《实施方案》要求集中力量对 P2P 网络借贷、股权众筹、互联网保险、第三方支付、通过互联网开展资产管理及跨界从事金融业务、互联网金融领域广告等重点领域进行整治。专项整治工作计划 2017 年 3 月底完成，到期后根据实际情况又有所延长，到 2018 年 6 月末尚未结束。

《实施方案》关于重点整治问题和工作要求包括：

（一）P2P 网络借贷和股权众筹业务

1. P2P 网络借贷平台应守住法律底线和政策红线，落实信息中介性质，不得设立资金池，不得发放贷款，不得非法集资，不得自融自保、代替客户承诺保本保息、期限错配、期限拆分、虚假宣传、虚构标的，不得通过虚构、夸大融资项目收益前景等方法误导出借人，除信用信息采集及核实、贷后跟踪、抵质押管理等业务外，不得从事线下营销。

2. 股权众筹平台不得发布虚假标的，不得自筹，不得"明股实债"或变相乱集资，应强化对融资者、股权众筹平台的信息披露义务和股东权益保护要求，不得进行虚假陈述和误导性宣传。

3. P2P 网络借贷平台和股权众筹平台未经批准不得从事资产管理、债权或股权转让、高风险证券市场配资等金融业务。P2P 网络借贷平台和股权众筹平台客户资金与自有资金应分账管理，遵循专业化运营原则，严格落实客户资金第三方存管要求，选择符合条件的银行业金融机构作为资金存管机构，保护客户资金安全，不得挪用或占用客户资金。

4. 房地产开发企业、房地产中介机构和互联网金融从业机构等未取得相关金融资质，不得利用 P2P 网络借贷平台和股权众筹平台从事房地产金融业务；取得相关金融资质的，不得违规开展房地产金融相关业务。从事房地产金融业务的企业应遵守宏观调控政策和房地产金融管理相关规定。规范互联网"众筹买房"等行为，严禁各类机构开展"首付贷"性质的业务。

（二）通过互联网开展资产管理及跨界从事金融业务

1. 互联网企业未取得相关金融业务资质不得依托互联网开展相应业务，开展业务的实质应符合取得的业务资质。互联网企业和传统金融企业平等竞争，行为规则和监管要求保持一致。采取"穿透式"监管方法，根据业务实质认定业务属性。

2. 未经相关部门批准，不得将私募发行的多类金融产品通过打包、拆分等形式向公众销售。采取"穿透式"监管方法，根据业务本质属性执行相应的监管规定。销售金融产品应严格执行投资者适当性制度标准，披露信息和提示风险，不得将产品销售给风险承受能力不相匹配的客户。

3. 金融机构不得依托互联网通过各类资产管理产品嵌套开展资产管理

业务、规避监管要求。应综合资金来源、中间环节与最终投向等全流程信息，采取"穿透式"监管方法，透过表面判定业务本质属性、监管职责和应遵循的行为规则与监管要求。

4. 同一集团内取得多项金融业务资质的，不得违反关联交易等相关业务规范。按照与传统金融企业一致的监管规则，要求集团建立"防火墙"制度，遵循关联交易等方面的监管规定，切实防范风险交叉传染。

（三）第三方支付业务

1. 非银行支付机构不得挪用、占用客户备付金，客户备付金账户应开立在人民银行或符合要求的商业银行。人民银行或商业银行不向非银行支付机构备付金账户计付利息，防止支付机构以"吃利差"为主要盈利模式，理顺支付机构业务发展激励机制，引导非银行支付机构回归提供小额、快捷、便民小微支付服务的宗旨。

2. 非银行支付机构不得连接多家银行系统，变相开展跨行清算业务。非银行支付机构开展跨行支付业务应通过人民银行跨行清算系统或者具有合法资质的清算机构进行。

3. 开展支付业务的机构应依法取得相应业务资质，不得无证经营支付业务，开展商户资金结算、个人 POS 机收付款、发行多用途预付卡、网络支付等业务。

（四）互联网金融领域广告等行为

互联网金融领域广告等宣传行为应依法合规、真实准确，不得对金融产品和业务进行不当宣传。未取得相关金融业务资质的从业机构，不得对金融业务或公司形象进行宣传。取得相关业务资质的，宣传内容应符合相关法律法规规定，需经有权部门许可的，应当与许可的内容相符合，不得进行误导性、虚假违法宣传。

《实施方案》强调要严格互联网金融准入管理：设立金融机构、从事金融活动，必须依法接受准入管理。未经相关有权部门批准或备案从事金融活动的，由金融管理部门会同工商部门予以认定和查处，情节严重的，予以取缔。工商部门根据金融管理部门的认定意见，依法吊销营业执照；涉嫌犯罪的，公安机关依法查处。非金融机构、不从事金融活动的企业，在注册名称和经营范围中原则上不得使用"交易所""交易中心""金融""资产管理""理财""基金""基金管理""投资管理""财富管理""股权投资基金""网贷""网络借贷""P2P""股权众筹""互联网保险""支付"等字样。凡在名称和经营范围中选择使用上述字样的企业（包括存量企业），工商部门将注册信息及时告知金融管理部门，金融管理部门、工商部门予以持续关注，并列入重点监管对象，加强协调沟通，及时发现识别企业擅自从事金融活动的风险，视情采取整治措施。

同时要求强化互联网金融资金监测：加强互联网金融从业机构资金账户及跨行清算的集中管理，对互联网金融从业机构的资金账户、股东身份、资金来源和资金运用等情况进行全面监测。严格要求互联网金融从业机构落实客户资金第三方存管制度，存管银行要加强对相关资金账户的监督。在整治过程中，特别要做好对客户资金的保护工作。

在互联网金融专项整治过程中，一大批假冒伪劣的互联网金融企业暴露问题，得到整治。2017年，互联网金融的热潮明显降温，重大风险隐患得到有效遏制。2018年第二季度，随着整个金融强监管、去杠杆、防风险的不断加强，剩下的P2P公司违约问题进一步暴露，互联网金融安全得到有效保障。

四、互联网金融变相发展

随着互联网金融专项整治的开展，互联网金融明显降温，各种论坛和学科设计纷纷回避"互联网金融"字样，转而改为国外流行的"金融科技"（Fintech），不少互联网企业或新的创业团队也宣称不做互联网金融，而致力于发展金融科技。金融科技的概念逐步呈现出取代互联网金融的态势。

但实际上金融科技的概念并没有准确的定义，与互联网金融有何不同也没有清晰的界定，很多时候都是换汤不换药，或者试图更换名称以逃避金融监管。

金融科技，由英文单词 Fintech 翻译而来。Fintech 则是由 Finance（金融）与 Technology（科技）两个词合成而来。按照国际权威机构金融稳定理事会（FSB）的定义，金融科技是指能带来金融重大创新变化的科学技术，它能创造新的金融业务、流程、产品，重塑金融组织模式、运行方式，对金融市场、金融机构、金融服务等造成重大影响，既可以包括前端应用，也包含后台技术。目前主要包括互联网、云计算、大数据、人工智能、区块链、数字币等一系列的技术应用。

金融科技与互联网金融存在重合的地方，但也存在明显的不同，不能完全混为一谈。

互联网金融的重音落在"金融"上，特指主要运用互联网相关技术形成的，不同于传统金融，着重突出互联网时代特色或特征的金融新模式。

金融科技的重音应该是在"科技"上，是指要大力发展和积极运用能够推动金融深刻变革的科学技术。金融科技是由科技人士提出的，主要是随着互联网以及云计算、大数据、人工智能、影像采集、生物识别、区块链等技术的发展，科技人士越来越发现，这些技术具有巨大应用潜力、可能创造颠覆效应的领域应该是金融，特别是如果能创造出全新的加密数字货币与相应的收付清算体系，将带动货币金融发生极大的变化，对经济社会发展产生极其深刻的影响，因此，要特别重视金融科技的发展和应用，于是有人将 Finance 与 Technology 两个词合成产生了 Fintech 的概念。

可见，互联网金融和金融科技都强调互联网等相关技术在金融领域的创新和广泛应用，并将深刻改变金融的模式和运行方式，二者有很多共同的地方。但二者又存在质的不同：互联网金融企业应该是金融机构（要有金融牌照，接受金融监管），金融机构应该积极运用金融科技，推动转型升级，提升自身素质。而金融科技公司不应是金融机构，而只能是为金融机构提供服务和支持的科技公司，不应有金融牌照，不能从事金融业务。

互联网金融强调金融科技的发展，已经从以电脑（IT）应用为主，转向以互联网相关技术的应用为主，需要高度重视和积极推动互联网及其相关技术在金融领域的开发和应用。"互联网金融"是金融发展的一个阶段性名称，具有强烈的时代特征和技术指引意义。

有人认为，叫"互联网金融"并不合适，就如同以前不能因为电脑的广泛应用就叫"电脑金融"一样，而且未来随着互联网应用的普及，叫互联网金融就失去意义了，况且金融科技包括的技术远远超出互联网的范围。这种说法其实是过于教条了。

更重要的是，随着金融科技的发展，2017 年比特币、以太币等网络加密数字币的"挖矿"和炒作在中国迅速升温，中国在"挖矿"产币、数字币交易、ICO 运作等方面一度全球领先，吸引越来越多的人和社会资金蜂拥而入，尽管中国在 2017 年 9 月 4 日就在全球率先叫停 ICO，并随之关停中国境内法定货币与数字币的交易平台，一度使得数字币、区块链有所降

温，但在国外数字币加速升温的带动下，从 2017 年 11 月开始，数字币、区块链再次升温，而且势头更加猛烈，大量的区块链公司和自媒体迅猛涌现，金融科技的风头完全被掩盖。这再度将互联网金融或金融科技的发展引上歧途，亟待再次开展或不断深化相关领域的专项整治。

五、互联网金融发展方向

如前所述，互联网的发展正在推动相关技术和信息社会发展进入一个全新的阶段，对经济社会发展带来极其深刻的影响。金融作为社会资源配置的枢纽、现代经济运行的核心，必然也会受到互联网发展的深刻影响，必须紧跟时代潮流，积极拥抱和运用互联网及其相关技术，推动自身转型升级，提高效率、降低成本、严密风控，更好地发挥货币金融的积极作用。因此，我们提出和推动互联网金融的发展，突出互联网的时代特征，强调高度重视和积极运用互联网及其相关技术推动金融发展，具有重要的现实意义，不必对互联网金融产生怀疑和犹豫，新阶段仍应大力推动互联网金融健康发展。

（一）加强互联网科技与货币金融的科学融合

互联网金融是"互联网"＋"金融"，是要将互联网及其相关技术更好地应用到金融领域，推动货币金融的创新与变革。因此，要推动互联网金融健康发展，必须准确把握互联网发展的方向和时代特征，不能对互联网新时代的到来视而不见、置若罔闻。同时也要准确把握货币金融的本质属性、内在逻辑和发展规律，保持货币金融体系的相对稳定和健康发展，不能盲目创新，扰乱金融秩序，以致引发严重的金融风险。

目前，金融科技底层技术的创新发展，主要是科技人员在推动，往往缺乏对货币金融的本质属性、内在逻辑和发展规律，以及实际的运行体系和状况等的基本了解，急于创造新的货币与清算体系（如比特币、以太币等各种加密数字币及其运行体系），结果很容易偏离现实，走上歧途，甚至出现庞氏骗局或被传销组织所利用，造成严重的社会问题。与此同时，由于金融科技往往大量运用复杂的高等数学、密码学、网络科技等，甚至形成新的多重技术组合，对货币金融领域的从业人员，以及相关的司法、监管部门和研究机构而言，似乎高深莫测，难以把握，因而容易出现敬而远之，或者盲目推崇的倾向，往往害怕背负阻碍时代发展和丧失领先机遇的骂名而不敢秉公执法、有效监督。这成为近年来互联网金融或金融科技加快发展过程中，负面问题也随之层出不穷，数字币、区块链的发展更是在全球范围内聚集巨大泡沫，产生重大风险隐患的重要原因。

因此，要促进互联网金融的健康发展，必须加强科技界与金融界的相互尊重和沟通交流，促进互联网科技与货币金融的密切配合与科学融合。

（二）互联网推动金融发展轨迹发生重大转变

自货币金融产生以来，一直朝着专业化、独立化的方向演化与推进，形成"虚拟经济"的概念，与"实体经济"相对应。基于防范金融系统性风险的要求，金融机构的经营和监管也越来越倾向于"分业经营、分业监管"，金融越来越脱离实体经济，相对独立运行。

但互联网的发展呈现强烈的互联互通、跨界融合的特性，正在打破越来越多的传统分工边界，实现产业链垂直整合、横向融合，在更大的范围、更高的层次上实现分工合作、协同发展。其中，金融作为经济社会运行的

血脉，其严格管控的边界也开始被打破，越来越多的金融功能开始融入经济活动进行一体化、流程化、数字化、自助式（由经济活动的当事人输机和操作）运行，货币金融的发展开始由"脱实向虚"转变为"脱虚向实"。

互联网的发展，正在推动移动支付、货币数字化、各种纸质凭证的信息化、业务处理和风险控制的自动化和智能化、以客户为中心的信息集中化和服务多元化等方面的加快发展，货币金融的功能会进一步增强，但需要专门机构、专业人员实际操作的业务会大量减少，相应的，金融机构、网点设备、从业人员等将会削减。

（三）金融运行将更加突出网络化、平台化

随着互联网在金融领域的应用和发展，长期以来形成的需要机构牌照、实行分业监管、基本独立运行的格局正在发生变化，将集中体现在三大领域：网络支付、网络交易、网络资管。

1. 网络支付。如前所述，支付清算是货币金融运行的血脉或经络，是联系经济活动及其当事人与货币金融运行的桥梁或纽带，也是最容易被科学技术改造的环节。互联网及其相关技术的发展，首先就会对货币的收付清算方式和运行体系产生冲击，形成互联网支付新模式。这其中可能变革的主要领域有：

一是实现收付清算的信息采集与产生收付需要的经济活动的信息处理进行融合，实现付款人存款账户信息系统与产生收付需要的前端业务处理系统的有机连接和收付信息的自动获取，避免第三方人工干预和纸质凭据的另行传递，消除由此产生的成本和相关风险。

二是要保证相关信息传输的及时性、准确性和安全性，以及账户中心验证信息准确性的高效便捷，满足客户体验的基本要求。如果在银行存款账户和相应的支付清算体系之外，形成了专门的网络支付公司（即所谓的"第三方支付公司"），用户不仅需要在银行开立存款账户，而且需要在网络支付公司开立专门的备付金账户，那就需要按照存款性金融机构对网络支付公司进行管理，网络支付公司同样需要满足存款实名制（KYC）、反洗钱、反恐怖输送等方面的监管要求，而且需要根据存款性金融机构风险控制能力对不同的存款账户进行必要的分级，实行差别式的支付限额管理和保证金管理等。

三是在客户开户信息采集和验证环节，可以利用脸谱识别、指纹识别、虹膜识别等生物识别技术，以及联网身份核实技术等，进行远程操作，为客户提供方便。

四是在跨境支付平台上，由于将涉及多国不同的身份规则，如中国有中国的身份证、美国有美国的 ID 等，以及不同国家的法定货币，如人民币、美元等，如果直接在网络支付平台上逐笔核对客户身份信息、同时运行多种法定货币，将给支付平台带来很大的成本和风险，因此，可以考虑在建立完善的用户身份信息后，重新赋予各国用户统一的网络平台新的身份，并形成与其法定身份信息完全一一对应的机制，以便需要核查时可以随时查到其法定身份。同时，建立一套网络平台上运行的统一的代币体系（无须"挖矿"产生），允许用户用法定货币兑换网络代币用于网络支付，在需要时，还可以将网络代币兑换回去（原币、原账户、原户名）。这样，日常办理支付业务时，可只运行网络平台统一的身份信息和代币，效率可以大大提高，而且成本和风险可以大大降低。

目前，在网络支付，包括手机移动支付方面，中国已经取得了很大进步，居世界领先地位，未来仍将不断改进和探索创新，包括身份证、营业执照等各种重要单证、凭据、合约等都可以信息化、网络化存储和运行。

手机正在成为互联网最重要的终端和入口，也正在成为互联网金融最重要的信息载体和操作工具。

2. 网络交易。随着互联网金融的发展，不仅越来越多的金融产品的销售和到期赎回将转移到线上进行，更重要的是，在此基础上，将推动越来越多的金融产品在未到期之前，可以通过其不断的转让交易，甚至可以拆分成细小的份额进行交易，以满足普通投资者的需求（但要严格控制投资者的杠杆率），实现更加灵活的直接投融资，调整社会融资结构，促进交易金融的发展，增强金融资源配置的灵活性，推动利率市场化进步，更好地发挥市场调节的基础性、决定性作用。

适应这一发展趋势，应推动形成集中化的金融交易网络平台，打破金融机构各自电子平台的束缚，将各个金融机构、各种金融产品转移到相对集中的网络交易平台上进行交易，发展成为"金融电商平台"，实现用户一点登录和准入，就可以全面浏览和选择各种金融产品与服务。在这方面，互联网互联互通、跨界融合的特性将发挥极大作用，具有巨大空间。

这首先需要打造连接面广、容易接入和运行、安全便捷高效的金融产品网络交易平台。可以积极借鉴和运用区块链的技术组合方式，推动金融产品网络交易平台的发展。

需要强调的是，每个金融机构都打造自己的金融产品交易平台，只用于自己的金融产品的交易，是不经济不现实的，也不符合互联网互联互通、跨界融合，推动更大范围、更高层次的社会分工合作发展的要求。网络交易平台实际上就是网上的金融交易所，交易所要制定准入标准、交易规则，提供交易服务，监督规则执行，实施违规处罚等，因此，必须是中立的、开放的、公正的，原则上不应该直接拥有自己的金融产品，而应该是完全对外服务。网络交易平台要自觉接受金融监管，确保依法合规，依靠安全高效便捷的优质服务，吸引金融机构和广大的金融投资者或消费者登录平台，成为会员或用户，推动金融交易的活跃和壮大。

3. 网络资管。在网络支付、网络交易的基础上，将各个金融领域、各种金融产品和金融交易方式都纳入统一的交易平台运行，就可以打破原有的边界和壁垒，在更全面的金融范围内进行资管方案的设计，真正实现大金融、大资管，以及资产管理实施和运行的网络化、智能化。

网络支付、网络交易、网络资管将成为互联网金融发展相互关联、相辅相成的三大重点领域，其发展将重新展示乃至重新定义金融。其中，网络支付是基础，网络交易（平台运行）是重点，网络资管是根本。

（四）业务场景、获客能力将成为金融竞争的焦点

互联网的发展，正在推动金融与实体经济的融合，金融活动的信息获取越来越延伸到经济活动流程之中，并由活动当事人输入，而不再是在经济活动之外，单独形成金融业务凭据，提交给专门的金融机构和专业人员进行处理，因此，能否找到和有效融入经济活动场景，能否以更便宜的成本获得用户，并以共同的网络平台为依托，以客户需求为核心，调动和聚集更多的社会资源，为用户提供更全面、更便捷、更高效的综合服务，并在此基础上，获得更加全面、及时和准确的用户信息，从而更好地认知用户，准确地进行风险评估和授信管理，就成为金融竞争的焦点。

在这方面，金融机构必须增强开放、专业、分工、合作理念。金融机构不能再高高在上，而必须融入互联网社会和实体经济运行，在增强自身专业能力、形成专业化比较优势的基础上，积极扩大对外开放，争取资源共享，实现合作共赢。

一是必须努力培育和不断增强自己的专业能力和特别优势，积极寻找

具有业务场景的合作伙伴。未来金融必然是混业经营、合作发展，叫什么机构不重要，关键是必须具有较强的专业特色（产品或服务）和比较优势，这样才能对潜在的合作伙伴具有吸引力，才能形成强强联合、更具竞争优势的联合经营体。

二是全面归集和准确分析用户信息将成为互联网社会最重要的基础和社会财富。迄今为止，世界各国的数据或信息，都是由数据或信息产生的经济活动或社会活动的主办方来进行归集并拥有的，而不是以各种活动的当事人，或者社会最基本的组成单元和行为主体的"人"，包括法人和个人为目标或对象进行归集，并归其所有的。

由于法人或个人会跟很多方面发生交往，尽管各个企业、单位、金融机构、政府机构等，也都会以我为主，记录和归集相关的信息或数据，但到目前为止，我国很多企业和单位，特别是中小企业或单位，信息采集和数据归集的自动化、准确性和完整性程度还远远不够，而个人领域的数据库建设和征信体系就更加落后，甚至基本上没有起步，这些信息或数据也难以为全社会所共享。这种局面严重影响了整个国家和社会的信息化、智能化建设。

随着互联网、云计算等技术的发展，现在完全可以由专业化的信息服务公司（大数据运营公司）为企业单位或居民个人提供远程服务，为其建立"专属"的数据库，成为它们的"财务管家"或"空中钱包"，全面归集其相关信息，并提供大数据分析与咨询服务等。这种企业和个人的数据库及其数据，属于企业和个人的私有财产（而非数据库服务商所有），也将成为其除物质资产、货币资产之外，越来越重要的数字资产。未经数据库所有人同意或许可，数据库服务商不得动用其数据，而必须保证数据的安全和保密。但数据服务商可以通过提供增值服务，吸引企业单位和个人开放其数据库，为全社会的信息化、智能化做出贡献，并反过来提升自己数据库（数字资产）的价值。

三是金融机构的业务发展和盈利实现，更多地依赖由支付结算引发，并追随供应链、资金流全程服务的运作模式，从源头上抓住客户和业务，围绕客户需求提供综合性服务变得至关重要。这就产生了相应的"交易银行"的概念。

交易银行是 Transaction Banking 的直译，它不是指银行或金融机构自己的金融交易业务或为客户办理的投资理财（资产管理）业务，而是指以客户的交易活动为源头与核心，围绕客户交易的结算清算和资金流动，提供全流程的金融服务，从源头上获得客户资金，形成资金流动的体内循环，并在此基础上，更好地认知客户并控制资金流动及其相关风险，还可配套提供现金归集和管理、供应链金融、贸易融资等更多的金融服务，从而用尽可能少的投入获取尽可能大的收益。结算清算以及由此带动的客户账户和资金，已成为银行等金融机构良好发展越来越重要的源头领域。结算清算过程中沉淀的资金，是银行资金来源中最稳定、最便宜的部分。如果不能从结算清算源头上吸揽客户存款，则要从其他银行或机构挖来资金，必然要付出更大成本，而且并不稳定。

四是分工合作成为社会潮流。互联网的发展，将推动经济社会在更广的范围、更高的层次上实现新的分工合作、资源共享、协同发展。任何机构或企业都不可能包揽天下，自我封闭运行，金融机构同样如此。

未来完全可能形成专业的互联网底层技术和网络运行服务商，专业领域的网络技术应用和平台服务商（如金融科技公司）、信息与大数据服务商（包括身份信息服务商、社会征信服务商等）、专业的制造商（包括专业的金融产品设计和销售管理商）等分工合作的局面，大量底层技术和中后台

支持可以外包给专业公司。

现有的金融机构要打破传统的大而全、小而全的思想，在培育自身特色和比较优势的基础上，加快推进与其他金融机构的资源合作共享，加强与具有业务场景和用户基础的企业集团、网络公司等的业务与技术合作等。

总之，互联网金融的发展正在深刻改变货币金融，特别是重新塑造货币金融的表现形态和运行体系、运行模式等，这必然对金融监管提出新的更高要求，需要加快推进金融监管的配套改革，包括适应互联网互联互通、跨界融合、综合发展的要求，推动金融监管从牌照和机构监管转向功能和行为监管，强化监管的专业性和统一性，切实推进金融监管的互联网化，提升监管科技（RegTech）的应用水平等。

第四章　国际货币体系急需变革

∷∷ 想 一 想

如何看待经济金融全球化发展？世界格局在发生什么样的深刻变化？产能过剩、有效需求不足会成为世界范围的新常态吗？如果是，又将对经济社会发展产生什么样的影响？为什么说全球化发展正在推动世界格局深刻变化进入关键时期？中国的崛起主要表现在哪些方面？如何看待中美两国国际地位的变化，这将对世界格局产生什么样的影响？如何把握全球化发展的方向并对全球战略体系和人类社会制度进行相应的变革？如何理解"金融是现代经济的核心"与"金融必须坚持服务实体经济的宗旨"？从事金融工作需要什么样的价值观和职业道德？成为国际中心货币最重要的基础条件是什么？国际货币体系为什么需要深刻变革？有可能打造超主权的世界货币吗？国际货币体系变革的重点在哪里？

随着经济金融全球化发展的不断深入，越来越多的国家和地区经济金融活动融入到全球化大潮之中，在这种情况下，一国货币金融的运行和货币金融政策调整，仅仅局限于本国经济社会发展的范围内进行考虑已经远远不够，而必须认真考虑跨境经济金融交往和主要货币汇率变化的影响，

根据世界经济和政治格局的深刻变化，推动国际货币和金融体系的深刻变革。

一、世界格局进入剧变关键期

工业革命之后，随着生产力的快速提升，以及交通通信的快速发展，经济金融全球化发展大潮不断增强。

经济全球化是指世界经济活动超越国界，通过对外贸易、资金融通、人员流动、技术转移、提供服务、相互依存、相互联系而使世界经济日益成为紧密联系的一个有机整体的过程。

经济全球化是交通通信和生产力发展的必然结果。经济全球化，有利于资源和生产要素在全球的合理和优化配置，有利于资本和产品在全球流动，有利于思想交流和文明成果更大范围的共享，推动世界生产力和经济社会的发展，是人类社会发展的必然方向和重要成果。

经济全球化要形成全球统一分工、统一市场、统一产业结构，就要有全球统一的分工结构和运行规则、运行体系，并促使各成员国的国内规则尽可能与国际规则协调一致。

但这种经济全球化体系或格局并不是可以事先设计出来的，而是在国际经济交往过程中，通过综合实力和国际影响力的博弈和竞争逐渐形成的。这种经济全球化格局和相应的世界经济政治格局也并非是一成不变的，而是要在激烈的国际竞争中优胜劣汰。

（一）世界中心由英国转向美国

大航海之后，特别是工业革命之后，欧洲依托其发展领先优势，成为世界的中心，英国则成为世界霸主，英镑成为国际中心货币。但随着生产力的发展，欧洲列强竞争不断加剧，矛盾激化，阶级斗争和社会动荡越来越强烈，包括对殖民地的剥削也日益加重。

其中，英国对其北美东岸 13 州殖民地的盘剥和高压激化了双方的矛盾，1775 年 4 月爆发了美国独立战争，1776 年 7 月 4 日美国宣布独立，成立美利坚合众国。1783 年 9 月英国承认美利坚合众国为自由、民主、独立的国家，1789 年 4 月联邦政府成立，华盛顿就任美国首届总统。

美国独立后，先进的社会制度和广袤的土地开发，吸引大量资本和人力流入，推动美国经济，特别是北方地区工业化迅猛发展。1860 年，美国工业生产已经跃居世界第 4 位，其中超过 2/3 的制造品由东北部生产。但这种发展与美国南方坚持农奴制的农业生产方式产生了激烈冲突，进而引发了 1861 年 4 月至 1865 年 4 月的南北战争，并以北方领导的资产阶级获胜统一全国而告终。1865 年开始了重建时期，逐步废除奴隶制。1877 年，南部进行民主重建，制定了民主的进步法令，标志着民主重建的结束。美国在宣布独立的百年之后，真正形成了统一的民主法治国家，推动美国快速完成了工业革命，经济实力大增，到 1890 年，美国的 GDP 已经超过英国，成为世界第一大经济体，并继续保持较高的增长态势。

美国的强势崛起进一步加剧了欧洲列强之间的矛盾，1914 年第一次世界大战从欧洲爆发，直到 1918 年宣告结束。

在欧洲爆发大战期间，美国作为快速成长、远离战火的世外桃源，吸引大量资本、人才和产能流入，推动美国经济以远超欧洲列强的速度发展，并大量出口，抢占了欧洲列强的殖民地市场乃至本国市场，包括向交战双方提供军火，以及对协约国贷款。第一次世界大战促进了美国的经济繁荣，美国由战前欠 60 亿美元的国际债务国转而成为贷出 100 亿美元的国际债权

国，成为世界上最富有的国家，其股票等金融市场日益繁荣，综合实力和国际影响力已经赶超英国。

一战结束之后，欧洲列强纷纷恢复战后重建，其生产和出口能力逐渐增强。这使全球范围内的产能和流动性过剩问题逐渐显现和不断加重，最终，在全球资本和产能最为集中的美国爆发金融和经济危机，进而引发1929－1933年全球性经济大萧条。这使得美国经济遭受重创。

在金融危机和经济衰退爆发初期，新兴的资产阶级政府，受制于自由市场经济理论的束缚，不能干预市场，眼看着危机的形势越来越严峻而无能为力。1932年，富兰克林·罗斯福当选美国总统，他强调必须用一切办法对抗大萧条，主张政府必须有所作为，拿出实际行动来结束经济大恐慌。随后推出一系列政策即"罗斯福新政"扩大政府投资，进行金融整顿和刺激经济发展。在"罗斯福新政"的作用下，危急的局势得以缓解，国家宏观调控主义开始兴起。这也受到很多国家的模仿，成为其后凯恩斯主义政府扩张性经济理论的重要实践基础和支撑。

第一次世界大战爆发，也刺激欧洲各国及其殖民地国家反思和探索增强国家实力的发展之路。其中，反对以私有制为基础的资本主义，形成国家共同所有制、以最广大劳工群体或无产阶级为主体的"国家社会主义"思潮开始兴起。1917年11月7日（俄历10月25日）俄国爆发"十月革命"，建立了人类历史上第一个社会主义国家——俄罗斯苏维埃联邦社会主义共和国。之后，战胜了若干困难和敌对势力的挑战，巩固了胜利成果，扩大了国际影响。1922年12月30日，在吸引新的国家加盟后，苏维埃社会主义共和国联盟即"苏联"正式成立，并依靠公有制和计划经济模式使经济出现令人瞩目的发展速度，引起全世界广泛关注，也成为不少国家学习借鉴的榜样。

二战爆发后，美国进一步吸引大量资本和人才流入，再次恢复大量出口，使经济完全摆脱萧条影响，彻底将英国甩在后面，成为世界头号强国。到1944年布雷顿森林会议重新研究国际货币体系时，美国已拥有全球82%左右的官方黄金储备，成为主要经济体中唯一保持金本位制的国家，从而推动国际社会达成协议，确立美元作为国际中心货币，并形成由美国主导的国际货币基金组织（IMF）、世界银行（WB）和关贸总协定组织（即世界贸易组织的前身），进一步增强了美国的国际地位和世界影响力，至此，世界的中心由欧洲转向美洲，由英国彻底转向美国。

（二）两极对抗转向一极独大

二战结束后，世界形成了以美国为首的西方资本主义阵营与以苏联为首的东方社会主义阵营尖锐对抗，小部分国家作为中间派犹豫观望的政治格局。美国和苏联成为世界两大超级大国。

二战之后，西方资本主义国家在坚持私有制和市场经济，以及多党竞选执政、三权分立制衡的基础上，学习借鉴了不少东方社会主义的东西，深刻推进社会改革，严厉打击市场垄断，强化消费者利益保护；提高税率（包括累进至非常高的所得税、遗产税、房产税等），增强税收，扶持中产阶级发展，加强最低社会生活保障等，大大缓解了社会矛盾，促进经济社会发展。

二战之后，美国一方面为增强自己的同盟力量，大规模对外援助，同时又接连发动了朝鲜战争和越南战争。进入20世纪60年代，随着西方资本主义国家不断恢复生产，特别是日本和德国经济高速发展，以及中东战争和石油危机爆发，美国的净出口快速下降，由世界最大的净出口国转变

成为最大的净进口国。这就使得"特里芬悖论"① 得到越来越广泛的关注和警惕，进而削弱了国际社会对美元的信心，一些国家开始将美元储备兑换成黄金并从美国运回国内。这造成美国的官方黄金储备快速下降，引发美元危机。在这种情况下，美国于 1971 年 8 月 15 日宣布对国际社会停止美元兑换黄金，美元退出金本位制，布雷顿森林体系随之崩溃。

美元脱金，宣告国际货币体系最终脱离金本位制，也给美元和美国信用带来很大冲击。但美国依然保持全球最大的官方黄金储备，而且此时还难以找出可以替代美元的其他货币，在东西方阵营尖锐对抗的情况下，苏联尽管在政治和军事上可以与美国对抗，但经济金融上与西方阵营隔离，其卢布难以为西方国家所接受。日本、德国虽然在快速成长，但当时与美国的差距依然很大，其货币也难以挑战美元地位，所以，国际社会只能保持美元的国际中心货币地位不变。

更重要的是，无论理论还是实践都证明，货币脱离金属本位制即货币脱金是货币发展的必然方向，是进步而不是倒退。货币脱金，可以摆脱黄金对货币总量的束缚，更有利于使货币总量与对应的可货币化的社会财富相吻合，保持货币币值的相对稳定，更好地发挥货币"价值尺度"的基础功能，更好地发挥货币政策的宏观调控作用。货币脱金，也推动货币流通的现金清算加快向记账清算转化，更多地以往来双方债权债务关系的调整进行资金清算，以货币所有权的转移替代货币现金的转让，这不仅大大减少了货币现金印制和流通的成本，提高了货币流通的效率，而且有效地缓

---

① 美元作为国际中心货币，需要通过扩大美国贸易逆差输送出去，美元的国际储备越多，美国的贸易逆差就会越大。但过大的贸易逆差又会影响美元的币值稳定，难以很好地承担国际中心货币的职责，二者形成悖论。这个悖论 1960 年由耶鲁大学教授提出，故称"特里芬悖论"。

解了因严重的贸易失衡造成相应的货币失衡并对逆差国家经济金融造成重大冲击的局面，使得贸易和投资往来的国家之间利益相互交融，更加有利于促进国际合作与世界稳定。

同时，当时的美国尼克松政府也采取更加实用和灵活的外交政策，不仅在坚持和加强与苏联对抗的同时，积极缓和与中国等社会主义国家的关系，而且一改中东战争期间坚定支持以色列的态度，积极与当时最大的石油输出国沙特阿拉伯王国（沙特）进行谈判，最终在 1974 年达成战略协议，主要内容是：（1）美国向沙特出售军事武器，保障沙特国土安全不受以色列侵犯，并增强沙特在阿拉伯世界的影响力；（2）沙特所有的石油出口必须全部以美元作为计价和结算货币。由于沙特是最大的石油输出国并在中东地区阿拉伯国家中拥有广泛的号召力，到 1975 年，几乎所有的欧佩克（OPEC）成员国都开始效仿沙特的做法，使美元成为全球石油贸易的计价和结算货币。石油美元体系的建立，不仅增加了国际社会对美元的需求，而且在布雷顿森林体系崩溃之后重塑了美元信誉及其在国际货币金融体系中的地位。

美国渡过美元危机并积极推动开放政策（包括对社会主义国家的开放与和平演变政策），特别是 20 世纪 80 年代初美国总统里根和英国首相撒切尔夫人以大幅度减税和放松政府管制为核心推动供给侧结构性改革，推动经济全球化和自由化，带动西方资本主义国家经济社会发展态势明显优于东方社会主义阵营。到 20 世纪 80 年代中期，7 国工业集团（G7，即美、日、德、英、法、意、加）的 GDP 在世界经济总量中的占比达到 70%，经济实力远远超过东方阵营。

在中间派国家改革开放发展成果的昭示下，东方社会主义阵营国家中与苏联关系日趋紧张的东欧国家以及中国，从 20 世纪 70 年代末开始，陆

续开启改革开放进程。这进一步加重了苏联的压力。此时苏联又陷入与美国的军备竞赛难以自拔，越来越多的人意识到需要改革，但却积重难返，又没有决心和智慧推动改革，去适应国际形势的深刻变化。在 1989 年 11 月柏林墙开闸通关，随后被推倒，东欧发生剧变的情况下，苏联当局被动地仓促应对，甚至追求彻底的改革开放，结果事与愿违，1991 年 9 月开始陆续有苏联成员国宣布独立，到 12 月 25 日，苏联彻底解体，其原有的工业和经济体系遭到破坏，经济社会剧烈动荡，俄罗斯本身的综合实力和国际影响力大大削弱，俄罗斯卢布大幅贬值，人们的工作和生活遭受严重冲击，世界转为美国一极独大，西方资本主义阵营大获全胜。

苏联解体后，失去必要的国家制衡，联合国组织的影响力明显削弱，美国的国际影响力登峰造极，很大程度上成为全球化分工布局的规划者、推动者以及相关规则的制定者、监督者，也成为全球化发展最大的受益者。

进入 20 世纪 80 年代之后，随着东方阵营各国逐步扩大开放，以至苏联解体，"东方阵营"彻底消失，全球化进入全面发展的阶段，推动全球经济整体加快发展，迎来全球化发展的高峰期。

经济全球化意味着全球统一的分工合作，充分发挥各自的资源禀赋和差别优势。但在经济全球化中占有主导地位和绝对优势的是科研发达，人才聚集，资本实力雄厚，国际竞争力强势的发达国家，其中，美国占据经济全球化顶端或核心位置，在全球化推动世界经济整体加快发展的过程中，获得更大的收益，大大拉开与底层国家的利益获得以及经济实力的差距，全球财富更大程度地向少数国家聚集，并且在其本国，也由于参与全球化发展并从中获益的只能是少数大资本、大财团，也会拉大其本国的贫富差距，使国家之间的市场竞争和各阶层冲突更加激烈和尖锐；少数大国一手操纵世界经济事务，使平等互利原则和国际合作屡遭破坏；局部地区的民族摩擦、经济危机以及政治经济的震荡也极易在全球范围内传播和扩展，增加了国际政治经济的不稳定性和不确定性。经济全球化使得世界各国的经济金融更加紧密地联系在一起，这在促进各国经济合作的同时，也使得一个国家的经济金融波动可能殃及他国，甚至影响全世界，加剧全球经济金融的不稳定性，尤其对发展中国家的经济金融安全构成极大的威胁。

从美国的情况看，从 20 世纪 80 年代末开始，大量对外转移基础产能和普通加工业、制造业，越来越集中于高科技研发（特别是互联网和信息产业）、军工和金融等产业链顶端和高回报领域，因此，进入 20 世纪 90 年代后，由于缺乏有效需求，其公路、铁路、港口等基础设施的投入几乎停滞，至今约 30 年，很多交通设施已经老化，甚至已经被中国赶超。由此也推动原来依靠普通加工业及其配套产业发展的中产阶级开始削弱。据统计，自 1990 年开始，美国中产阶级的财富规模在扣除物价因素后，到现在不增反降，社会财富越来越向极少数人聚集。但依靠高额可观的对外投资收益，以及大量进口价格比本国生产更低的商品，特别是依靠国际中心货币和国际金融中心的特殊地位，美国获得了远超其他国家的特殊收益，支撑了美国高水平政府债务与借贷消费和社会福利。美国的这种特殊地位能够保持的前提是，美国保持世界老大的地位，世界格局能够按照美国的意愿维持基本稳定，美国能够从全球化发展中获取最大的收益。

但不幸的是，现在世界格局正在发生超出美国预想的极其深刻而剧烈的变化，这一变化最重要的根源则是中国改革开放，特别是进入 21 世纪加入 WTO 之后的强势崛起，中国特色社会主义模式正在对美国资本主义模式产生强大的挑战，以及全球性持续刺激经济发展，造成全球性产能和流动性过剩问题严重，有效需求不足问题日益突出，全球供求关系和发展环

境发生根本性变化。

（三）新世纪中国强势崛起

新中国成立之后，特别是抗美援朝胜利之后，中国人民空前团结，全面推进国家重建和经济发展，人口也快速增长，推动经济一度高速发展。但随着战时共产主义式（高度公有、高度计划、平均分配）的社会制度与人们追求个人利益最大化矛盾的日益显现和尖锐，生产关系开始严重束缚生产力发展，而且越是固守和强化脱离实际的制度模式，其危害就越加严重，最后社会矛盾和政治斗争日益强烈，经济日益封闭，发展快速下滑，到新中国成立近 30 年时，国民经济停滞不前，人们生活水平极其低下。

但在启动改革开放初期，如何评价原有体制和主要领导人，改什么、如何改、能不能全面转向西方（美国）模式，如何把握节奏实现改革与稳定的关系等，一直充满争论乃至斗争，直到苏联解体、东欧剧变之后，才趋于冷静和稳定，"发展是第一要务、稳定压倒一切"被广泛接受，从 1993 年开始改革开放进入不断快速和深化通道。2001 年加入 WTO，进一步深化改革开放，到 2009 年发展成为世界第二大经济体，发生了翻天覆地的变化。现在依然保持相对发达经济体很高的发展速度，不断拉大与第三大经济体的距离，拉近与第一大经济体的距离。

中国地域广大、人口众多，在长时间遭受国际封锁的情况下，人为造成了一个潜力巨大的世界经济"洼地"，在实施改革开放后，为世界经济发展提供了一个巨大的新兴市场（就如同美洲新大陆，特别是美国的发展对世界经济的拉动），吸引了大量国际资本和产能流入，在推动自身发展的同时，也推动全球经济加快发展，这是其他国家（如人口大国印度）无法相比的。

改革开放之后，伴随工业化、城市化、信息化发展，物资和人力大规模转移，交通通信等基础设施高速发展，现在中国已经建立了全世界最完备的工业化体系，成为全世界最重要的制造业基地，取代美国成为21世纪新的"世界工厂"，具备新兴产业最强大的制造业实力，成为世界遥遥领先的第一大外汇储备国，技术研发和创新能力不断增强，综合国力和国际影响力快速提升，中国所坚持的中国特色社会主义道路，成为世界上越来越广受关注的，既不同于苏联模式，也不同于美国模式的"第三条路"或"第三模式"。

在全世界进入产能过剩、有效需求不足的新常态下，中国作为规模最大、最具潜力的消费市场，为自身发展和增强国际影响力提供了非常重要的基础条件。

进入互联网新时代，中国成为全世界最好的互联网应用场景，为中国深化改革开放提供了新的动力，创造了极其难得的发展机遇。基于互联网互联互通、跨界融合的特性，在互联网高度发展的新时代，必将推动全球化资源整合和分工合作更大范围、更高程度的发展。

中国改革开放，特别是进入21世纪加入WTO之后的强势崛起，推动世界格局深刻变化。到全球金融危机爆发之后，这一格局进入由量变到质变的剧烈转变时期，由美国主导的世界格局面临巨大挑战。

（四）全球整体性供求变化

在人类社会发展史上，人们总是千方百计地致力于提高劳动生产力和生产效率，以满足人们日益增长的物质和文化需要。劳动生产力和生产效率提高，产生了剩余劳动，如果不能很好地加以消化或有效利用，就会反过来阻碍生产力和生产效率的进步和发展。由于不同地域的自然条件不同、

不同人群的技能或专长不同，其剩余劳动也会不同，这就产生了相互交换的需求。"物以稀为贵"，交换不仅可以充分实现剩余劳动的商业价值，而且有利于增进交换双方的思想和文化交流，共享文明成果，创造新的需求，促进产业推广、资源利用和经济社会发展。

当一定范围的生产力提高，使其自身的原材料和劳动力供应或产成品销售难以跟上生产力发展需求时，经济活动必然向外扩张，进而推动经济跨国发展，以至全球化发展。每一轮大的技术革命、产业进步和大的市场的发现与开发，都可能推动经济社会大规模、跨越式的发展和繁荣。

人类追求利益最大化的本性与信息不充分、不对称的客观存在，非常容易造成在经济高速发展之后的阶段性、区域性的产能过剩和流动性过剩，进而引发阶段性、区域性的金融危机和经济危机，从而形成"繁荣、衰退、萧条、复苏"周而复始的经济周期。其中，资本和产能大规模的转移，是造成金融和经济危机的重要原因。资本和产能全球化转移的规模越大，就越容易造成全球性、长时间严重的金融大危机和经济大萧条。

实际上，1929—1933年的大危机、大萧条，就是以美洲的开发，特别是美国的崛起为核心带动的全球化高速发展之后，在全世界范围内形成阶段性产能和流动性严重过剩造成的，并率先从资本和产能最集中的美国开始爆发，迅速蔓延到相关国家和地区。

20世纪60年代之后，随着越来越多的国家推动改革开放，特别是潜力巨大、非常落后的中国推行改革开放，为世界经济金融发展提供了巨大的空间和市场，并推动全球化高速发展，大规模的资本和产能在全世界范围内寻找"洼地"、填平补齐，追逐超额利润。经过近半个世纪的发展，世界格局已经发生了根本性变化，中国已经从改革开放初期经济几近崩溃边缘，发展成为世界第二大经济体；美、日、德、英、法、意、加组成的 7 个发达工业国集团（G7），在 20 世纪 80 年代生产总值占世界经济 70％，到 2012 年已经跌破（不足）50％，发展中国家的生产总值所占比重不断上升，特别是在新增经济总量中所占比重更高。世界上可供大规模开发和发展的"洼地"和空间消失殆尽，发达国家从全球聚集资源的能力和潜力大大削弱。

与此同时，世界人口增长和地球生态承载能力也遇到很大瓶颈。

二战结束后，随着和平时期经济社会发展和生活水平的提高，世界人口也快速增长，从战后的 20 多亿增加到 2017 年约 75 亿，而且人均寿命延长，人均生产能力和消费水平提高，这成为推动世界经济发展非常重要的因素。但经济快速发展和人口快速增长，也给地球承载能力带来巨大挑战。

2015 年 1 月，一个国际专家团队在美国的《科学》周刊上发表研究报告称，在他们长期跟踪观察的地球 9 个重要指标中，人类活动已使气候变化、生物多样性、土地使用、生物地球化学循环 4 个指标超出地球的自然承受极限，其他指标也在明显恶化。这种急剧变化自 1950 年之后日趋严峻，让人类处于危险的境地，人类需要面对整个地球不稳定的风险。

2015 年 1 月，麦肯锡全球研究所发布报告称，在过去的 50 年里，全球经济规模扩大至原来的 6 倍，年均增长 3.6％，其中 40％归功于人口红利。在过去的 50 年里，劳动力每年增长 1.7％，但未来 50 年劳动力年均增长可能只有 0.3％，全球经济增长可能只有 2％，而这远远不足以为福利制度和债务利息提供资金支持。而今，越来越多的发展水平较高的国家进入人口低增长甚至负增长状态（甚至连中国这样曾经长时间采取严格控制人口增长的国家，已转而开始放松控制），具备良好素质的适龄劳动人口严重不足，老龄化问题日趋严峻。

放眼全球，可以肯定的是，受种种因素的影响，以中国改革开放为核心带动的新一轮全球化推动世界经济发展的高峰期已经过去，2008 年底全球金融危机爆发，已经暴露全球产能和流动性过剩的严重问题。危机爆发之后，20 国集团采取力度空前的联合救市运动，有效遏制了危机的继续恶化和巨大冲击，但也使世界范围内产能过剩和流动性过剩形势更加严峻，可以应对危机冲击的政策工具消耗殆尽。现在，世界经济，包括中国经济在内，已经进入重大调整转型期，正在从较高速度发展转入有效需求不足基础上"总体低迷、此起彼伏"的新常态，全球经济包容式共同增长的局势发生逆转。新的技术和产品出现，可能淘汰旧的技术和产品；新的市场的发现和发展，可能淘汰旧的市场和空间；有的国家经济增长加快，就可能有的国家经济增长下滑。经济增长下滑，以及世界经济"零和游戏"局面的存在，必然会加剧国际竞争和国际矛盾，贸易保护、保守主义、民粹意识会增强，从而引发严重的贸易战、金融（汇率）战，激化地缘政治矛盾，甚至引发局地战争。

社会制度、经济理论和宏观政策等，主要都是围绕刺激和调动人们的生产积极性，解放和扩大社会生产力，创造和满足新的需求来推进的。在遇到金融危机和经济衰退时，各国都会采用刺激性的财政政策和货币政策，扩大政府开支或货币投放，形成了广泛应用和持续传承的刺激性经济理论和宏观政策。

但是，刺激性的经济理论和宏观政策适用的是地球仍有足够多可供开发的资源，生态承受能力足够大，潜在需求足够大，有充分的利益调整空间进行财富转移，即使遭遇金融危机和经济衰退，也只是一种周期性的、短时间的问题，当然，不能放任不管、无所作为，而必须采取刺激性举措应对危机，在新的发展周期逐步消化问题，赢得更好发展。

然而，现在世界经济发展环境发生了根本性转变，地球承载能力和社会有效需求难以大幅度扩大，这种局面难以短时间扭转，已经成为新的常态。这就使得原来适用于地球大量资源和社会有效需求有待开发和挖掘阶段的刺激性经济理论和宏观政策、发展方式等难以适应了，急需寻找新的发展道路、发展方式，加强供给侧结构性改革，形成新的全球化发展思路和模式以及相应的全球治理体系，形成新的经济社会发展理论，采取新的宏观政策工具。

这需要有新思维、大举措、大改革、大转变，需要全世界，特别是主要经济体的共同努力。人类需要重新审视和正确定位自己的人生观、价值观和世界观：必须从注重对地球资源的肆意索取，转化为加强对地球母亲的保护，强化节能减排和环境保护，加大可再生资源和地球外资源的开发利用；从过度追求经济增长和规模扩张，转化为注重经济发展的质量和效益，注重社会就业和总体生活水平的提高；从鼓励高消耗、高浪费、高负债，转向适度消费，坚决杜绝浪费，严格控制负债；政府要从注重扩大投资刺激经济增长，转向更加注重教育、科研和社会保障；要坚定地推动经济全球化、一体化发展，深化全球财税和货币体系改革，调整和统一全球税费政策，联合打击腐败和违法行为，致力控制贫富分化。

（五）中美两国发展态势变化

在世界范围内产能过剩、有效需求不足的情况下，继续实施扩张性、刺激性宏观政策，一味注重扩大需求拉动经济增长的模式难以奏效，必须加大供给侧结构性改革力度。市场竞争的重心也明显从供应方转向需求方。从国家之间的竞争层面看，拥有更大发展空间和需求潜力的国家，其话语权和影响力正在明显增强。

从这一角度看，中美两国发展态势将明显分化。

1. 中国的发展呈现良好态势

全球金融危机爆发后，中国依托制度优势，迅速调整宏观政策导向，由前期主要抑制经济过热，实施严格的宏观调控，转而大规模刺激经济增长，迅速推出"4万亿经济刺激计划"，在主要经济体中率先止跌回升，并一举超越日本，跃升为世界第二大经济体，国际影响力迅猛提升，吸引了更多国际资本流入，国家外汇储备急速增长，中央也不断强化"两个一百年"奋斗目标。

但在全球有效需求不足的国际大环境下，在外贸依赖度很高，并受到资源和生态环境以及人口增长下降和老龄化加快的制约情况下，中国经济从2011年第四季度开始呈现越来越明显的下滑态势，也使得越来越多的人认识到，单纯依靠政府刺激继续维持两位数以上经济增长是不现实、不可能的，中国经济将迎来"增长速度换档期、结构调整阵痛期、前期政策（问题）消化期"三期叠加的特殊时期，稳定发展将面临严峻挑战。这也使国际上"唱衰中国"的声音明显增强。

在这样一个特殊时期，2012年11月，中共十八大顺利实现最高领导层换届。2013年11月，十八届三中全会做出重大决策：高举中国特色社会主义伟大旗帜，坚持稳中求进的工作总基调，着力稳增长、调结构、促改革，沉着应对各种风险挑战，全面推进社会主义经济建设、政治建设、文化建设、社会建设、生态文明建设（"五位一体"），全面推进党的建设新的伟大工程；通过了《中共中央关于全面深化改革若干重大问题的决定》，中央成立全面深化改革领导小组，对全面深化改革做出系统部署，着力推进国家治理体系和治理能力现代化。2014年10月，十八届四中全会通过了《中共中央关于全面推进依法治国若干重大问题的决定》。

2013 年 9 月和 10 月，国家主席习近平出访中亚和东南亚国家期间提出共建"丝绸之路经济带"和"21 世纪海上丝绸之路"重大倡议，强调沿线国家开放合作、平等互利，共商共建共享，共建人类命运共同体，积极探索国际合作以及全球治理新模式，推动建设相互尊重、公平正义、合作共赢的新型国际关系。2015 年 2 月，中央成立"一带一路"建设工作领导小组。2015 年 3 月 28 日，国家发展改革委、外交部、商务部联合发布了《推动共建丝绸之路经济带和 21 世纪海上丝绸之路的愿景与行动》，并积极推动其宣传和落实。当今世界正处于大发展大变革大调整时期，世界多极化、经济全球化、社会信息化、文化多样化深入发展，全球治理体系和国际秩序变革加速推进，各国相互联系和依存日益加深，国际力量对比更趋平衡，和平发展大势不可逆转，但同时，国际金融危机深层次影响继续显现，国际投资贸易规则面临重大挑战，世界面临的不稳定性不确定性突出，世界经济增长动能不足，贫富分化日益严重，地区热点问题此起彼伏，恐怖主义、网络安全、重大传染性疾病、气候变化等非传统安全威胁持续蔓延，等等，在这样的情况下，"一带一路"国际倡议顺应时代潮流，秉持开放的国际合作精神，致力于维护全球自由贸易体系和开放型世界经济，着力促进经济要素合理流动、资源高效配置和市场深度融合，推动沿线各国实现经济政策协调，共同打造新型经济合作架构和估计治理体系。这既是中国扩大和深化对外开放的需要，也是加强和沿线国家及世界各国互利合作，促进人类社会和平发展的需要，具有十分重要的现实意义和时代意义。

2015 年 5 月 19 日，国务院正式印发《中国制造 2025》。这是中国政府实施制造强国战略第一个十年的行动纲领。《中国制造 2025》提出，制造业是国民经济的主体，是立国之本、兴国之器、强国之基。18 世纪中叶开启工业文明以来，世界强国的兴衰史和中华民族的奋斗史一再证明，没有强

大的制造业，就没有国家和民族的强盛。打造具有国际竞争力的制造业，是我国提升综合国力、保障国家安全、建设世界强国的必由之路。当前，新一轮科技革命和产业变革与我国加快转变经济发展方式形成历史性交汇，国际产业分工格局正在重塑。必须紧紧抓住这一重大历史机遇，按照"四个全面"战略布局要求，实施制造强国战略，加快从制造业大国向制造业强国转变。要坚持"创新驱动、质量为先、绿色发展、结构优化、人才为本"的基本方针，坚持"市场主导、政府引导，立足当前、着眼长远，整体推进、重点突破，自主发展、开放合作"的基本原则，着力推动十大重点领域实现突破，通过"三步走"实现制造强国的战略目标：第一步，到2025 年迈入制造强国行列；第二步，到2035 年中国制造业整体达到世界制造强国阵营中等水平；第三步，到中华人民共和国成立一百年时，综合实力进入世界制造强国前列，成为引领世界制造业发展的制造强国。

2015 年10 月，十八届五中全会通过了《中共中央关于制定国民经济和社会发展第十三个五年规划的建议》，强调当前和平与发展的时代主题没有变，我国经济发展进入新常态，我国发展既面临大有作为的重大战略机遇期，也面临诸多矛盾相互叠加的严峻挑战。进入"十三五"时期，中国发展的环境、条件、任务、要求等都发生了新的变化。认识新常态、适应新常态、引领新常态，保持经济社会持续健康发展，必须有新理念、新思路、新举措，以发展理念转变引领发展方式转变，以发展方式转变推动发展质量和效益提升。坚持全面建成小康社会、全面深化改革、全面依法治国、全面从严治党战略布局，坚持发展第一要务，全面推进经济建设、政治建设、文化建设、社会建设、生态文明建设和党的建设，确保如期全面建成小康社会，为实现第二个一百年奋斗目标、实现中华民族伟大复兴的中国梦奠定更加坚实的基础。

2016 年 7 月，十八届六中全会围绕全面从严治党重大问题，制定新形势下党内政治生活若干准则，修订《中国共产党党内监督条例（试行）》。会议强调，党的十八大以来，以习近平同志为总书记的党中央毫不动摇坚持和发展中国特色社会主义，勇于实践、善于创新，深化对共产党执政规律、社会主义建设规律、人类社会发展规律的认识，形成一系列治国理政新理念新思想新战略，为在新的历史条件下深化改革开放、加快推进社会主义现代化提供了科学理论指导和行动指南。

2017 年 10 月，中共十九大胜利召开，明确指出，当前国内外形势正在发生深刻复杂变化，我国发展仍处于重要战略机遇期，前景十分光明，挑战也十分严峻。强调中华民族迎来了从站起来、富起来到强起来的伟大飞跃，社会主要矛盾已经转化为人民日益增长的美好生活需要和不平衡不充分的发展之间的矛盾，中国日益走近世界舞台中央、不断为人类做出更大贡献。中国特色社会主义已经进入新时代，形成了新时代中国特色社会主义新思想，提出到 2035 年基本实现社会主义现代化，到本世纪中叶建成富强民主文明和谐美丽的社会主义现代化强国，成为综合国力和国际影响力领先的国家，推动"一带一路"新型全球化发展，坚持和平发展道路，推动构建人类命运共同体的新方略新部署新要求。这是在全面建成小康社会决胜阶段、中国特色社会主义发展关键时期召开的一次十分重要、影响深远的大会，事关党和国家事业继往开来，事关中国特色社会主义前途命运，事关最广大人民根本利益。

2018 年 1 月，十九届二中全会审议通过了《中共中央关于修改宪法部分内容的建议》；3 月召开三中全会审议通过了《中共中央关于深化党和国家机构改革的决定》和《深化党和国家机构改革方案》。工作节奏进一步加快，推动力度进一步加大。

2018 年 3 月 26 日和 5 月 4 日，中国接连推出以人民币计价清算国际化的石油期货、铁矿石期货。这种模式完全可能进一步向其他大宗商品推进，加快中国国际金融中心建设和人民币国际化进程，切实增强中国的国际影响力。

中共十八大以来不仅保持了中国经济稳中有进，而且不断探索新时代经济社会发展的新思路、新路径、新模式。十九大做出一系列重大决策，更加坚定了全国人民的道路自信、理论自信、制度自信、文化自信，在经济增长下行压力不断加大，深层次矛盾集中暴露，社会凝聚力受到冲击的情况下，对全社会凝心聚力、团结拼搏产生了极大影响。

但与此同时，中国的崛起和更加明确的规划目标，也在国际社会产生了非常深刻的震动和影响，特别是在美国的政治精英层产生了越来越强烈的反响。

曾任美国现任总统特朗普竞选班子宣传总长，总统首席战略专家和高级顾问的斯蒂芬·班农（Stephen Bannon），离职后于 2017 年 12 月 17 日在日本发表演说，其内容被整理为"中国让美国走向了衰败"广泛传播，产生了很大的国际影响，就特别有代表性。另外，特朗普总统上台后任命彼得·纳瓦罗（Peter Navarro）为国家贸易委员会主席，他近年在美国出版的《即将到来的中国战争》《致命中国：美国是如何失去其制造业基础的》（另译《被中国杀死》）和《卧虎：中国军国主义对世界意味着什么》，表达了同样的中国威胁论思想，同样在美国和国际上产生了很大反响。这些思想也在特朗普上台后一系列针对中国的重大举措上频频显现。

2. 2000 年以来美国遭遇越来越大的挑战

苏联解体，美国成为世界唯一霸主，同时又将日本（当时世界第二大经济体）快速上升的势头彻底压制下去之后，美国的自豪感、优越感极度增强，认为自己的体制机制世界领先、第一无二，甚至有人推出发展模式和社会制度的"历史终结论"，认为美式自由民主模式将成为"人类意识形态进步的终点"、成为"人类统治的最后形态"，宣称"自由民主是人类唯一的最佳选择"，美国也认为自己在道义上有义务，也能够承担世界主宰的角色，把握世界领导权，在世界上传播自己的价值观，推广自己的社会制度，改变全球治理体系。这也确实在全球掀起了一场广泛的民主化运动。

但是，在这一过程中，美国及其西方盟友沉浸在胜利的喜悦，陶醉于制度优越性和享受全球化好处，热衷于推动国际社会民主化之中，而没有认真思考在国家主权独立依然存在，国家之间财政税收政策不统一，社会福利水平相差巨大，资本和产能的流动远远超过人口流动，不同阶层的人在全球化过程中的受益极度分化，中产阶级日益削弱的情况下，全球一体化发展可能带来什么问题，需要什么样的全球治理理念和配套体系，需要进行什么样的制度改革，反而陷入故步自封、日益僵化的困局，在信息化、网络化迅猛发展，新兴经济体经济规模不断赶超，世界多极化显现，全球性与地方性并存、统一性与多样性并存不断增强的过程中，美国等的世界治理体系越来越跟不上经济全球化发展的步伐，并不断激化国际国内社会矛盾。

2000 年网络泡沫破灭，2007 年房地产泡沫破灭，并随之引发全球金融危机，美国的经济实力和国际影响力受到巨大冲击，贫富差距进一步拉大，政府债务快速增长、异常庞大，公共服务供给不足，社会不公日益严重，美国在世界政治军事事务上四面出击的扩张战略开始转向收缩战略，从一直强烈呼吁和大力推动经济全球化、贸易自由化，转向明显的贸易保护和保守主义、单边主义。与此同时，主要经济体民粹主义思潮明显增强（英国脱欧、特朗普当选美国总统都是重要表现），联合国等国际组织的作用和

影响力、世界和平与发展受到越来越严重的挑战。

2017 年 1 月特朗普就任美国总统，其民粹主义、实用主义和重商主义特质迅速展露，公开声明和不断强化"美国优先"战略，全面调整国际关系，公开挑战国际规则，废弃前任总统签署的若干国际协议，包括退出《巴黎气候协议》《跨太平洋伙伴关系协定》、联合国《难民和移民问题纽约宣言》，退出联合国教科文组织和联合国人权理事会，甚至发出威胁要退出世界贸易组织（WTO），宣布提高钢铁、铝、汽车等多种产品进口关税，大大强化贸易保护，全面发起贸易战，特别是针对中国的贸易战。其针对《中国制造 2025》，遏制中国科技进步，以及遏制中国国际金融中心建设和人民币国际化进程的目的非常明显（很多方面都体现出班农以及纳瓦罗等鹰派人物的观念），为防止中国对其高科技、金融国际地位构成威胁，越来越多的对中美之间正常的经济、科技、人文交流合作设置障碍，甚至对中国在美留学生和学者的学习与工作设置限制。

2017 年 12 月 6 日，美国总统特朗普宣布承认耶路撒冷为以色列首都，并将随后启动美驻以使馆从特拉维夫迁往耶路撒冷的进程。这一举动令世人震惊，极大地损害了巴以和平进程，对中东地区局势产生深刻影响。

2018 年 5 月 9 日，美国总统特朗普正式宣布，美国退出 2015 年 7 月伊朗与伊核问题六国（美国、英国、法国、俄罗斯、中国、德国）及联合国安理会经过十多年外交努力达成的伊核问题全面协议，随即启动对伊朗实施最高级别制裁，公然表示对参与这一协议的其他各国以及联合国安理会的藐视。此后，法国总统马克龙、英国首相特雷莎·梅和德国总理默克尔发表联合声明，对美国退出伊核协议表示遗憾，表示他们将继续留在伊核协议内，并决心保证该协议的落实。德国总理默克尔发表讲话，批评特朗普"破坏了国际秩序的信任"，给国际社会造成了严重损害。

在这一过程中，美国的朝鲜政策、对台政策也发生很大变化。

种种迹象表明，美国已经大幅调整其国家战略，把中国作为其首要威胁和头号对手，两国之间将不会仅仅简单存在贸易战，而将迎来两种社会制度模式之间的激烈竞争和挑战。

美国的政策调整和取向变化已经成为全球经济和政治最大的不稳定因素，引起世界范围内，包括其盟友德、法、英、加、日、韩等国在内的广泛关注和高度警惕，甚至产生明显的矛盾，世界秩序面临深刻调整，全球化发展面临严峻挑战，当今世界正面临二战之后前所未有的大变局。

美国特朗普政府的一系列表现，一方面显示美国的国际影响力在减弱，美国已经感受到这种威胁，商人出身的特朗普总统更注重实际利益，而不大顾及政治规则，急于想扭转这种局面。另一方面也反映了美国并没有充分认识和准确把握时代潮流的发展方向，并根据世界格局的深刻变化及时做出相应调整和改革，而是固守传统思维，不惜逆时代潮流而动，强行推行民粹主义、单边主义、霸权主义、贸易保护，必然不会有好结果。

进入新的世纪，发展中国家经济实力和国际影响力明显增强，发达国家通过占据产业链和价值链的高端和统治地位，依托对全球资源的控制和剩余价值剥夺而维持本国高福利社会的模式难以持续，因而，社会矛盾不断加剧，社会债务持续扩张，两极分化日趋严峻，急需进行深刻变革。

就特朗普目前强力推动"再工业化、制造业回归"运动而言，需要具有比较优势的优惠政策招商引资，但美国政府能够动用的工具主要就是降低税收。然而，降税很容易实现，会很快减少政府税收，但要通过再工业化扩大产值弥补减少的税收则需要一个过程，这就必然会进一步扩大业已巨大的财政赤字和政府债务。同时，制造业回归，还需要配套的交通通信等基础设施支持。近30年间美国公路、铁路、桥梁等基本上没有改扩建，

再工业化需要大规模改造和新建基础设施，这会增加政府开支和债务。因此，再工业化的这个特殊时期能否如愿度过，面临巨大挑战和风险。在这种情况下，美国总统特朗普的选择自然就是提高进口关税，向外转移矛盾，一方面增加税收弥补国内亏空，同时也抑制国外相关制造业的出口和发展，促使制造业转移美国，可谓一箭双雕。但这种做法违反世界贸易规则，必然受到国际社会的强烈抵制或反制。即使美国这样做能够大规模减少贸易逆差，减少外债，但势必影响美元的国际地位以及美国对国际金融市场的影响力，产生其他新的问题。有数据显示，世界各国拥有的美元储备，主要投放到美国，基本收益率不足3％（美国十年期国债收益率基本上都低于3％，危机后量化宽松时期更低），但美国运用这些资金对外投资，近20年复合收益率大约为18％，由此可以获得巨额资本项下的超额利润。一旦失去这种优势，将对美国产生非常大的影响。这预示着，美国不进行深刻的变革是不行的。

就中美两国的关系而言，有不少人认为，历史上，新兴大国的崛起打破原有的格局，通常都会引发与老牌大国的激烈矛盾乃至战争，世界老大一般都会采取一切可能的举措予以压制，甚至不惜两败俱伤并伤及全世界，直至把老二拖垮，或者至少使老二难以对自己的霸主地位构成威胁，只能甘心处于二流国家的位置。因此，也有不少国际战略思想家或智库都把崛起的中国看成是冷战时期的苏联，预言中美两国必有一战，或者难免会陷入新的冷战状态，甚至设想美国会像当年用军备竞赛拖垮苏联一样，用贸易战、金融战拖垮中国。

但实际上现实的局面已经与20世纪冷战时期大大不同：20世纪两次世界大战极其惨痛的场面让人记忆犹新；大国之间都拥有世界毁灭性武器；全球化发展和记账清算的使用，使得中美两国之间利益交叉、相互融合，美国在中国有巨大的投资，中国外汇储备主要存放在美国，两国经贸往来规模巨大，等等。这些因素使得大国之间直接爆发战争不大可能。而且中国是一个庞大的市场，已经深度融入到全球化大潮之中，形成了非常完整的工业体系，并且仍处于工业化、城市化、信息化发展过程之中，拥有巨大的改革发展潜力和发展韧劲，是不容易被轻易压垮的。

在可预见的未来，无论哪个国家，包括美国和中国，都难以再像冷战刚刚结束时的美国那样拥有全世界遥遥领先的优势，都难以单独担负领导世界的责任，经济全球化、社会信息化、世界多极化、文化多样化才是必然趋势，继续固守冷战思维、单边主义是不符合时代变化和潮流的，合作共赢才是方向，深化社会制度和全球治理体系改革才是亟待推进的选择。

（六）全球治理体系改革亟待深化

经济全球化发展对人类社会的影响远远超过人们的预想，不仅逐步打破原有的世界格局，而且也在打破发达国家国内的社会平衡。由于全球化治理没有随同全球化发展而变革，现在已经远远落后于全球化发展的实际，实际上已经形成了"全球化陷阱"，使很多国家，特别是美国等发达国家深陷其中难以自拔。

必须看到，全球化使国际资本和产能的转移越来越容易，但真正能参与全球化发展并获益的，是大资本、大财团、大势力，一般中产阶级以下越来越难以在竞争日益激烈的全球化市场获益。而且世界上低税收国家开放后，对资本的吸引力增强，又迫使高税收国家不断降低税收以增强国际竞争力，使税收在抑制贫富差距方面的作用不断削弱。普通加工业对外转移后，蓝领工人的工资难以上涨。种种原因，使得美国、欧洲等发达国家在二战之后通过高税收，实现社会财富的再分配，抑制两极分化，鼓励中

产阶级发展的重要成果在严重消失，社会制度在明显倒退，中产阶级的资产规模进入 20 世纪 90 年代之后没有增长，反而在萎缩。

在发达国家能够通过转移基础产能和普通加工业，并利用落后国家廉价的原材料、劳动力、资源和环境进行产品加工，然后再进口，其成本比在本国生产更便宜的情况下，仍能维持国内整体消费和生活水平不下降，并且由此还能够减少本国资源消耗与环境破坏，提高生态环境质量，吸引更多高素质人才流入，更加增强其高科技研发能力，并通过知识产权保护等，将全球范围内更多的财富或剩余价值聚集到本国，通过高科技的垄断地位保持其对世界财富的控制力，这使得全球化出现的问题一直没有得到足够的认识和应有的重视。

随着发展中国家，特别是新兴经济体的不断发展，这种格局在逐步改变。

2000 年网络泡沫破灭后，美国全社会负债规模快速扩张，家庭财富中房地产和金融资产的比重不断提高，资产泡沫不断聚集，社会财富两极分化日益明显，中产阶级的生活压力不断加大，使社会矛盾不断加剧。2007 年次贷危机爆发并随之引发 2008 年全面金融危机，更激化了社会矛盾。

这其中一个最大的问题是，在全球化不断发展的过程中，很多资本财团扩大境外投资，甚至将注册地转移到低税收国家或地区，攫取巨大的国际化收益，占有了更多的公共服务和社会资源，但却减少了对国家和社会应该承担的社会责任和税利贡献，这成为世界范围内两极分化更加严重的重要根源，也成为全球化发展打破发达国家原有的社会平衡，推动其政府和社会负债快速扩大，造成社会可能崩溃的隐形陷阱。

中国在推行改革开放之后，在坚持公有制为主体基础上，大力推动市场经济发展，配套变革产权保护，积极对外开放，依托其广阔的国土和丰富的资源、庞大的人口，以及廉价的资源、劳动力和环境保护，全世界独一无二的优惠政策等，特别是 1999 年全面深化住房、教育、医疗三大体制改革，极大地释放和刺激了国内需求，推动经济加快增长，在全世界一枝独秀，为 2001 年正式加入 WTO 奠定了重要基础。入世后，中国吸引越来越多的国际资本和产能流入，推动工业化、城市化、信息化快速发展，逐步形成了全世界最为健全的工业体系，成为世界最大的制造业基地，劳工技能和研发能力也随之不断提高，中国经济从改革开放初期停止不前，在30 年后就跃升为世界第二大经济体，超出世人预期和想象。而中国的发展又带动能源、矿产等输出国经济快速发展，新兴经济体随之不断涌现。世界经济的中心，逐步从 7 国集团向发展中国家转移。

2008 年全球金融危机爆发后，7 国集团 GDP 占全球产值的比重已经从高峰时的 70％左右下降到 45％上下，其国际影响力发生了质的变化，而新兴市场国家和发展中国家在世界经济总量中的占比接近 40％，其对世界经济增长的贡献更是高达 80％左右。这种变化使发达国家在全球范围内聚集资源和财富的能力大大削弱，使其从全球聚集资源维持国内高福利社会，有效缓和国内矛盾的做法和格局越来越难以持续，社会矛盾激化，使不少国家陷入"全球化陷阱"难以自拔。这也进一步推动世界格局进入由量变到质变转化的非常关键时刻，国际矛盾和斗争异常激烈，国际局势深刻变化，超出世人想象。

必须看到，全球化发展是人类社会发展的必然方向，全球化推动国际局势变化势不可当。这种变化将推动世界多元化发展，使世界版图更加全面均衡，推动全球治理体系深刻变革，为世界和平奠定更加坚实稳固的基础。

全球化过程中，中美两国的发展，进入 21 世纪后出现明显反差，这对

世界格局变化尤为重要。

美国在 2000 年 10 月网络泡沫破灭后，2001 年本土又遭遇令人震惊的恐怖袭击，美国随之发动阿富汗战争，随后又发动了伊拉克战争等。2007 年爆发次贷危机，接着 2008 年爆发了百年一遇的全面金融危机，经济金融遭受重创，其国际影响力明显削弱。

而中国在 1999 年全面深化住房、教育、医疗三大体制改革，极大地释放内需，并将资源变资本、资本加杠杆，克服了东南亚金融危机和南方大水叠加形成的巨大冲击，推动经济从 2000 年开始明显升温。2001 年正式加入 WTO，吸引大量国际资本和产能流入，推动经济金融快速发展。2007 年提出科学发展观，实施《劳动法》，强化劳动者利益保护，放松外汇管制；鼓励企业走出去，历史上第一次全面取消农业税等政策刚刚启动，2007 年美国次贷危机爆发，使得当时的快速升温得到抑制。在 2008 年全球金融危机爆发后，又依托其体制优势，迅速调整宏观政策，采取大规模经济刺激计划，在主要经济体中率先止跌回升，为世界经济止跌回暖做出巨大贡献，并一跃成为世界第二大经济体，综合国力和国际影响力随之快速增强。危机十年后，不仅大大拉开与第三大经济体日本的距离，而且不断缩短与美国的距离。

这种世界格局的深刻变化，又不断激化发达国家，特别是美国的国内民族主义、民粹主义、单边主义、贸易保护主义，甚至霸权主义、冷战思维快速升温，特朗普就任美国总统后，针对中国的压制全面爆发。

实际上，中美之间并不是简单的贸易战，而是两种不同社会制度和发展模式之间的冲突和较量，不同于原来美日之间的竞争，其结果，必然推动全球治理体系深刻变革。

没有制度模式的重大改革和创新，要赶超头号强国是非常困难的。在经济金融全球化深入发展的今天，不依靠国家整体力量，而完全依靠企业自身力量，发展中国家是难以赶超发达国家的。同时，不能适应全球化深入发展的需要，处理国家内部个别利益与整体利益的矛盾，特别是处理不好全世界范围内国家的个别利益与世界的公共利益的关系，不能据以对全球化治理体系和社会制度进行深刻变革，依然过分强调私有制和自由市场竞争，甚至推动单边主义、贸易保护和霸权行动，是与全球化潮流背道而驰的，将严重损害国际社会共同利益。

世界大国更需要有胸怀，要担负国际责任，共同推动联合国组织改革并带头支持联合国在国际社会协调管理作用的发挥，共同构建人类命运共同体，并因此赢得广泛的尊重和响应，在此前提下，保护自身合理利益不受侵犯。

所以，在这一过程中，中国一再强调，中美双方应加强沟通对话，共同努力消除"理解赤字"。中国并不想争夺世界霸权，而是主张共商、共建、共享，促进开放、合作、共赢，共建人类命运共同体。当今世界各国利益紧密交融，没有谁能够一家独大，中国希望与美国共同构建不冲突不对抗、相互尊重、合作共赢的新型大国关系，成为合作伙伴，积极参与全球治理体系改革，与世界各国一道共同构建人类命运共同体。

中美两国有着不同的文化、社会制度和发展模式，相互之间已经进入一个非常微妙和极其敏感的时期，是相互克制、顾全大局，共同寻求和形成新型伙伴关系以及新型全球化发展道路，还是固执己见、相互敌对，导致恶性对抗或新的冷战局面，将对两国和全世界的未来产生十分重大的影响。

现在，要合作还是要对立，要开放还是要封闭，要互利共赢还是要以邻为壑，国际社会再次来到何去何从的十字路口，世界格局深刻变化已经

进入非常关键的时期。

无论如何，经济全球化、社会信息化、世界多极化、文化多样化是大势所趋、时代潮流，势不可当！美国独霸世界的时代正在逐步结束，中国在 21 世纪中叶综合国力和国际影响力实现领先完全有可能。顺应时代发展潮流，必须深刻变革全球治理体系，切实强化国际事务协调管理的联合国组织，以及世界贸易组织、国际货币基金组织、世界银行等。

二、国际货币金融体系变革

（一）货币金融的社会定位

金融的发展急需准确把握货币金融与经济社会的关系，准确理解和把握"金融是现代经济的核心"与"金融必须服务实体经济发展"的关系。

1991 年初，邓小平在上海听取上海市负责同志的工作汇报时，针对浦东新区"金融先行"的做法，明确指出："金融很重要，是现代经济的核心。金融搞好了，一着棋活，全盘皆活。"①

由此，"金融是现代经济的核心"就成为金融的社会定位，国家在推动产业升级，加快从第一产业向第二产业、第三产业迈进的过程中，也越来越注重金融服务业的发展。

改革开放以来，特别是加入 WTO 之后，中国金融迅猛发展，现在，中国人民币货币总量、央行的资产规模、金融机构资产规模等世界领先，主要金融机构的世界排名大大提升，很多都成为全球性重要性金融机构。从金融业增加值在 GDP 中的占比来看，我国金融业所占比重 1996 年至

---

① 《邓小平文选》第 3 卷，人民出版社 1993 年版，第 366 页。

2002 年在 5％左右，2003 年至 2006 年接近 4％，2007 年以来不断走高，至 2015 年达到 8.4％。从 2005 年 4％的低点至 2015 年 8.4％的高点，11 年间我国 GDP 中的金融业增加值占比翻了一番。2016 年、2017 年末金融业增加值对 GDP 的占比分别为 8.34％、7.95％。金融业增加值占 GDP 的比重已超过美、日、英等发达国家。

但中国金融的快速发展，也暴露出很多严重的问题。（1）呈现出明显的"脱实向虚"态势，资金过多地在金融体系内循环空转，在货币总量快速扩张的同时，社会融资难融资贵的问题反而更加突出，利润更多地向金融聚集，进而吸引更多的人才和资金投入金融，对实体经济的发展构成威胁，也反过来产生和聚集更大的金融风险，威胁着经济社会的稳定，防范化解重大金融风险、坚决守住不发生系统性金融风险的底线成为十九大确定的三大攻坚战之首。（2）在很多方面的认识不足，对本质和风险把握不准，分业监管难以跟上实际发展，监管措施行政化明显，监管不协调、套利空间大。2013 年出现的"钱荒"、2015 年爆发的"股灾"，以及危机之后房地产价格的快速上升，房地产金融的快速扩张，与房地产密切相关的资管理财迅速超越百万亿元规模，很大程度上都偏离了"受人委托、代人理财"的"信托"本质，基本上都不是站在资产所有人（委托人）角度，帮助其设计理财方案、进行资产管理，而主要是站在金融机构的角度，处于融资或调整资产结构需要，设计和销售资管理财产品，而且在很大程度上都实行刚性兑付，将资管理财业务发展成为"变相存款"，进而严重模糊了"存款性机构"与"非存款性机构"的监管边界，结果使所有金融机构乃至类金融机构都在开展资管理财业务等，反映出我们并没有充分吸取金融危机的教训，金融认知亟待提升，金融管理亟待加强。

反思货币金融的社会定位及其与实体经济的关系很有必要。说"金融是现代经济的核心",是从金融作为现代经济中社会资源配置的枢纽地位而言的。现代经济是市场经济,是资源或商品需要通过平等互利、等价交换实现转让和流通的经济,是由市场机制对资源配置起基础性、决定性作用的经济。而交换就需要货币,货币的流通和配置就需要金融。社会生产是有分工的,劳动成果可能千差万别,直接交换是非常困难的,但其价值可以统一用货币表示,通过货币金融可以高效地实现商品或劳务的交换与转让,可以有效连通各行各业、各种劳动成果或社会资源,从而形成以货币金融为中心的社会资源流通和配置体系。市场经济的运行表现为价值流引导实物流,货币资金运动引导物质资源运动,金融运行得正常有效,货币资金的筹集、融通和使用充分有效,社会资源的配置也就合理,对经济发展所起的作用也就明显。在此基础上,国家还可以利用货币政策以及利率、汇率、信贷、结算、监管等金融手段,灵活调控货币供应的数量和结构,进而对经济发展的速度、规模和结构等进行调节,使货币(金融)政策成为与财政政策共同发挥作用的现代经济两大宏观调控政策之一,起到推动实现资源优化配置、提升经济运行效率的关键性作用。

但是,随着货币金融的发展,货币金融越来越独立于以商品生产和交换为基础的"实体经济",越来越演化成专业化、独立运行的"虚拟经济"体系,结果也使得越来越多的人模糊了金融与经济的关系,甚至越来越颠倒了其主次关系。实际上,货币金融的产生和发展都来源于实体经济发展的需要,二者乃是"皮"与"毛"的关系,离开实体经济,货币金融就将失去基础而不复存在,正所谓"皮之不存,毛将焉附"。实体经济是虚拟经济的本源,金融只能是实体经济发展的加油器、调节器,而不能成为实体经济的"吸血鬼",金融发展必须牢记服务实体经济的宗旨,在促进经济发展、创造更大的经济和社会价值中,分得合理的回报,而不能脱离实体经济盲目发展，更不能运用各种手段肆意挤占或榨取实体经济，损害或阻碍实体经济发展。

2012 年以来，中国经济下行压力不断加大，多重因素推动社会资金和人才更多地向金融聚集，互联网金融等快速发展，产业资本大量投资金融（产融结合），风险日益显现。从 2016 年开始，国家不断加强金融监管，特别是从 2017 年全国金融工作会议开始，反复强调"金融必须强化本源和宗旨意识，切实增强服务实体经济的意愿和能力"，可以说是中国金融改革开放以来在金融的社会定位、发展方向、发展战略上的重大调整，是推动金融健康发展，防范重大金融风险的重要原则和根本保障。

现在还需要从理论上、思想上、战略上准确把握货币金融与实体经济的关系，处理好"金融是现代经济的核心"与"实体经济是货币金融的基础""金融必须服务实体经济发展"的关系，强化金融服务实体经济的宗旨，打牢金融服务实体经济的基础，特别是要增强"金融只能在合理配置社会资源，有效控制金融风险，创造出更多社会财富的前提下，从新增财富中分得约定部分"的行业道德观和价值观，推动货币金融与经济社会相互促进、共同发展。

作为金融投资人、从业者，必须增强服务意识、风险意识、合规意识、诚信（信用、信誉）意识（言而有信，说到做到），要始终坚持稳健经营，发挥积极作用，追求长远发展，而不能追求一夜暴富、快速超越、只顾名利、不顾风险，要坚决打击坑蒙拐骗、依靠非法手段获取不义之财。

（二）国际货币体系的变革

如同一个国家要发展贸易或市场经济必须有货币，而且货币需要尽可能统一一样，要促进国际贸易和投资的发展，也必须形成能够为贸易双方

乃至越来越多国家所接受的、尽可能统一的国际货币。国际货币越多，交易成本和相关风险就会越大，因此，理论上，尽可能形成单一的国际货币最好。

在货币脱金、各个国家基本上都拥有自己的法定货币或主权货币的情况下，哪个国家的货币能够得到其他国家的广泛认可，成为双边贸易和投资的计价与清算货币，特别是储备货币，不是随意指定的，而是依靠国家的综合实力和国际影响力不断竞争或比拼（优胜劣汰）产生的，而且不是一成不变的。比如，在英国成为世界最强大国家期间，英镑就成为全世界最主要的国际中心货币，但到二战爆发后，美国的综合实力和国际影响力迅速超越英国，英镑的国际中心货币地位随之被美元取代；在20世纪60—80年代日本经济快速发展成为世界第二大经济体，国际影响力不断增强期间，日元在国际结算和国际储备中的份额也随之提升。但是，进入20世纪90年代之后，日本经济陷入低迷，国际影响力不断减弱，日元的国际地位也随之下降。

当然，货币金融的良好管理和运行，也会促进经济社会发展，增强国家的综合实力和国际影响力，二者相辅相成、相互影响，但从根本上讲，一个国家的综合实力和国际影响力是基础，决定一国货币金融的国际影响力及其在国际货币金融体系的地位。

因此，一个国家必须高度重视货币金融的发展及其国际影响力的增强，但却不能本末倒置，脱离国家总体的发展和综合实力的增强，盲目追求货币金融的发展，更不能盲目夸大货币战争、金融战争的国际影响力。

比如，有文章宣称：20世纪最重要的国际事件不是别的，不是一战、二战，也不是苏联解体，而是1971年8月15日美元与黄金脱钩。从此之后，人类真正看到了一个金融帝国的出现，而这个金融帝国把整个人类纳入到它的金融体系之中。从这一天之后，我们进入一个真正的纸币时代，在美元的背后不再有贵金属，它完全以政府的信用做支撑并从全世界获利。简单地说：美国人可以用印刷一张绿纸的方式从全世界获得实物财富。人类历史上从来没有过这样的事情。而当美元变成一张绿纸出现后，美国获利的成本可以说极其的低廉。

又说，美元作为国际中心货币大量流出，美国通过发行国债，又让大量在海外流通的美元重新回到美国，美国人开始玩起一手印钱，一手借债的游戏，印钱能赚钱，借债也能赚钱，以钱生钱，金融经济比实体经济赚钱来得痛快多了，美国由此变成一个金融帝国。

还说，美国成为金融帝国之后，开始用美元进行隐形的殖民扩张，通过美元隐蔽地控制各国经济，从而把世界各国变成它的金融殖民地，让其实物财富通过与美元的兑换源源不断地进入美国。美国通过扩大美元投放、收缩美元投放，对全球流动性进行调控，经常造成一些国家货币汇率大幅波动，引发其金融危机和经济动荡，而收益最大的往往是能够控制美元流动的美国。

上述说法确实反映出当今国际货币体系存在的一些不合理现象，很容易引发社会乃至政府层面对这种局面的愤怒，甚至容易鼓动国家采取行动盲目追求美国金融帝国的地位，但实际上这种说法更多地把结果说成原因，是经不起推敲的。

美元成为国际中心货币，并非完全是美国的阴谋和货币战争强加给国际社会的结果，而是国际社会理性选择的结果，是其世界领先的综合国力与国际影响力的体现，尽管存在不少问题或弊端，但总体上是世界贸易和投资发展的需要，这更不是其他国家可以单纯通过货币金融战争就能够轻

易改变的。

当然，现实是美国一国独大，国际上缺乏有效制衡机制，联合国及其相关组织的作用被大大削弱，在美国极力推行"美国优先"的情况下，国际社会的公平性、公正性、包容性受到严重威胁。随着经济全球化、社会信息化、世界多极化、文化多样化的发展，这种国际治理结构和机制不可持续，必须深刻变革。

从货币金融角度，急需深刻改造或者重建国际货币基金组织（IMF），真正按照"基金"的一般治理规则，扩大基金成员国组成和基金规模，按照基金的份额赋予相应的权利和义务，打破目前美国一票否决的机制安排。

IMF 是根据 1944 年 7 月在布雷顿森林会议签订的《国际货币基金协定》，于 1945 年 12 月 27 日在华盛顿与世界银行同时成立，并列为世界两大国际性金融机构，其职责是监察货币汇率和各国贸易情况，提供技术和资金协助，确保全球货币体系和金融制度运作正常。其总部设在华盛顿。

IMF 的主要职能：（1）制定成员国间的汇率政策和经常项目的支付以及货币兑换方面的规则，并进行监督；（2）对发生国际收支困难的成员国在必要时提供紧急资金融通，避免其他国家受其影响；（3）为成员国提供有关国际货币合作与协商等会议场所；（4）促进国际金融与货币领域的合作；（5）促进国际经济一体化的步伐；（6）维护国际汇率秩序；（7）协助成员国之间建立经常性多边支付体系等。

IMF 治理机制与变革：

IMF 的议事规则执行加权投票表决制。投票权由两部分组成，每个成员国都有 250 票基本投票权，以及根据各国所缴份额所得到的加权投票权。由于各国的基本票数都一样，因此，在实际决策中起决定作用的是加权投票权。加权投票权与各国所缴份额成正比，而份额又是根据一国的国民收入总值、经济发展程度、战前国际贸易幅度等多种因素确定的。

IMF 在成立时，由于美国的经济实力最强，成为 IMF 的最大股东，具有 17.69％的份额，并在重大问题上具有一票否决权（重大问题需要得到 85％以上的赞同票）。由于历史的原因，IMF 的投票权主要掌握在美国、欧盟手中，其执行总裁一般由欧洲人（主要是法国人）担任。

20 世纪 60 年代下半叶，随着美元遭遇信任危机，一些国家出现美元和黄金储备不足，影响国际收支和汇率稳定，在这种情况下，IMF 于 1969 年推出了"特别提款权"（Special Drawing Rights，简称 SDR）。它是 IMF 根据会员国认缴的份额分配的，可用于偿还国际货币基金组织债务、弥补会员国政府之间国际收支逆差的一种账面资产和国际储备。会员国在发生国际收支逆差时，可用它向基金组织指定的其他会员国换取外汇，以偿付国际收支逆差或偿还基金组织的贷款。因为它是国际货币基金组织原有的普通提款权以外的一种补充，所以称为"特别提款权"。

SDR 推出后，一度也被国际社会寄望于能够取代美元的，成为非国际化的国际货币，但由于美国的抵制，SDR 被局限于 IMF 范围各国货币当局之间的官方交易，很少被用于商业领域。全球各国央行外汇储备中的一部分以 SDR 货币持有，但占比仅约为 3％。

2008 年全球金融危机爆发后，新兴经济体的综合实力和国际影响力明显增强，国际事务，特别是金融危机的应对需要更多的国际力量，因此，IMF 的改革被提到议事议程。

经过长时间的复杂工作和艰苦努力，2016 年 1 月 27 日，IMF 宣布，IMF 的《董事会改革修正案》从当年 1 月 26 日开始生效，该修正案是 IMF 推进份额和治理改革的一部分。根据方案，约 6％的份额将从原有国家向有影响力的新兴市场和发展中国家转移，中国份额占比将从 3.996％升至

6.394%，排名从第六位跃居第三位，仅次于美国（17.46%）和日本（6.48%）。中国、巴西、印度和俄罗斯4个新兴经济体跻身IMF股东行列前十名。

该方案生效后，IMF份额将增加一倍，从2385亿SDR（约合3298亿美元）增至4770亿SDR（约合6597亿美元）。IMF执董会成员将首次全部由选举产生。

2015年11月30日，IMF执董会批准人民币加入SDR的货币篮子，新的货币篮子于2016年10月1日正式生效。人民币入篮之后，在SDR篮子中的比重为10.92%，其他4种货币的权重则相应减少：美元比重从41.9%降至41.73%，欧元从37.4%降至30.93%，日元从9.4%降至8.33%，英镑从11.3%降至8.09%。

2016年IMF与SDR的改革来之不易，特别是已经表明其原有的体制机制需要改革并得到了国际社会的重视，具有重要意义。但此次改革依然存在很多局限，最重要的是，IMF份额和治理改革等重大决策的通过，需要获得成员国中至少85%投票权的支持。改革后美国的投票权较之前的16.75%有所下降，但依旧保持超过15%的重大决策一票否决权；SDR的规模尽管扩大了一倍，但规模仍然十分有限，IMF协调国际货币汇率和金融体系的能力仍然有限。

这显然与世界发展潮流不相符合，IMF的体制机制、职责定位及其SDR的构成和运用，仍需变革。如果美国仍然固守其对IMF的一票否决权和绝对控制权，就有可能催生新的国际货币基金组织，并使得IMF和SDR被削弱、被取代、被抛弃。

这里涉及一个问题：未来能否将SDR改成超主权的世界统一货币？

要将SDR打造成为超主权的世界货币，就需要将IMF打造成为超主权的世界中央银行，从世界范围内考虑和实施货币政策，进行货币总量调控，保持 SDR 币值的相对稳定。在国家依然存在，世界各国经济发展水平相差巨大，财政税收政策不统一的情况下，这样做意义重大，但要实现却极其困难，欧元的实践已经充分说明这一点。在主要经济体不愿放弃本国主权，包括财政政策和货币政策宏观调控的自主性，主要国家货币通过竞争和市场选择已经在国际上形成了一套国家货币运行体系的情况下，要再造一个统一的超主权国际货币体系，其实际效果也未必真能像人们想象的那么好。

因此，在相当长的时间内，比较现实的选择并不是急于打造超主权的世界货币，而是在维持国家主权货币相互竞争、优胜劣汰形成国际货币体系的基本格局下，顺应世界多极化发展潮流，深刻变革乃至重新建立国际货币基金组织的体制机制，增强其基金规模和实际的调控能力，在强化联合国组织在国际事务中的协调和管理作用的同时，增强国际货币基金组织在国际货币金融领域的协调和管理作用。这是本人长期研究超主权世界货币之后得出的基本结论。

由此，中国理应在不断增强综合国力和国际影响力的基础上，积极推动人民币国际化进程，为人民币成为最重要的国际货币，并推动国际货币和金融体系深刻变革做好准备。

小结　未来之道与术

互联网等信息技术的发展正在深刻改变人类社会，也必将深刻影响货币金融的运行和发展。

现代金融是高科技的金融，货币金融要充分发挥应有作用，必须积极运用先进科技提高自身运行效率，降低运行成本，严密风险监控。因此，必须高度重视互联网等信息科技的发展和有效利用。但新技术的应用、货币金融的创新，又必须坚持货币金融的本质和发展逻辑，不能违反逻辑和规律盲目发展。因此，互联网金融的发展，需要积极＋理性，需要金融专业与互联网技术的有机融合，而不是排斥或一味追求颠覆。

数字币、区块链的产生和发展，更是给法定货币体系与金融运行体系带来深刻冲击，有关区块链是信任的机器、价值的互联网，将再造社会生产关系、组织模式和运行方式，将颠覆法定货币体系和复式记账法等说法，让人充满遐想，也容易让人陷入空想，不少社会名流、金融权威，乃至中央银行或政府也对网络加密货币充满兴趣，以致于人们对什么是货币，货币发展演变的逻辑和规律都日益模糊，这有可能使货币金融的发展严重偏离正确轨道，产生严重的经济社会问题。因此，需要高度警惕，保持理性，去伪存真，趋利避害。

还需重视的是，随着全球化的发展，当今世界正在进入一个剧烈变革的关键时期，世界的中心可能发生重大转变，各种深层次矛盾加快暴露，新情况新问题不断出现，对人们的思想认知和有效应对带来巨大挑战，其中包括对货币金融以及国际货币金融体系的巨大挑战。当然，这同时也带来深刻变革难得的历史机遇。中国已经成为世界变革最重要的因素和关键角色，到 21 世纪中叶，中国综合国力和国际影响力实现领先，迎来极其难得的历史机遇，也因此将面临更加复杂和尖锐的国际挑战。

这就要求中国必须具有全球视野和世界眼光，更加准确地把握世界发展的方向和时代变迁的脉搏，既要韬光养晦，又要积极作为，勇于承担历史使命。必须抓住难得的历史机遇，坚定不移推进改革开放，努力实现中华民族伟大复兴宏伟目标。

中国金融也必须围绕国家战略积极推进改革开放，切实增强金融的综合实力和国际影响力。中国更需要准确把握货币金融与经济社会的关系，更需要站在全球化大背景和百年发展史的高度，放在经济社会与世界发展大潮流的格局下，更加仔细审慎准确地把握货币的奥秘与货币金融的发展逻辑和规律，更好地掌控金融的本质与魔力，推动货币金融体系变革，发挥金融应有的积极作用，促进经济社会、人类世界的发展。

附 录

必须更深刻更审慎地看待美国金融危机①

2007 年 7 月 10 日，国际评级机构标准普尔及穆迪公司相继大面积、大幅度降低美国次级房屋按揭贷款担保抵押债券及其相关衍生产品的信用评级，惠誉公司紧随其后采取同样的行动，由此引爆了美国次贷危机。其后危机不断恶化，影响范围迅速扩大，产生的损失不断加重，迫使美国以及其他主要经济体政府和货币当局采取措施加以援救。其中，美国连续 7 次降低联邦基金指导利率，从 5.25％快速降低到 2％，同时大量向金融市场投放流动性，并推出高达 1500 亿美元减税计划。到 2008 年 3 月在政府协调和支持下，陷入严重危机的美国著名投资银行贝尔斯登被 JP 摩根大通银行平稳接管后，市场一度趋于平稳，其后越来越多的人开始提升对美国金融市场的信心，有的甚至乐观地认为此次危机可能很快过去。

但是非常不幸的是，在危机爆发刚满一年之际，2008 年 7 月 12 日有着政府背景的住房融资和担保巨擘（超过 5 万亿美元）——房利美、房地美（简称"两房"）爆发严重财务危机，再次引发了新一轮冲击更加猛烈的信贷危机。尽管美国政府宣布救助"两房"暂时缓解了两家机构的危机，但很快著名投资银行雷曼兄弟和美林证券公司陷入困境。到 9 月 14 日，美林与美国银行达成被后者接管的协议，雷曼兄弟则被迫宣布申请破产保护。同时，美国最大的保险公司美国国际集团（AIG）、美国最大储蓄银行华盛顿互惠银行

---

① 此文原载《国际金融》2008 年 10 月。

(Washington Mutual) 也面临危机，摩根士丹利、高盛公司的市场压力凸现，货币市场基金遭受损失，一些区域性金融机构岌岌可危。这再次引起市场更大的恐慌，并波及英国及其他欧洲国家的金融机构接连出现危机，全球股价大幅下跌，金融机构股价下跌尤为突出，全球资金纷纷采取避险措施，美国金融市场形势危急，一场华尔街的"9·11"再次震撼世界。格林斯潘9月14日说，美国正陷于"百年一遇"的金融危机之中，这是他职业生涯中所见到最严重的金融危机，将诱发全球一系列经济动荡，并将有更多大型金融机构在这场危机中倒下。布什总统其后也不得不承认，美国金融市场岌岌可危，美国经济生命到了关键时刻。9月19日，美国财政部即向国会提交了高达7000亿美元的救市计划，但在国会一波三折的审议过程中，市场不断恶化，直至10月3日国会审议通过，美国三大股市仍然全面下跌。

时隔一年，美国次贷危机快速发展成为信贷危机，再发展成为影响深重而全面的金融危机，并成为自1929－1933年大危机之后，第一次发生在美国本土的大规模的金融危机，已经并将进一步引发全球性的巨大损失。尽管美国国会最终通过了7000亿美元救市计划，欧洲一些国家也开始采取类似行动，但最终结果现在还很难预料。可以肯定的是，新的一轮危机爆发，已经证明市场原有的分析判断显然过于乐观和肤浅，应对的准备严重不足，必须更深刻更审慎地看待美国金融危机，做好应对最坏结果的准备。

一、美国住房价格最近一轮长时间上升后骤然回落的原因分析

美国金融危机爆发的起源，是房屋按揭贷款因房屋价格在长时间上升突然大幅度下跌造成贷款质量快速下降，特别是次级房屋按揭贷款（Subprime Mortgage Loan）大量出现不良，并进一步影响以房屋按揭贷款为支持的资产证券化产品（MBS、ABS）的质量和流通。因此，对这次危机的分析，首先应该从对美国房地产的发展变化的分析开始。

房地产（包括民用和商用）行业的发展，由于直接或间接关联和带动的行业很多，因此很容易成为各国政府刺激经济发展的首选和重点。其中民用住房的发展又涉及人们的安居乐业和社会稳定，住房开发和住房配置政策因此也成为整个社会福利制度的重要组成部分。美国政府很早就将改善居民住房作为重要的施政措施加以推行，早在1938年即由政府发起成立专门从事给予购房人住房担保和财政补贴的房利美公司，这在世界范围内都是非常领先的。对居民住房的扶持政策也成为两次世界大战期间乃至以后美国能够吸引大量世界各国优秀人才移居美国的重要因素。两次世界大战期间，美国民主、民本化的社会制度是世界上最先进的，同时其远离战争，成为世界大战时期难得的世外桃源，因而吸引了大量世界各国优秀人才以及巨额社会财富转移到美国，这成为美国能够迅速崛起，取代英国等欧洲列强成为世界头号强国的重要原因。

回顾二战之后美国住房价格发展变化的历史，尽管其中也有一定的起伏，但1998年以前总体上波动幅度并不是很大。然而，从1998年开始到2006年上半年，在长达八九年的时间里，美国住房价格不断提升，2003年以后更是突飞猛进，按照CPI进行调整后的住房价格指数达到了数倍于历史平均水平的高度。直到2006年三季度开始掉头急剧下滑，到2008年6月已经基本下降到高峰值比1998年高出水平的一半（参见图1）。

美国住房价格这一时期的变动如此剧烈，是研究此次美国信贷危机绝不能忽视、非常值得高度关注的现象。那么，这又是什么原因造成的呢？

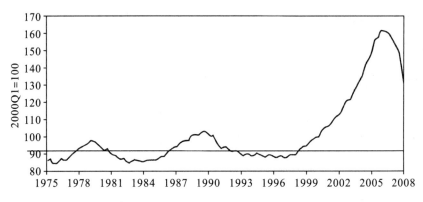

图 1　美国标普/Cast-Shiller 住房价格指数（按照 CPI 进行调查）

资料来源：穆迪 Economy. com、美国劳工部、Deutsche Bank

这其中至少有以下因素或事件值得关注：

1. 1997 年 7 月泰国爆发金融危机并迅速向东南亚国家蔓延，形成区域性的东南亚金融危机。1998 年 8 月俄罗斯爆发债务和金融危机。1998 年 9 月美国主要投资于新兴市场的长期资本管理公司发生问题引发一场较小的信贷危机。

这一类金融危机，连同二战之后发生的其他国家或区域性金融危机一样，一直以来主要发生在经济发展加快，并且市场（特别是资本和外汇市场）快速开放，一度吸引大量国际资本进入的国家和地区，甚至连此前的日本金融危机也同样如此。而一旦国际市场投资人对这些国家和地区的风险担忧就可能比较集中地撤出资金，从而引发该国和地区金融危机。如果撤离不及时，则可能因为金融危机而遭受严重损失。

东南亚和俄罗斯金融危机相继爆发，包括美国长期资本管理公司发生问题后，有可能促使一部分国际资本流回美国，并有一部分投入房地产领域（甚至包括 1997 年香港回归前后大量资金转移美欧，香港房地产价格因此大幅度下跌，其中亦可能有部分流入美国房地产），从而推动住房价格开始加快提升。

2. 由于信息科技产业的快速发展，加之东南亚和俄罗斯金融危机等推动国际资本转移美国等因素，美国经济从 1996 年下半年开始保持较高增长速度（参见图 2），大量资金投入网络经济，网络泡沫逐步显现。

为避免出现大的问题，从 1999 年 6 月开始，到 2000 年 5 月，美联储连续 6 次提高联邦基金指导利率（美元基准利率），从 4.75％ 提到 6.50％（参见图 3）。

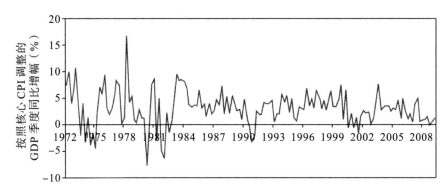

图 2　美国 GDP 的季度同比实际增幅

资料来源：美国劳工部、Deustche Bank 2008 年第二季度及其后数据为 Deustche Bank
　　　　　经济学家预测

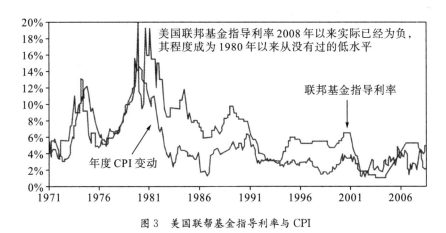

图 3　美国联帮基金指导利率与 CPI

资料来源：Federal Reserve，Bureau of Labor Statistics，Deustche Bank

3. 由于美联储快速提高基准利率，使得业已危险的网络泡沫加快暴露，并于 2000 年上半年破裂。网络泡沫的破灭在一定程度上推动部分资金转向包括房产、石油、黄金等在内的新的投资领域，其中，房地产业成为承接网络产业资金的主要领域。因此，尽管网络泡沫的破裂使美国经济遭受严重打击，美国住房价格仍然保持上升的势头。

由于网络泡沫的破裂使美国经济遭受严重打击，加之在此前后美国连续参与科索沃战争（1999 年 3 月 24 日）、阿富汗战争（2001 年 10 月 7 日）等，也影响了人们对美国经济发展的信心，部分国际资本开始撤出美国。特别是 2001 年 "9·11" 事件的发生，更使得美国经济雪上加霜。为防止经济严重滑坡，美联储从 2001 年 1 月起，到 2003 年 6 月连续 31 次降低联邦基金指导利率，从 6.5％降低到历史性的低点 1％（这其中，2003 年 3 月 20 日美国发起了伊拉克战争）。

4. "9·11" 之后，为刺激经济发展，保持社会稳定，美国政府进一步加大了对房地产行业和居民住房的支持与扶持力度。2002 年 6 月，布什总统发布了《美国住房挑战》白皮书，号召房地产开发商和金融服务机构共同参与，保证到 2010 年至少增加 550 万拥有住房的少数民族家庭。2003 年 12 月，《美国梦想：降低支付法案》颁布，政府宣布对低收入者家庭购买首套住房给予政府补贴以使其降低支付额，在税收上也可以将住房贷款利息抵扣，使得住房投资比其他投资优惠。利率的降低和政府的补贴进一步刺激了房地产业的发展，住房价格上升速度因此进一步加快。2003 年美国 GDP 猛然加快了发展速度。2004 年 6 月美国家庭住房拥有率已经达到 69.2％的历史最高水平。这其中也包括不少国际资本流入到美国房地产，特别是住房金融服务领域。

随着房屋需求增长和住房价格升高，住房抵押贷款及其衍生的相关债券产品违约记录相当低，其收益水平却相对国债等高出很多，信用评级也逐步提高，住房抵押贷款不断放宽条件（次级住房按揭贷款以及 Alt-A、Second-lien Mortgage 等快速发展）、扩大规模，并衍生大量结构越来越复杂的证券化产品，吸引了全球大量资金投入其中，很多国际著名金融机构更是大规模运用杠杆负债融资方式参与其中，赢得巨额回报，相关投资管理人也是名利双收。低迷的利率水平、宽松的信贷条件，也在一定程度上刺激了住房投机行为，进一步助推了住房需求和价格的攀升，市场参与者甚至中介机构（特别是评级公司）、监管机构等逐步偏离了理性轨道。

5. 由于美国 2001 年之后持续降低基准利率并在 2003 年 6 月至 2004 年 6 月保持了历史性的 1% 的低水平，其中 2003—2005 年间有两年多时间基准利率低于通货膨胀率，美元相应贬值，引起石油、黄金等价格上升（参见图 4）。

低迷的美元利率推动其资金和产业加快向发展中国家和地区转移，进而推动全球经济开始加快发展，也带来了全球性流动性过剩和通货膨胀压力加大的问题，美元低利率政策难以为继。为此，美联储从 2004 年 6 月开始提高联邦基准利率，到 2006 年 6 月连续 17 次将其提高到 5.25% 的水平。

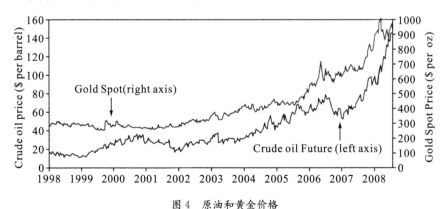

图 4　原油和黄金价格

资料来源：Bloomberg

6. 由于美元利率水平的快速提升，使得住房贷款成本随之大幅度提高，从而使得居民住房需求和还款意愿下降。加之美国之外的中国、印度、俄罗斯、巴西等国家经济快速发展，带动房地产、资本市场快速升温，货币呈现持续升值态势，吸引了大量国际资本流入这些国家，其中，也包括一定规模的资金从美国和美国房地产市场转移出来。

以中国为例，1997 年亚洲金融危机爆发后，为应对所产生的冲击，政府采取了积极的财政政策和稳健的货币政策。2002 年底中共十六大召开和政府换届之后，发展是第一要务的思想更加统一，加快经济发展的要求进一步提高，动力进一步增强。特别是 2003 年上半年中国遇到了严重的"非典"冲击，更推动中国政府加大投入，经济发展从 2003 年下半年开始明显加速。2004 年中国政府不得不实施宏观调控，对钢铁等多个行业过快增长的投资和产能加以控制。由于中国很好地应对了亚洲金融危机和"非典"的影响，保持了经济持续较快稳定发展，进一步增强了全球对中国的信心。在美国等国家反恐压力不断增大、一些地区战争威胁难以消除、中国加入世界贸易组织进一步深化对外开放的情况下，越来越多的国际资本投入中国，并推动中国出口和贸易顺差快速扩大，国家外汇储备随之快速增长（2002 年末为 2864 亿美元，2007 年末已达到 15282 亿美元）。这又进一步推动中国人民币流动性不断扩大，房地产和资本市场开始快速升温，人民币面临巨大升值压力，同时也面临国际热钱大量进入的压力。与此同时，中国产能的迅猛扩大，城镇化建设进程的不断加快，劳动者权益保障的不断改善，也推动价格水平的不断提升，特别是金属矿产（铁矿石）、石油、粮食等大宗商品进口需求不断扩大，也带动了这类商品国内乃至全球化的价格上涨。

受利率上升和资金外流等多种因素的影响，美国住房价格到 2006 年三季度达到历史高点后开始掉头并快速下滑（一个非常巧合也是值得注意的现象是，中国住房价格基本上是从 2006 年下半年开始大幅度上升），次级住房抵押贷款率先出现问题，越来越多的购房者偿还贷款出现困难，并进而影响以住房抵押贷款为支持的证券化产品（MBS ABS）的质量。2006 年底美国住房贷款机构的贷款开始出现问题，其后不断恶化。2007 年初汇丰银行为此计提了 18 亿美元减值准备。2007 年 2 月美国房屋贷款机构 Res-Mae Mortgage 申请破产。3 月美国 Fremont General 停止发行次级房贷，并出售其次按业务；房屋贷款机构 People's choice 申请破产。4 月房屋贷款机构 New Century Financial 申请破产。但遗憾的是，这些问题的出现并未引起市场足够的重视和广泛关注，而是更多地被看作个别现象。6 月华尔街著名的投资银行贝尔斯登提供了高达 32 亿美元以拯救旗下的一个对冲基金，才使得问题引起业界重视。7 月 10 日标普和穆迪相继对次按担保债券大幅度降级，惠誉紧随其后。8 月 9 日，法国银行 BNP Paribas 出人意料地宣布其在美国次贷债券上发生损失，由此次贷危机全面爆发，并引发了全球金融机构广泛而大规模的损失（一年时间内已近 5000 亿美元）。

7. 2007 年 6 月开始，为应对信贷危机的影响，防止金融体系崩溃，美联储连续 7 次降低联邦基金指导利率。到 2008 年 3 月从 5.25% 快速降低到 2% 的水平，并扩大了对金融机构提供的定期债券抵押融资支持，大量投入流动性（欧洲央行等也同样加大了流动性的投放），对一些面临困难的金融机构进行救助。2007 年美国政府还推出了高达 1500 亿美元的减税措施。

但是，由于次贷问题的发生使市场信心遭受严重打击，长时间积累的问题快速暴露，住房抵押贷款不良问题迅速蔓延，贷款银行以及投资于按揭支持证券的机构乃至担保机构等被迫大幅度降低杠杆负债率，并大规模减记相关资产，同时，不少机构还要大规模补充资本金，还陆续有机构破产倒闭，因而造成信用严重紧缩，实际贷款或融资利率居高不下，使美联储降息效果大打折扣。住房贷款违约风险日益严重，居民消费支出大幅度缩减，甚至有一定政府背景的住房融资和担保规模巨大的房利美、房地美的资产质量也开始严重恶化，不断暴露巨额财务亏损，股价大幅下降。到次贷危机爆发刚一周年之际，"两房"爆发财务危机，进一步加剧了人们对美国房地产和经济走势的担忧，这迫使政府不得不出面救助"两房"。但政府出面救援，"两房"的股票，包括优先股的价格将大幅度降低，会进一步加重持有其股票的金融机构的压力，问题银行和问题资产会进一步加大，联邦储蓄保险公司（FDIC）的压力会进一步增大，这些都可能进一步收紧信贷，抑制消费，进而影响美国经济的稳定和发展。9 月 7 日，美国财政部宣布政府临时接管"两房"，并同时更换"两房"主要领导人，实施重大救市行动。如果规模巨大而又有政府支持背景的"两房"出现流动性问题甚至被迫清盘，则美国房地产和金融市场将遭受严重打击，美元国际中心货币的地位将受到严重冲击，美国经济金融乃至全球经济金融可能发生严重动荡。因此，"两房"属于典型的"太大以至不能让其倒下"，美国政府不得不进行必要的救援，这恐怕是美国金融监管体系的一大败笔。即使挽救成功，"两房"今后也必须拆分成若干规模适度的机构，以避免再次出现"太大以至不能让其倒下"的被动局面。

非常不幸的是，美国政府刚刚宣布直接接管"两房"，更多的大型金融机构又爆发危机，市场陷入新的一轮动荡和恐慌局面，并已波及欧洲多个金融机构。

8. 经过多年的筹备，1998 年欧元正式推出，这对美元作为国际货币中心的特殊地位构成威胁，这也可能是影响美国国际战略和货币政策（国际金融策略）的一个重要因素。

总之，加大房地产业的发展，是符合美国国家利益的，也是美国政府一直倡导和扶持的，而住房价格的大幅变动，又是与美国利率政策以及全球资金流动密不可分的。

二、美国大量金融机构，特别是著名金融机构因次贷危机而陷入困境的原因分析

自 1929—1933 年经济大危机以来，美国尽管也遇到一些金融风波，但总体上没有产生大的金融危机，特别是自 20 世纪 70 年代下半期以来更是如此。即使发生一些问题，也总是能很快得到解决，其金融风险一直是全球最小的，其金融机构的信用评级也一直是国际上最高的。这一次金融危机可以说是自 1933 年以来第一次发生在美国本土的大规模的金融危机，并导致很多此前被公认为国际一流的著名金融机构陷入困境甚至被收购兼并或破产倒闭，美国著名的五大投资银行全部沦陷。这又是什么原因呢？这需要从更深远的经济金融全球化进程和格局变化寻找答案。

第二次世界大战之后，世界除在政治上分成两大阵营之外，当时经济金融格局的突出特点是严重失衡：经济上，以美国为首的资本主义阵营的经济势力，大大超出以苏联为首的社会主义阵营。在冷战结束前后，形成了落差巨大的世界经济格局，少数发达国家生产力和经济实力大大超过数量众多的发展中国家。特别是苏联的解体，更加大了世界经济严重不均衡的局面。金融上，1944 年《布雷顿森林协议》正式确立了美元作为世界中心货币的地位（主要的计价和储备货币），虽然 1971 年美国单方面宣布放弃金本位制（美元与黄金挂钩）曾一定程度上引发了人们对美元币值稳定的担忧。美元汇率确实发生了一定程度的波动，但由于当时还没有另外一

种货币可以取代美元的地位，加之从 20 世纪 70 年代开始，亚洲一些国家（如"四小龙""四小虎"）率先实施改革开放，经济快速发展，之后大量发展中国家，特别是社会主义计划经济国家普遍推行改革开放，有力地支持了美国经济的发展和美元的稳定，维持了以美元为中心的世界货币体系以及以美国为首的、发达国家为主的世界金融格局。以这种美国独占鳌头、少数发达国家与大量不发达国家严重失衡的经济金融格局为基础推进的经济金融全球化，在推动全球经济金融快速发展，给美国等发达国家带来巨大实惠的同时，也产生了日益严重的问题。

在经济金融全球化的过程中，美国等发达国家，一方面利用其强大的经济金融实力，大量对外投资，向发展中国家转移基础加工业，特别是劳动密集型产业，利用目的地国家廉价的原材料和劳动力以及环境保护成本和潜力很大的市场，获取可观的投资收益，并在此基础上逐步推动这些国家发展和开放金融服务业，进而不断加大在金融服务业方面投资，赚取更加可观的利润；另一方面通过大量进口廉价商品而降低国内生活和生产成本（参见图 5）。可以说，冷战结束后，正是由于全球经济金融存在巨大的差距，全球化的推进在推动全球经济发展、财富增加的同时，大大缓解了 20 世纪 70 年代发达国家在石油危机后所遇到的严重滞胀的矛盾，有效抑制了发达国家的通货膨胀，使得全球制成品价格在长达二十多年时间里保持平稳，很多机械、电子产品甚至持续走低。

在对外投资和扩大进口形成资金外流的情况下，发达国家特别是美国，再通过大量发行廉价的国债和其他各类债券吸引资金流回（外国大量美元储备也被迫寻求在美国的运用）。这又相应推动了美国金融市场和金融机构的快速发展，并形成了由美国主导的、影响全球的"对外投资＋净进口

（资金外流）←【美国】←国际发债（资金回流）"的美国资金循环模式。在形成外国大量持有美元储备而美国则发行大量外债的情况下，世界各国与美国的经济金融联系越来越密切，美国在全球的影响力越来越大，以至成为全球经济金融的中心，其金融政策或策略越来越成为其对外战略的重要组成部分。

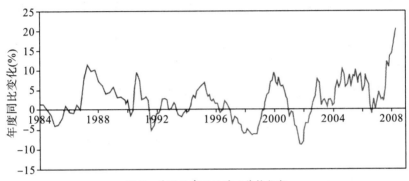

图 5　美国所有项目进口价格指数

资料来源：美国劳工部、Deustche Bank

　　可见，全球化使得美国受益颇深，美国依托其独特地位自觉不自觉地逐步形成了国家巨额外债、政府大量赤字、居民借贷生活的独特的社会特征（这在其他国家则可能是被看作非常危险的），世界各国也逐渐形成了美国政府债券最保险、风险最低的心理或潜意识。这其中，美国的金融机构同样通过在美国发债（面向全球），向全球投资获得巨额利润，信用评级不断提高，金融机构债在整个国家债务总额中的比重不断上升，在维持美国资金循环模式中发挥越来越重要的作用。金融业成为美国最重要的行业，华尔街金融家逐渐成为影响美国政府最重要的力量。

　　但是，在《新巴塞尔资本协议》实施后，金融机构发行债务越来越受到资本充足比率等方面的约束，急需寻找有效的突破口。这时，资产证券化就成为一个非常合适的选择，而银行主要的资产——贷款则成为证券化最主要的对象。为扩大证券化的规模，就需要扩大贷款投放，而住房按揭贷款就成为扩大贷款的首选领域。这不仅有利于金融机构扩大债务，赚取更多利润，也符合政府支持房地产发展的要求。一些不直接发放贷款的投资银行也积极参与其中，通过不断提高的杠杆融资大量收购贷款打造证券化产品出售获利，形成华尔街独特的过度杠杆效应。因此，2000 年美国网络泡沫破灭之后，特别是 2001 年"9·11"之后，美国房地产贷款迅猛发展，贷款条件不断放松，质量不断下降，以住房按揭贷款为支持的证券化产品以及相应的衍生产品不断推出，甚至被重复包装不断放大。这不仅推动了住房价格的快速上升，更严重的是推动住房贷款衍生品的规模和价格像滚雪球一样越来越大，发展到疯狂逐利、忘乎所以的程度。但这却造就了本世纪初期泡沫越来越严重的金融黄金时期，造就了全球特别是美国经济金融的过度繁荣景观。

遗憾的是，长时间的发展，使人们忘却了现实存在的前提和基础。实际上美国资金循环模式的良好运行是有严格条件和基础的，那就是必须保证其投资项目的质量和高回报，以此保证其债券的及时足额偿还并维持市场信心，从而保证有足够的资金源源不断地流入美国。而一旦这种条件或基础发生重大变化，整个资金循环就可能彻底崩溃，从而引发极其严重的金融危机。不幸的是，现在这种状况已经出现了。

一方面，经济金融全球化近几十年的发展，使严重失衡的经济金融格局发生了重大变化：大量新兴国家经济快速发展，特别是中国、印度、巴西等国迅速崛起，俄罗斯的国力也在快速恢复，其国际影响力也在不断增强。美国或者少数西方国家（如 7 国集团）统御世界经济金融的时代正在发生重大变化，世界多极化的格局正在加快形成。同时，欧元经过十年的运行，现在已经发挥重要作用，在国际贸易结算和国际储备货币中的比重不断提高，并对美元作为国际中心货币的地位形成挑战。这都使美国凭其霸主地位获取超额利润的能力受到削弱。随着发展中国家产能不断扩大，经济持续快速发展，全球对矿产、能源、食品和劳动力等资源的需求也不断增加，相应带动其价格不断提高。同时，发展中国家对教育、住房、医疗和环境保护的要求也在不断提高，相应地都会加大产品成本。当发展中国家原有的低价格已经不能消化发达国家所转移出来的高价格因素时，全球化普遍的价格上涨甚至严重的通货膨胀就会产生（当前石油、粮食等大宗商品价格高企，世界面临普遍而严重的通货膨胀压力，大部分国家都在抱怨本国的通货膨胀是外国"输入的"，这似乎是 20 世纪 70 年代以来的首次）。这也使得美国海外投资的盈利水平大大降低，风险大大增加。

另一方面，美国本土赖以支撑发债，特别是金融机构债最主要的资产——住房贷款过度膨胀，质量严重下滑，问题长期积累，终于在 2007 年 7 月爆发危机并一发不可收拾。

受上述两方面因素影响，美国资金流动的链条发生断裂，大量发放房地产贷款和资产证券化产品的金融机构以及大量依靠杠杆融资经营的投资银行、对冲基金率先受到冲击，到 2007 年 11 月，2006 年美国排名最前的 25 家次按提供者中，就有 14 家因为破产或被收购而退出了这个市场；到现在，世界著名的美国最大的 5 家投资银行，已经有 3 家被收购或申请破产保护，其余 2 家也被迫申请转为银行控股公司；已有众多的对冲基金公司以及 12 家银行在此次危机中倒闭。由于市场信心遭受重创，全球投资者纷纷减少对美国金融机构的资金投放，不仅严重打击了其股票和债券的价格，而且使大量金融机构难以筹集所需的资金，从而使大量金融机构陷入困境甚至退出市场。

三、对美国金融危机的几点看法

通过上述两方面的分析，可以得出以下几点看法：

（一）美国住房市场不可能再回复到 2006 年那样的繁荣程度了

显然，1998－2006 年间美国房地产的快速发展，是在一个特殊时期受到很多特殊因素影响的结果，其中，住房发展已经成为住房信贷、信贷资产证券化乃至整个资金循环模式的基础和重要组成部分，在住房贷款恶性膨胀等因素的推动下，到 2006 年已经达到过度繁荣程度的住房价格严重充水。次贷危机爆发后，住房贷款的条件必然收紧（今后也必须严格把握信贷条件），而且在目前银行普遍面临流动性压力，以及今后美元面临进一步贬值压力的情况下，贷款利率水平也会提高。而金融危机的爆发，又严重影响金融从业人员的收入以及社会金融资产的价格，从而影响社会消费支出。这都会影响今后房地产业的发展和住房价格的走势。

目前，美国住房价格水平已经比 2006 年高峰时大大降低，但与历史一般水平相比，仍有不小下降空间。即使住房价格能够很快稳定下来，也仍将形成大量的不良贷款以及更大规模的资产证券化和衍生产品不良问题，给金融机构带来巨大压力，美国的救市计划也难以解决住房问题。

（二）美国金融机构完全依靠自身力量很难摆脱危机束缚，政府必须出面救市

信贷危机爆发后，长期以来信用评级很高、筹集能力很强的美国金融

机构的形象严重受损，市场信心遭受重创，资金持有者纷纷采取措施避险，使其筹集资金非常困难。这对负债规模巨大的美国金融机构而言无疑是致命的，现在，金融机构完全依靠自身力量已经很难摆脱危机束缚，金融市场局势日趋严峻。也正因如此，2008 年 7 月第二轮危机爆发以来美国政府不得不频频推出救市举措。

可见，此次美国金融危机的控制和解决，已经完全依赖和压宝到美国政府身上。但是，此次金融危机已经不是个别金融机构的问题，而是美国资金循环模式遭受挑战，全球金融格局即将发生重大变化的深层次问题，其严重性可能超乎人们想象，损失可能是非常巨大的。在这种情况下，美国政府左右为难：不由政府救助，美国金融体系难以维持。因此，尽管国会不会顺利通过金融援救计划，但最终也必须予以通过。而由政府出面救助，同样面临巨大风险。现在美国政府债务已经达到 9 万多亿美元，其隐性负担更是大得惊人，2008 年财政赤字已经接近 5000 亿美元，要解决金融危机问题只能进一步扩大债务，这又会使全球范围内美元流动性进一步过剩，美元汇率将面临严峻挑战，世界范围内通货膨胀的压力将进一步加大。在这种情况下，政府提出的高达 7000 亿美元救助计划是否足够，本身就是疑问，而且采取类似 1989 年由政府成立"资产清理信托公司"（RTC）收购和处置银行问题资产的模式，也可能不会再那么幸运遇到其后市场大大好转的机会并很好地解决问题了。20 世纪 90 年代之后，经济金融全球化进程进一步加快，美国乃至全球很多国家经济金融很快复苏并加快发展。但现在情况发生了重大变化，在美国房地产泡沫破灭后，在美国很难再找到像网络产业、房地产业那样可以吸纳大量资金并获得高额回报的行业，在全球范围内也很难找到可以吸纳大量资金并获得高额回报的国家或地区，这正是此次危机难以解决的问题所在。正因如此，对美国政府解决这次金

融危机的能力和结果绝对不能盲目乐观，必须审慎考虑！特别需要美国以外的投资者注意的是：如果美国政府有选择地支持部分银行，然后再由这些银行有选择地收购其他陷入危机的金融机构的较好资产并主要承接其存款等对美国人的负债，之后任由其破产倒闭，从而主要保护了美国权益人，却可能使外国投资者遭受严重损失。

可以肯定的是，即使能够最终渡过此次危机，美国金融业的发展再也不可能像本世纪初期那样活跃、那样盈利了，特别是投资银行的业务必将大大萎缩，华尔街大量的从业人员失去工作或正在面临下岗威胁，收入大幅度降低；华尔街辉煌的黄金时代已经过去！受此影响，近期全球金融创新、金融交易和金融资产都将放缓乃至大大缩水，原来活跃的金融机构都将面临很大的财务压力。

（三）全球经济金融格局已经进入重大调整期

冷战结束后，全球化发展到今天，原来严重失衡的经济金融格局已经发生了重大变化，发达国家与发展中国家的差距大大缩小，并将继续保持这种态势。相应的，传统的少数发达国家的国际影响力也已明显减弱，而"金砖四国"等新兴经济体的影响力明显增强；1971 年美国放弃美元与黄金挂钩，布雷顿森林体系崩溃后，以美元为中心的全球纯粹信用货币投放体系，非常容易造成严重的全球流动性过剩和普遍的通货膨胀，几十年产生和积累的问题，现在到了集中爆发的时刻；欧元经过十年的发展，影响力大大增强，已对美元作为国际中心币的地位构成重大挑战；特别是此次美国金融危机的爆发，必将进一步影响美国经济金融的国际影响。这些都预示着全球经济金融格局将发生重大调整，并进入一个重要的新旧格局的过渡阶段或转折时期。这一时期的焦点和主要矛盾可能是美国自第一次世界大战以来形成的、长达百年的世界领先地位将受到严重冲击乃至在很大程度上被削弱，美元作为单一国际中心货币的局面可能被多种货币并行，或者代表一揽子主要货币的新的货币单位所取代。如果人们对美元和美国的信心发生严重动摇，美国政府救助危机的努力将面临极大挑战，高度负债的美国将面临非常痛苦的转折。

然而，最近几十年全球化给世界经济带来的发展和繁荣，特别是本世纪初出现的全球化黄金时期以及美国长时间的强势地位，使人们对全球经济金融格局出现重大变化缺乏必要的心理准备和足够的思想认识，与新格局相适应的经济金融体系建设严重滞后，也加大了当前的困难和解决困难的难度。因此，在世界经济金融格局发生重大调整时期，有可能引发全球化的严重矛盾甚至重大危机，对此我们要有清醒认识。

在全球化发展到一个新的历史阶段之后，当前急需全球主要经济体和货币当局切实从维持世界经济金融稳定和发展的高度，加紧协调相关政策和行动，深入分析此次金融危机形成的原因和应该吸取的教训，既积极应对当前复杂紧张的金融局势，又抓紧研究建设适应全球化经济金融新格局需要的体制机制和政策制度，包括建立国际性货币发行和总量控制的机制，切实加强全球金融监管和风险控制，包括对纯粹信用货币体系下无节制的金融创新和货币投放的严格控制，协调相关的贸易和税收制度，加强国际间的沟通配合，等等。

总之，此次美国金融危机的原因是非常深刻和复杂的，是多重因素长时间共同作用的结果，危机的解决是非常困难的。仅仅停留在产品设计、风险控制、信用评级、会计准则、金融监管等领域和技术层面的分析是不够的，过度指责华尔街银行家们的贪婪同样是肤浅的，必须更深刻更审慎地看待和应对危机。